MASHLE

MAGIC AND MUSCLES

HAJIME KOMOTO

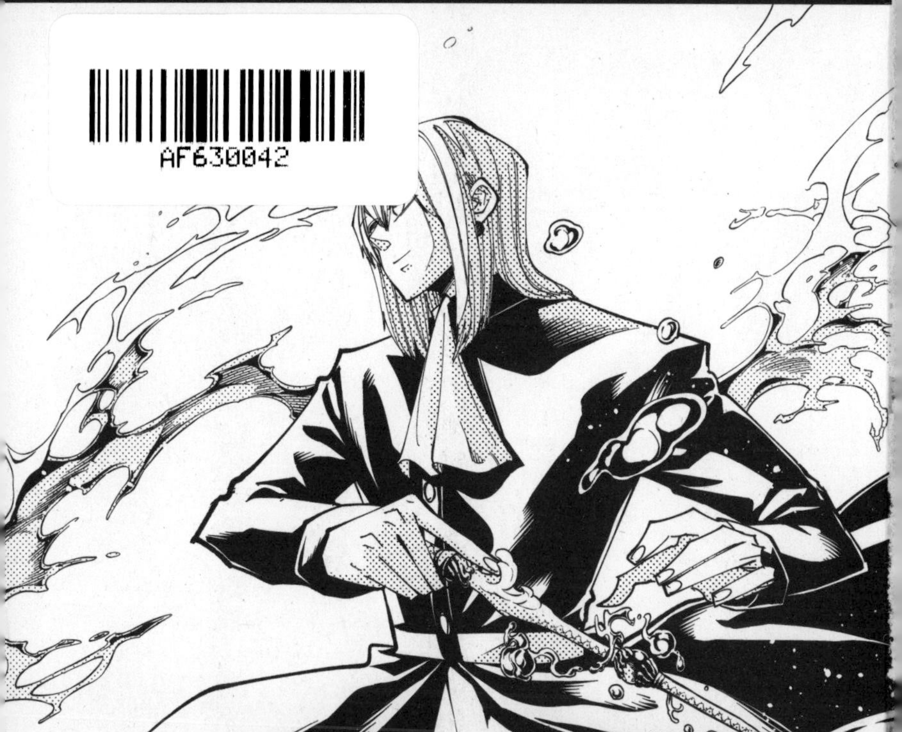

11

Mash Burnedead und der Gott des Wassers

Charaktere

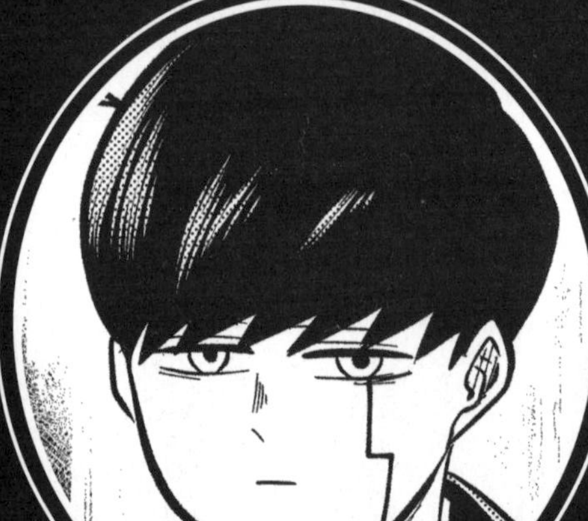

Mash Burnedead

Ein ungewöhnlicher Junge mit muskulösem Körper. Er kann nicht zaubern, stellt sich aber jeglicher Magie. Sein Weltbild ist sehr unkonventionell. Er schätzt Familie und Freunde und liebt Windbeutel. Außerdem hat er Schwierigkeiten, zu erkennen, ob eine Tür aufgezogen oder aufgedrückt werden muss.

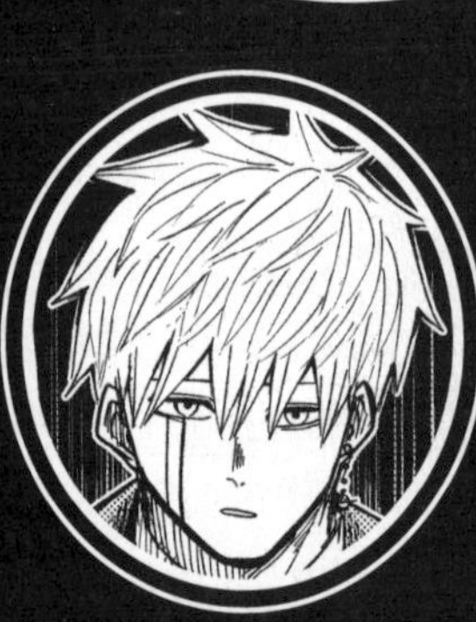

Lance Crown

Ein gut aussehender Junge, der bei der Aufnahmeprüfung die höchste Punktzahl erreicht hat. Er hat einen ausgeprägten Schwesterkomplex.

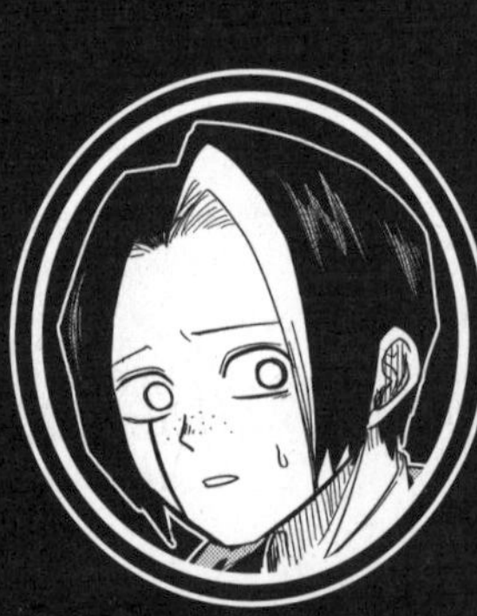

Finn Ames

Lustiger Zimmergenosse von Mash und sein allererster Freund

HALT!

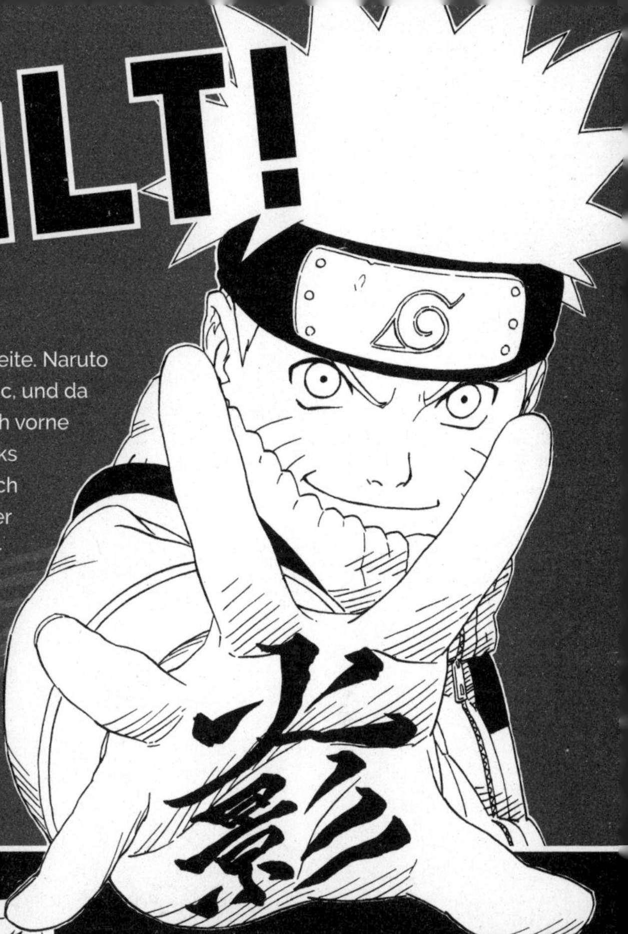

Das ist nicht die erste Seite. Naruto ist ein japanischer Comic, und da in Japan von hinten nach vorne und von rechts nach links gelesen wird, musst auch du diesen Comic von der anderen Seite aufschlagen und von hinten nach vorne lesen.

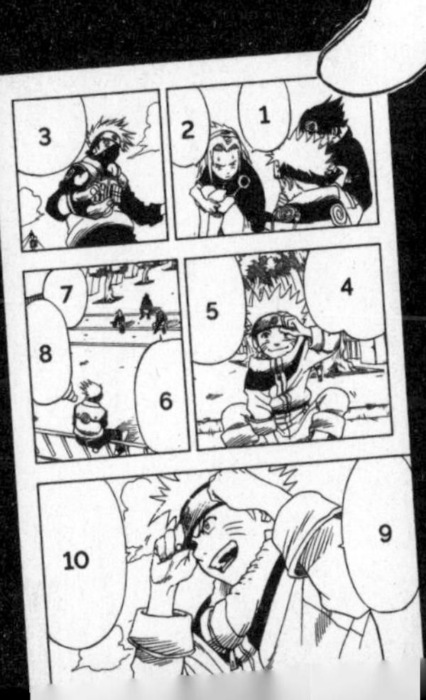

Auch die Bilder und Sprechblasen werden von rechts oben nach links unten gelesen, so wie es die Grafik hier zeigt. Schwer? Zuerst ungewohnt, doch es bringt richtig Spaß. Probiert es aus!

Viel Vergnügen mit **NARUTO** und der ganzen Ninja-Bande!

CARLSEN MANGA! NEWS
jeden Monat neu per E-Mail
www.carlsenmanga.de
www.carlsen.de

Wir behalten uns die Nutzung unserer Inhalte für Text- und Data-Mining
im Sinne von § 44b UrhG ausdrücklich vor.

CARLSEN MANGA
Deutsche Ausgabe/German Edition

Völckersstraße 14-20, 22765 Hamburg
Aus dem Japanischen von Miyuki Tsuji

First published in Japan in 1999 by SHUEISHA Inc., Tokyo.
German translation rights in Germany, Austria, Luxembourg and german-speaking
Switzerland arranged by SHUEISHA Inc. through VME PLB SAS, France.
Redaktion: Anne Berling, Jonas Blaumann
Textbearbeitung: Ina Schiele
Herstellung: Gunta Lauck & Ronny Willisch

Mit Fragen zur Produktsicherheit
wenden Sie sich bitte an: carlsen.de/kontakt
ISBN 978-3-551-79535-9

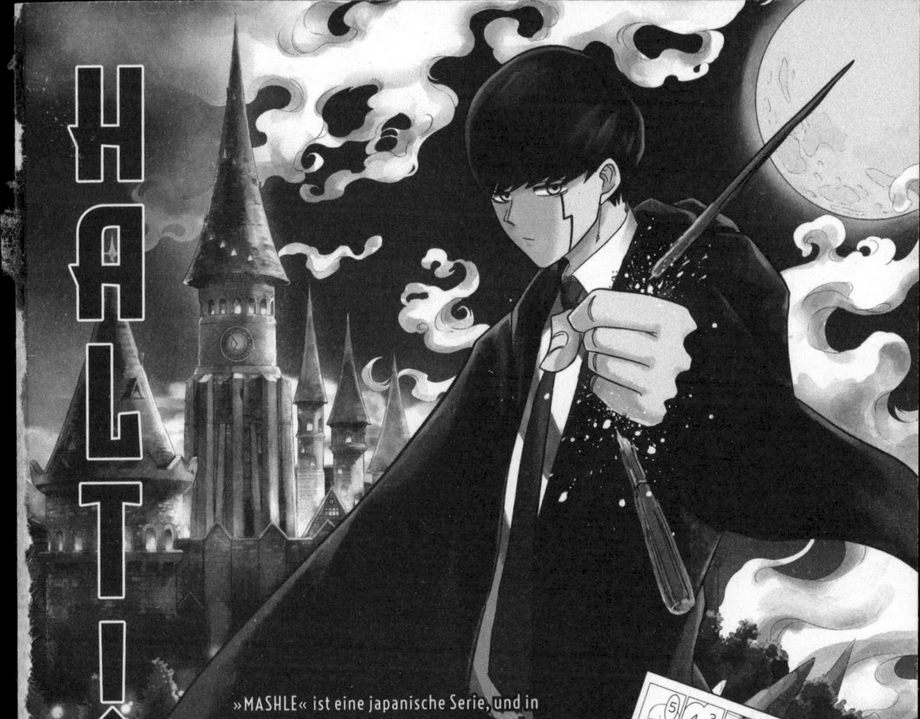

»MASHLE« ist eine japanische Serie, und in Japan wird von »hinten« nach »vorn« und von rechts nach links gelesen. Man muss diesen Manga also »hinten« aufschlagen und Seite für Seite nach »vorn« weiterblättern. Auch die Bilder auf jeder Seite und die Sprechblasen innerhalb der Bilder werden von rechts oben nach links unten gelesen, so wie in der Grafik gezeigt.
Viel Spaß mit »MASHLE«!

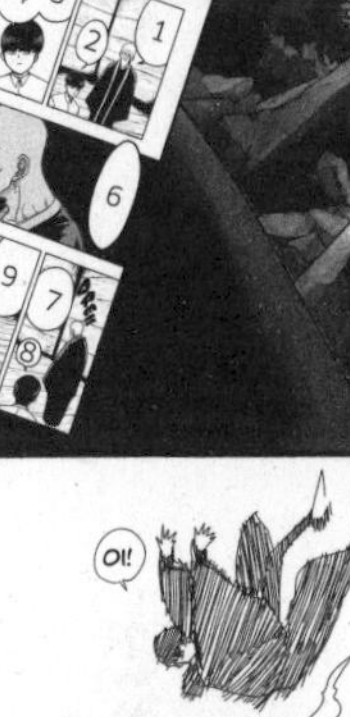

CARLSEN MANGA
Deutsche Ausgabe/German Edition © Carlsen Verlag GmbH 2024
Völckersstraße 14-20 · 22765 Hamburg
Aus dem Japanischen von Katrin Stamm
MASHLE © 2020 by Hajime Komoto

First published in Japan in 2020 by SHUEISHA Inc., Tokyo.
German translation rights in Germany, Austria, Luxembourg and German-speaking Switzerland arranged by SHUEISHA Inc. through VME PLB SAS, France.
Redaktion: Anne Berling & Lisa Gocke · Textbearbeitung: Steffi Korda
Produktionsmanagement: Tobias Hametner
 · ISBN: 978-3-551-02508-1

MIX
Papier | Fördert gute Waldnutzung
FSC www.fsc.org
FSC® C083411
Klimaneutrales Produkt

Action

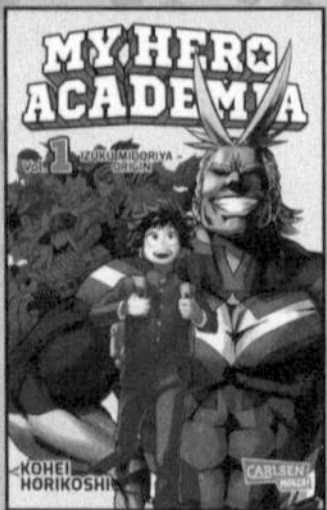

My Hero Academia

von Kohei Horikoshi

In der Welt von Izuku Midoriya besitzt 80% der Bevölkerung Superkräfte. Doch wie und wo könnten die Helden lernen, ihre Fähigkeiten, die sogenannten »Macken« (jp. Kosei) effizienter zu nutzen? Natürlich an der MY HERO ACADEMIA!

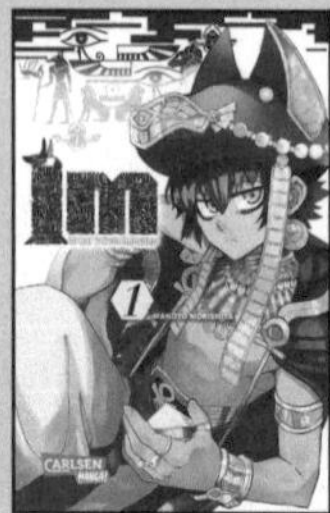

IM – Great Priest Imhotep

von Makoto Morishita

Der Hohepriester Imhotep aus dem antiken Ägypten weilt wieder unter den Lebenden. Im modernen Japan gestrandet, ist er ein Jäger, der die Menschen vor dem uralten Übel der Magai bewahren soll – gottgleichen Wesen, die nach der Vernichtung der Menschen trachten.

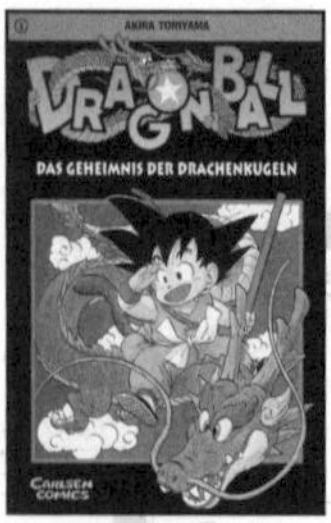

Dragon Ball

von Akira Toriyama

Der Legende nach gibt es sieben »Dragon Balls« auf der Welt. Bringt man alle zusammen, so erscheint der mächtige Drache Shenlong und erfüllt einen Wunsch. Nicht auszudenken, was passiert, sollten die »Dragon Balls« in falsche Hände geraten …

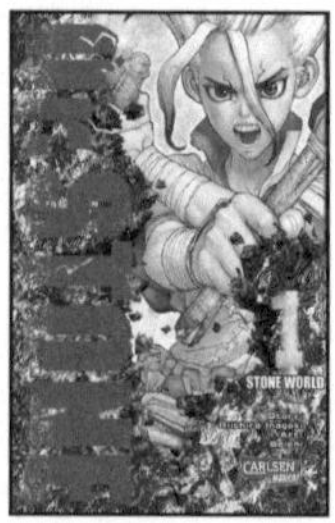

Dr. Stone

von Riichiro Inagaki und Boichi

Ein Augenblick, und die Menschheit erstarrt auf mysteriöse Weise zu Stein. Als die beiden Highschool-Schüler Senku und Taiju mehr als dreitausend Jahre später erwachen, beschließen sie, die menschliche Zivilisation im Alleingang neu aufzubauen!

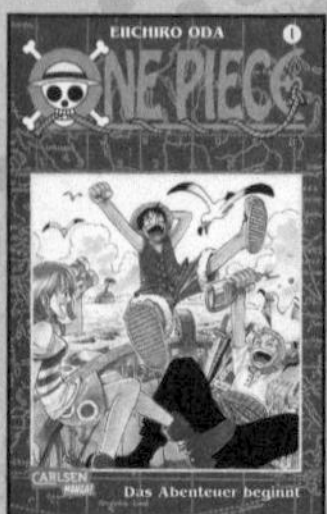

One Piece

von Eiichiro Oda

Monkey D. Ruffy und seine lustige Piraten-Crew sind auf der Suche nach dem größten Schatz der Welt: dem One Piece! Klar, dass sie da nicht die einzigen Piraten auf den Meeren sind…

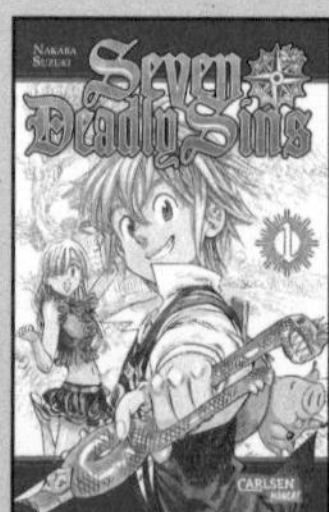

Seven Deadly Sins

von Nakaba Suzuki

Die »Seven Deadly Sins« gelten als die schlimmsten Verbrecher Britannias, Prinzessin Elisabeth macht sich dennoch auf die Suche nach ihnen, denn sie braucht dringend ihre Hilfe…

reiche Serien

Boruto
von Masashi Kishimoto, Ukyo Kodachi und Mikio Ikemoto

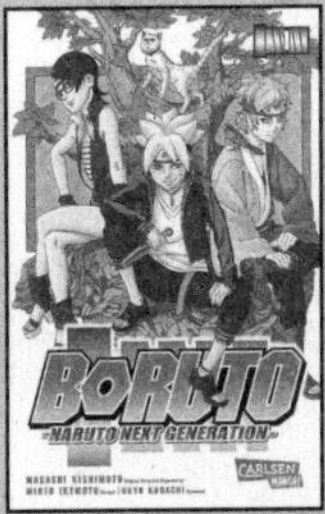

Narutos Sohn Boruto gilt als Wunderkind und ist genauso rebellisch wie einst sein Vater. Er bittet Sasuke ihn zu trainieren, um ein besserer Ninja als Naruto zu werden…

Naruto
von Masashi Kishimoto

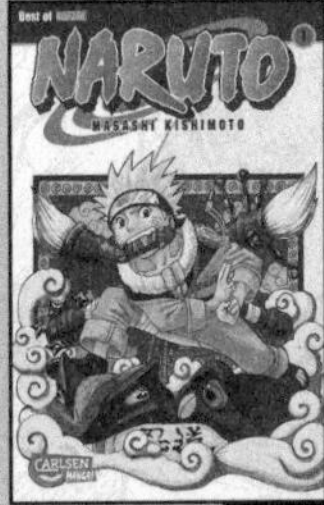

Naruto will der beste Ninja der Welt werden. Weil in ihm ein mächtiges Geheimnis schlummert, wird er von vielen bösen und gefährlichen Ninja verfolgt…

Fairy Tail
von Hiro Mashima

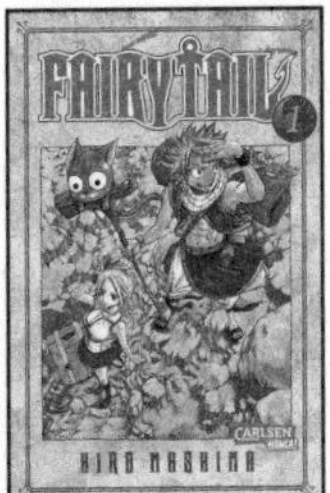

Verrückte Magier, geflügelte Katzen und gefährliche Monster – das ist die Welt von »Fairy Tail«. So nennt sich eine Gilde von sympathischen Outlaws, die mit ihren Zauberkünsten gegen das Böse in der Welt kämpfen, dabei aber mehr als einmal über das Ziel hinausschießen.

Edens Zero
von Hiro Mashima

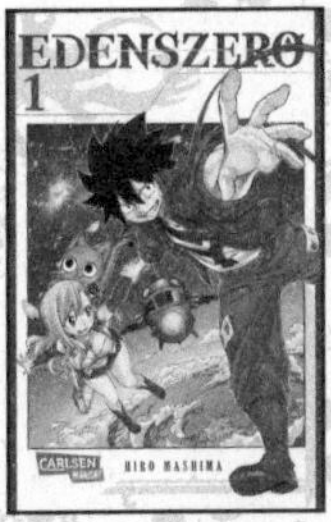

Im Reich der Träume, dem Vergnügungspark Granbell, lebt Shiki allein unter Robotern, doch dann treffen die ersten Gäste seit 100 Jahren ein: Rebecca und ihre blaue Katze Happy. Die drei verstehen sich auf Anhieb gut und werden Freunde… Allerdings birgt dieses kleine Aufeinandertreffen große Veränderungen für ihr Schicksal!

Assassination Classroom
von Yusei Matsui

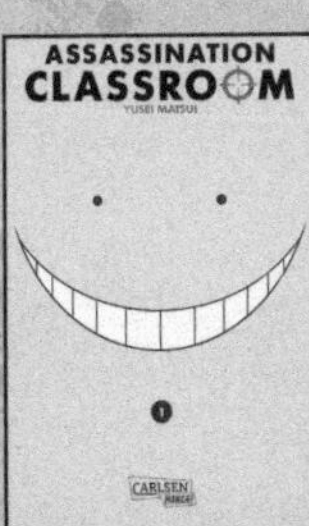

Ein übermächtiges Tentakelmonster mit Smileygesicht droht die Erde zu zerstören. Aber erst nächstes Jahr … Bis dahin unterrichtet das Monster die Klasse 9-E der Kunugigaoka Junior Highschool.

Soul Eater Massiv
von Atsushi Ohkubo

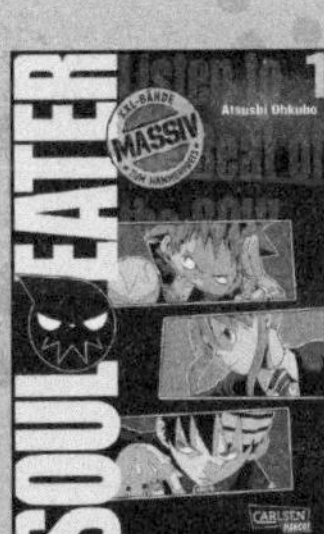

Maka ist Waffenschmiedin in einer spezieller Ausbildung. Ihre Sense namens Soul Eater hat ein Eigenleben und nimmt außerhalb des Kampfes die Gestalt eines ultracoolen Jungen an.

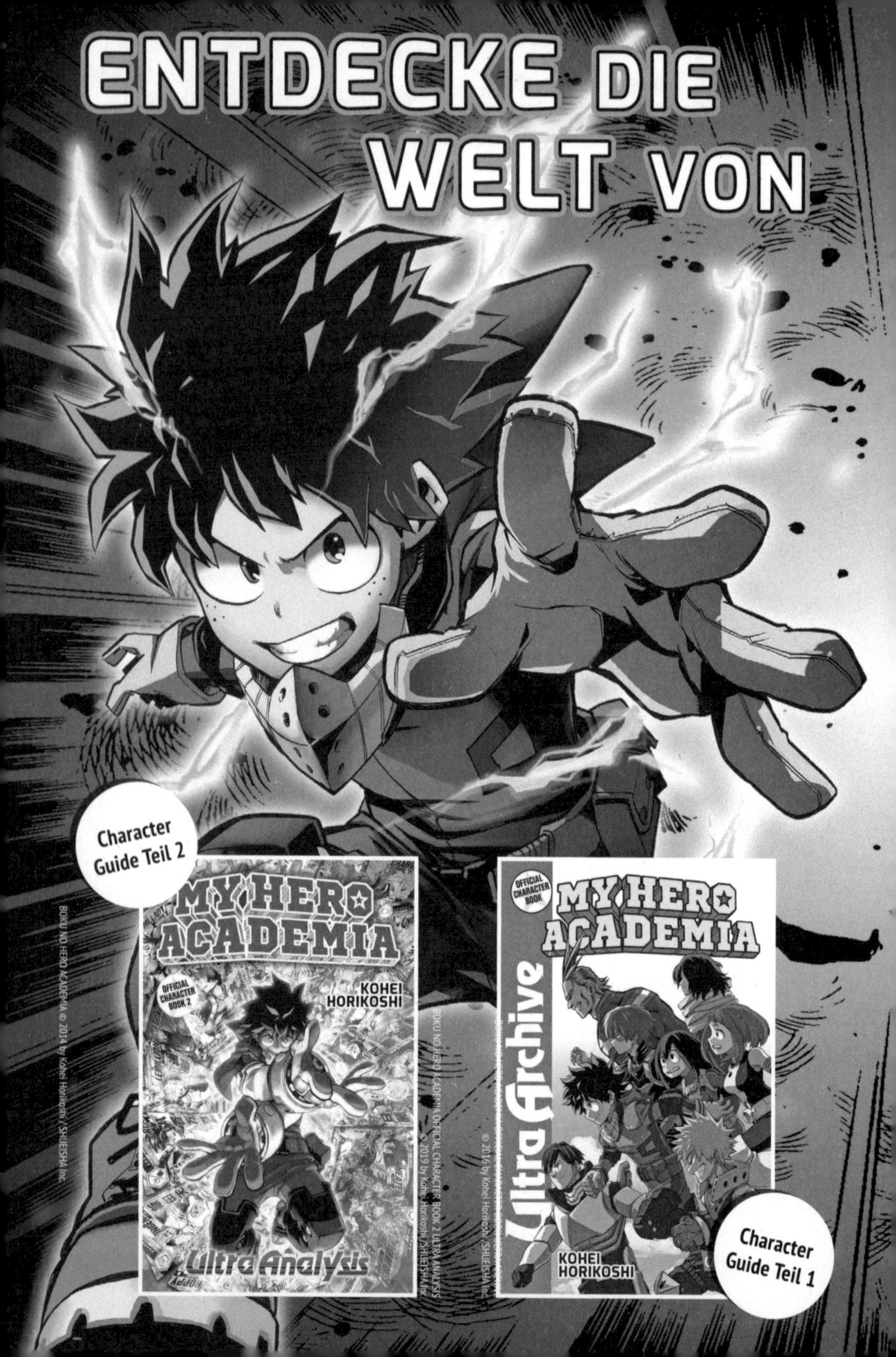
ENTDECKE DIE
WELT VON
Character Guide Teil 2
MY HERO ACADEMIA
OFFICIAL CHARACTER BOOK 2
KOHEI HORIKOSHI
Ultra Analysis
OFFICIAL CHARACTER BOOK
MY HERO ACADEMIA
Ultra Archive
KOHEI HORIKOSHI
Character Guide Teil 1
BOKU NO HERO ACADEMIA © 2014 by Kohei Horikoshi / SHUEISHA Inc.
BOKU NO HERO ACADEMIA OFFICIAL CHARACTER BOOK 2 ULTRA ANALYSIS © 2019 by Kohei Horikoshi / SHUEISHA Inc.
© 2016 by Kohei Horikoshi / SHUEISHA Inc.

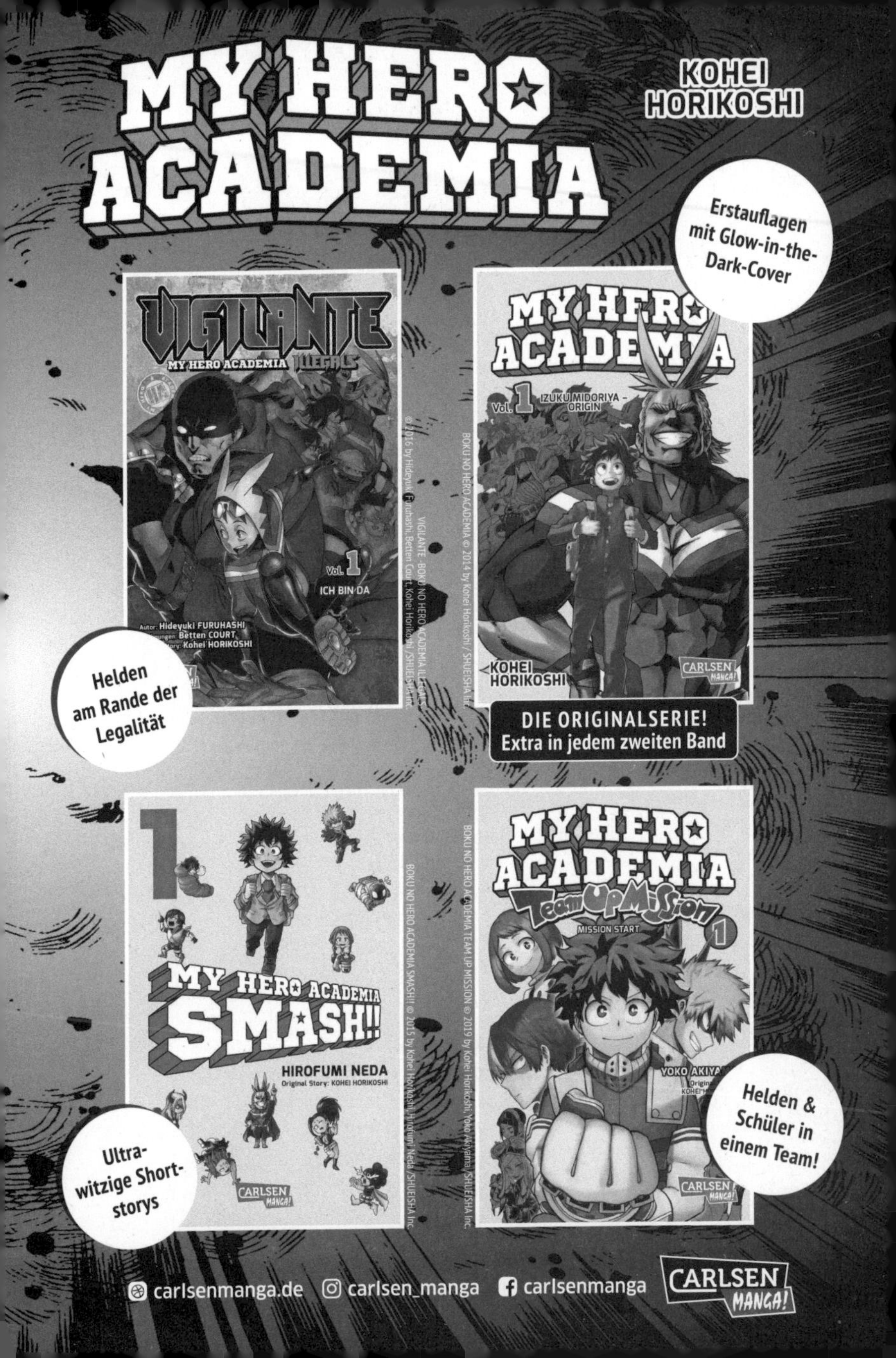

MY HERO ACADEMIA
KOHEI HORIKOSHI
Erstauflagen mit Glow-in-the-Dark-Cover
VIGILANTE
MY HERO ACADEMIA ILLEGALS
Vol. 1
ICH BIN DA
Autor: Hideyuki FURUHASHI
Betten COURT
Kohei HORIKOSHI
Helden am Rande der Legalität
VIGILANTE -BOKU NO HERO ACADEMIA ILLEGALS- © 2016 by Hideyuki Furuhashi, Betten Court, Kohei Horikoshi/SHUEISHA Inc.
BOKU NO HERO ACADEMIA © 2014 by Kohei Horikoshi / SHUEISHA Inc.
MY HERO ACADEMIA
Vol. 1
IZUKU MIDORIYA – ORIGIN
KOHEI HORIKOSHI
CARLSEN MANGA!
DIE ORIGINALSERIE!
Extra in jedem zweiten Band
1
MY HERO ACADEMIA SMASH!!
HIROFUMI NEDA
Original Story: KOHEI HORIKOSHI
CARLSEN MANGA!
Ultra-witzige Shortstorys
BOKU NO HERO ACADEMIA SMASH!! © 2015 by Kohei Horikoshi, Hirofumi Neda/SHUEISHA Inc.
BOKU NO HERO ACADEMIA TEAM UP MISSION © 2019 by Kohei Horikoshi, Yoko Akiyama/SHUEISHA Inc.
MY HERO ACADEMIA
Team Up Mission
MISSION START
1
YOKO AKIYAMA
CARLSEN MANGA!
Helden & Schüler in einem Team!
carlsenmanga.de
carlsen_manga
carlsenmanga
CARLSEN MANGA!

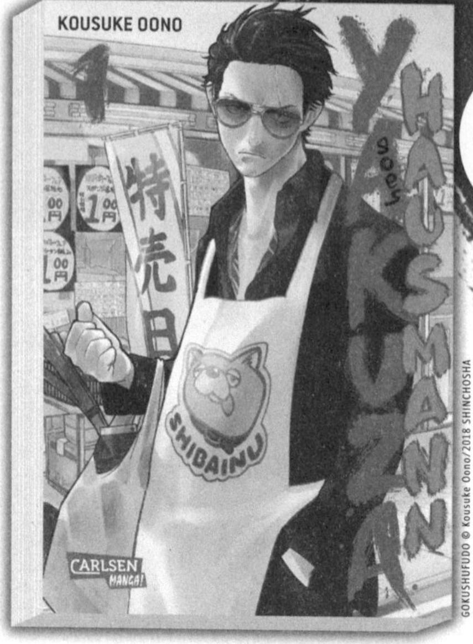

KOUSUKE OONO
1
YAKUZA goes HAUSMANN
CARLSEN MANGA!

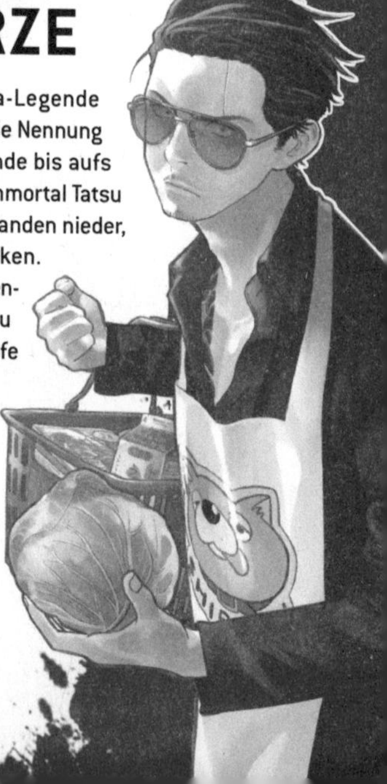

SAKAMOTO DAYS

YUTO SUZUKI

EX-GANGSTER-KOMÖDIE

MIT RASANTER ACTION

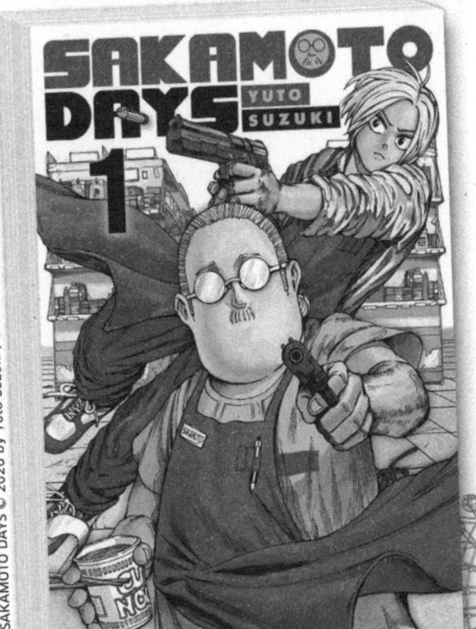

Entdecke die Leseprobe zu Band 1:

Einst war er der ultimative Auftragskiller, von der gesamten Verbrecherwelt gefürchtet und bewundert zugleich. Doch als er auf die Liebe seines Lebens trifft, schwört Sakamoto, sich zu ändern.

Kurzerhand tauscht er seine Knarren gegen Schürzen ein und arbeitet fortan in einem Supermarkt. Seine Frau und seine kleine Tochter bedeuten ihm alles. Als also der junge Shin auftaucht und seinen Ruhestand bedroht, muss er wohl oder übel seine alten Tricks auspacken...

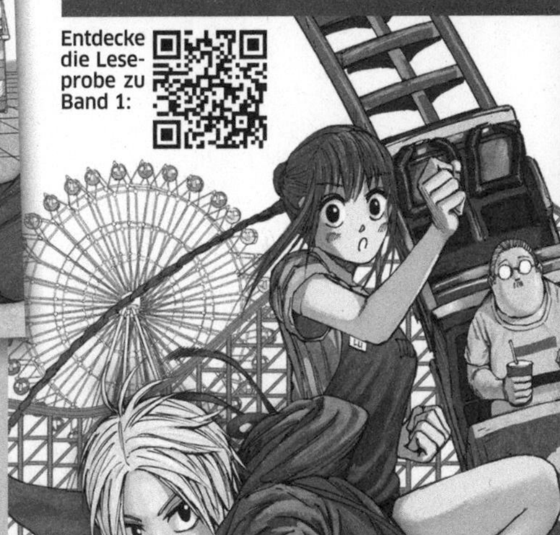

CARLSEN MANGA! www.carlsenmanga.de carlsen_manga carlsenmanga

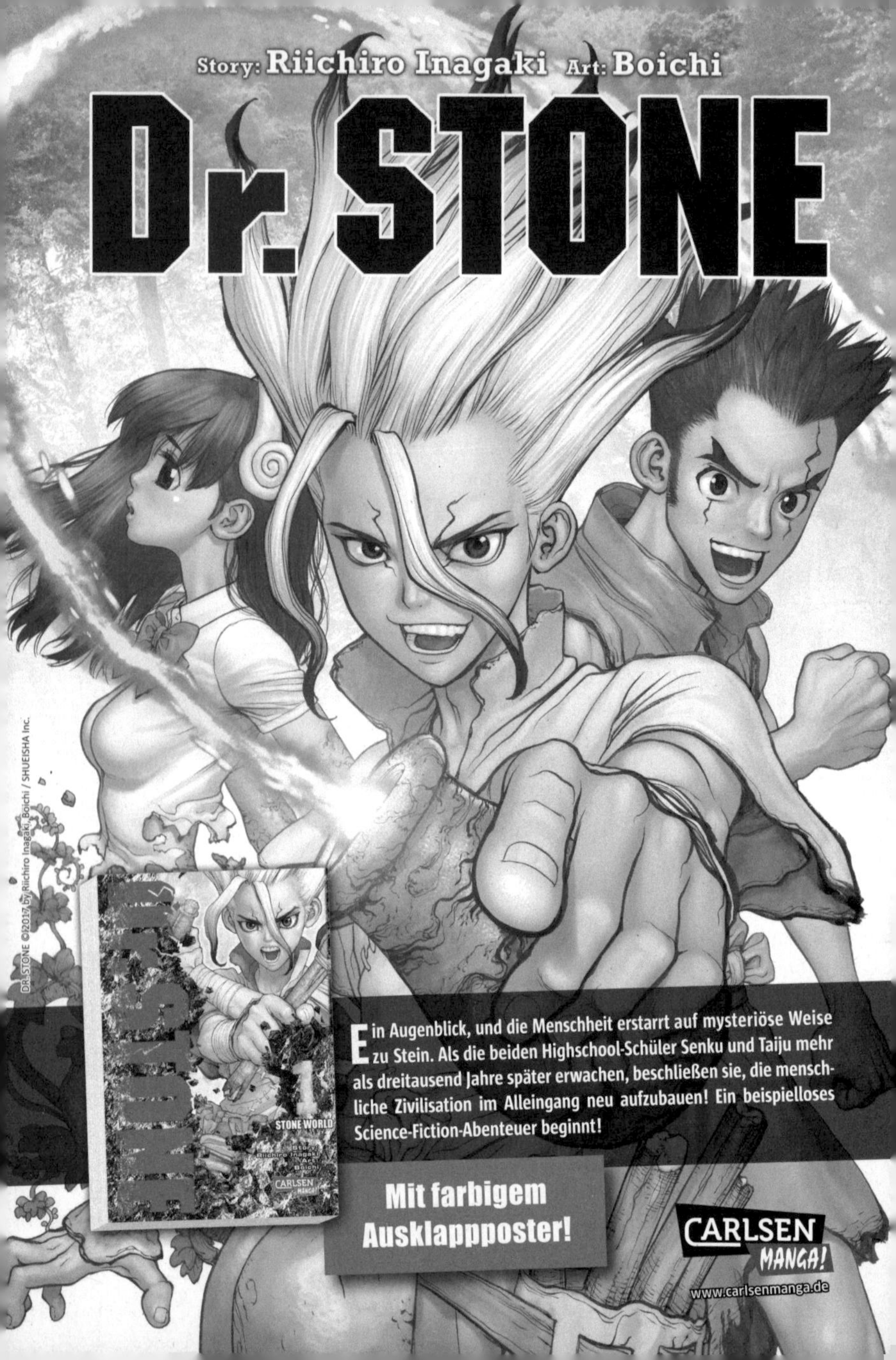
Story: Riichiro Inagaki Art: Boichi
Dr. STONE
Ein Augenblick, und die Menschheit erstarrt auf mysteriöse Weise zu Stein. Als die beiden Highschool-Schüler Senku und Taiju mehr als dreitausend Jahre später erwachen, beschließen sie, die menschliche Zivilisation im Alleingang neu aufzubauen! Ein beispielloses Science-Fiction-Abenteuer beginnt!
Mit farbigem Ausklappposter!
CARLSEN MANGA!
www.carlsenmanga.de
DR. STONE © 2017 by Riichiro Inagaki, Boichi / SHUEISHA Inc.

MASHLE

SEINE BOSHEIT IST ZU GROSS...

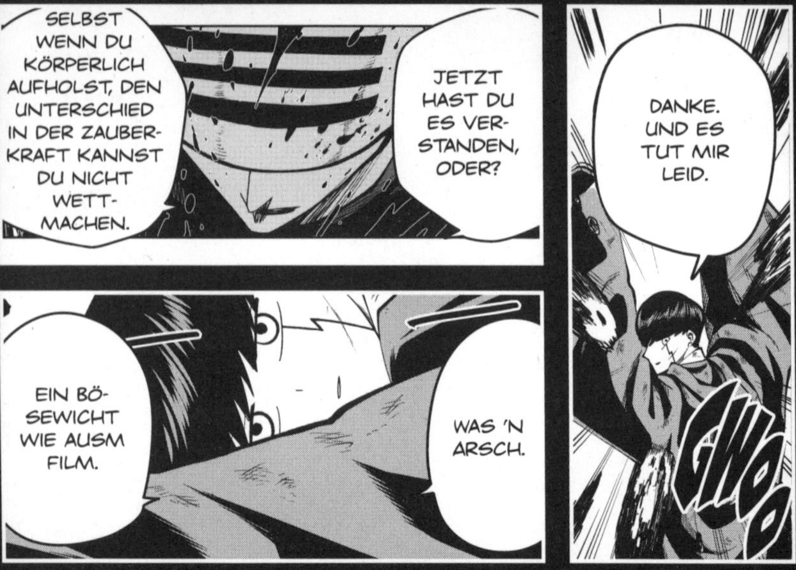

ES GIBT KEINEN AUSWEG!! IST DAS DAS ENDE FÜR MASH...?

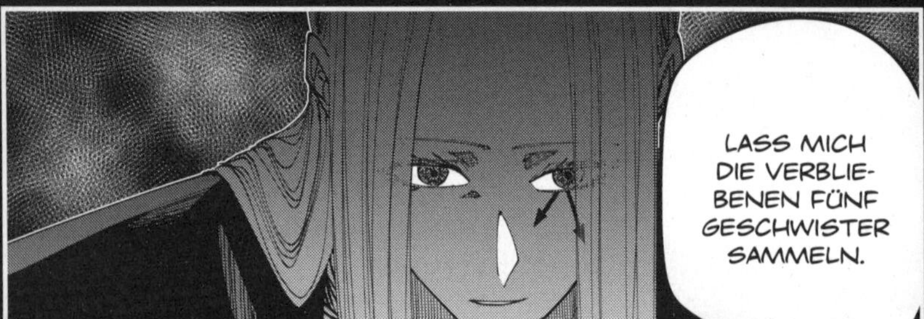

DIE LETZTE SCHLACHT RÜCKT NÄHER!!

DAS ALLES UND NOCH MEHR IN

... UND ER IST ZU MÄCHTIG!!

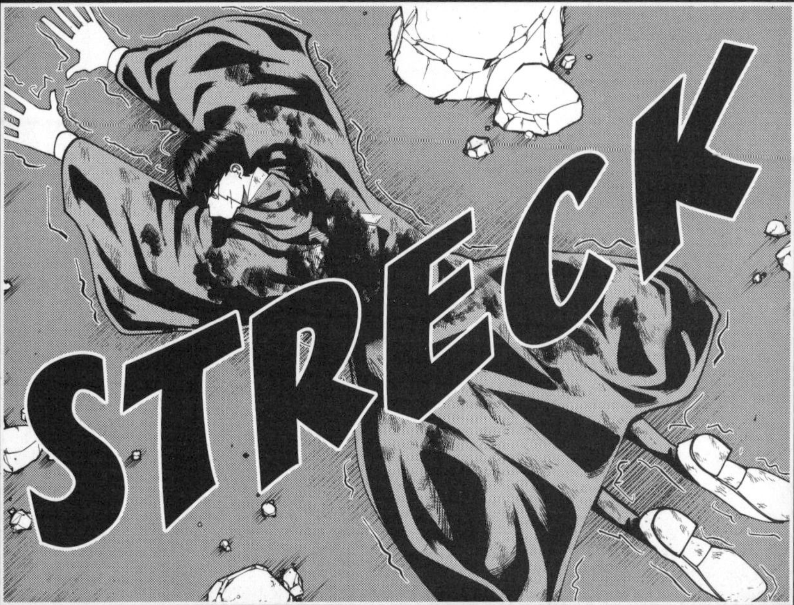

MASHS KÖRPER VERÄNDERT SICH IM ENTSCHEIDENDEN MOMENT?!

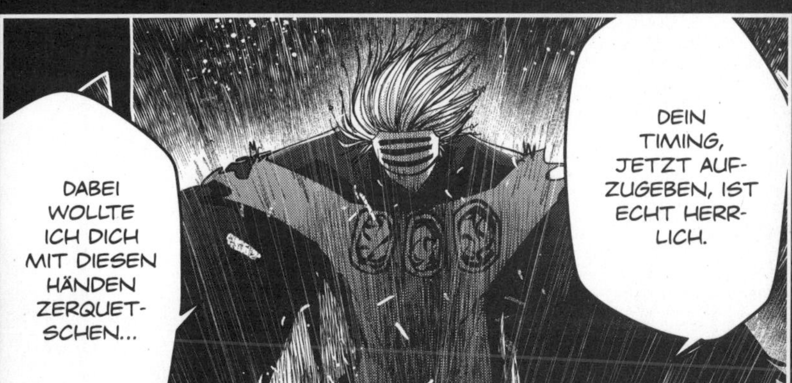

12 MASHLE

Frage-Antwort-Ecke

Q&A

F.1 WARUM KANN LÉVIS ROSEQUARTZ ZWEI STÄBE BENUTZEN?

A.1 Weil er einen von seinem Bruder übernommen hat!!

F.2 WANN HAT RAYNE AMES GEBURTSTAG?

A.2 Am 3. März!!

F.3 WOHER HAT MASH DEN EIMER FÜR DIE WASSEREIMER-STAFFEL?

A.3 Er hat ihn aus seinem Stab geformt!! In Windeseile!!

Extra 8

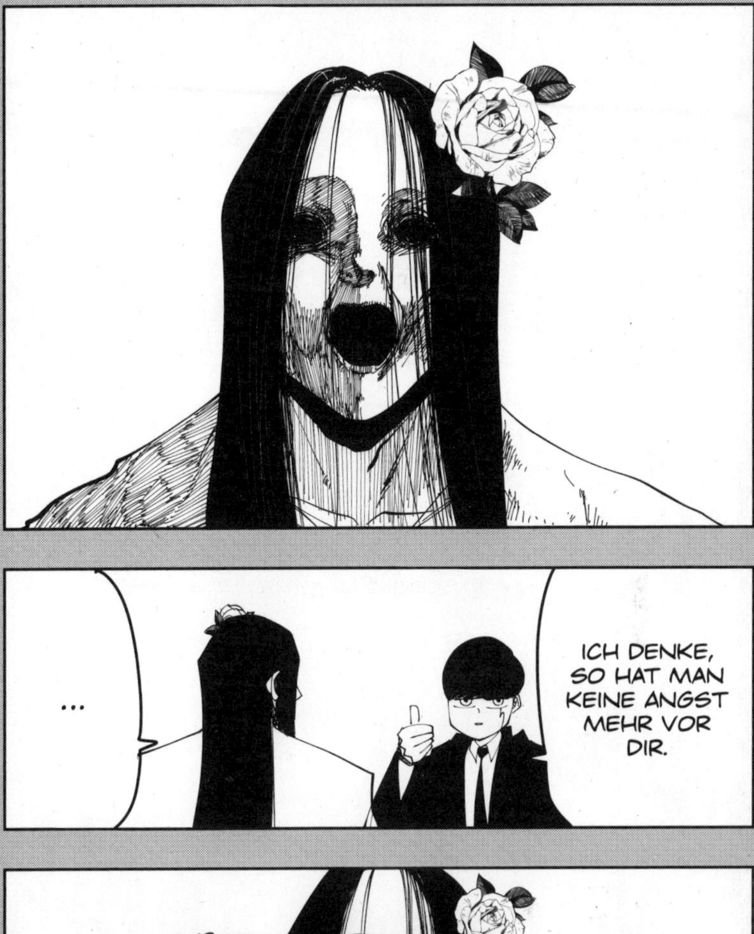

Ende des Extras

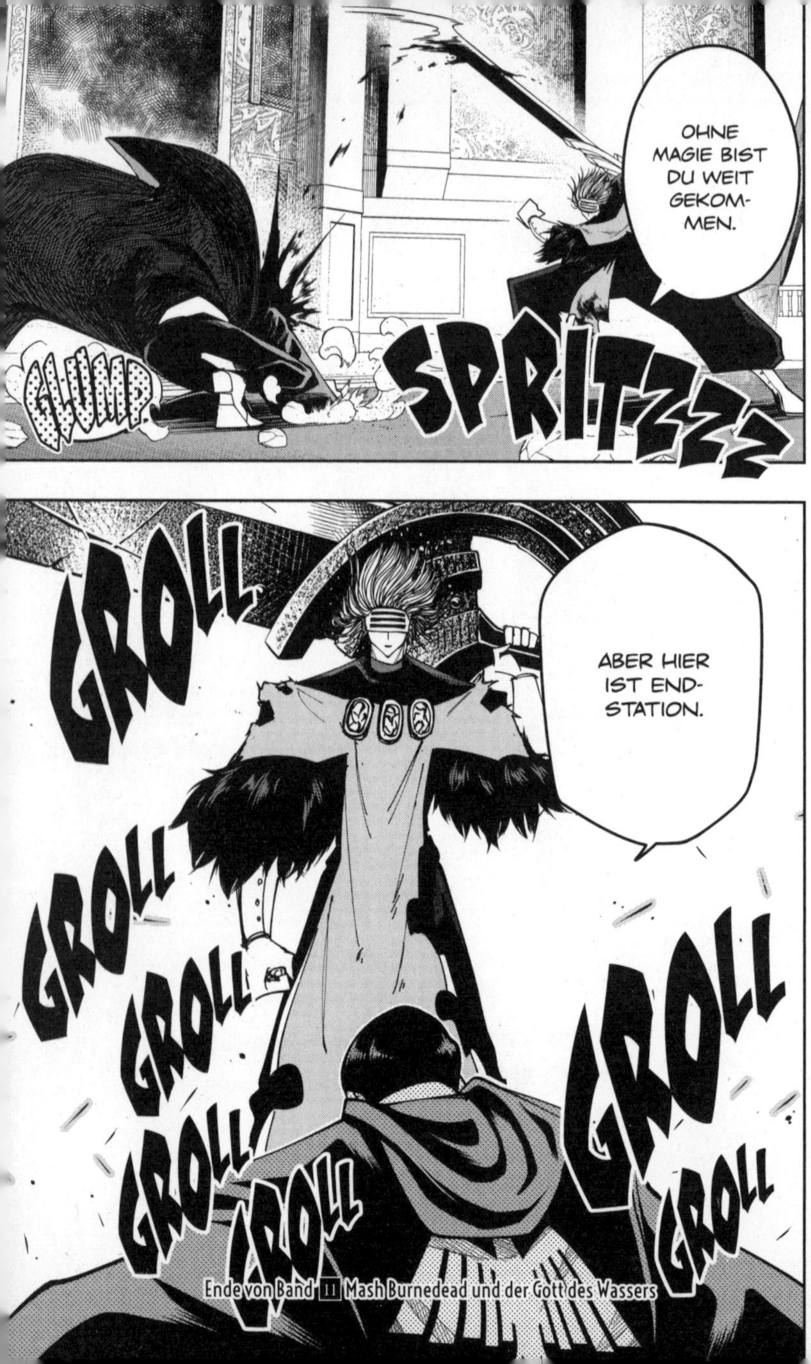

Ende von Band 11 Mash Burnedead und der Gott des Wassers

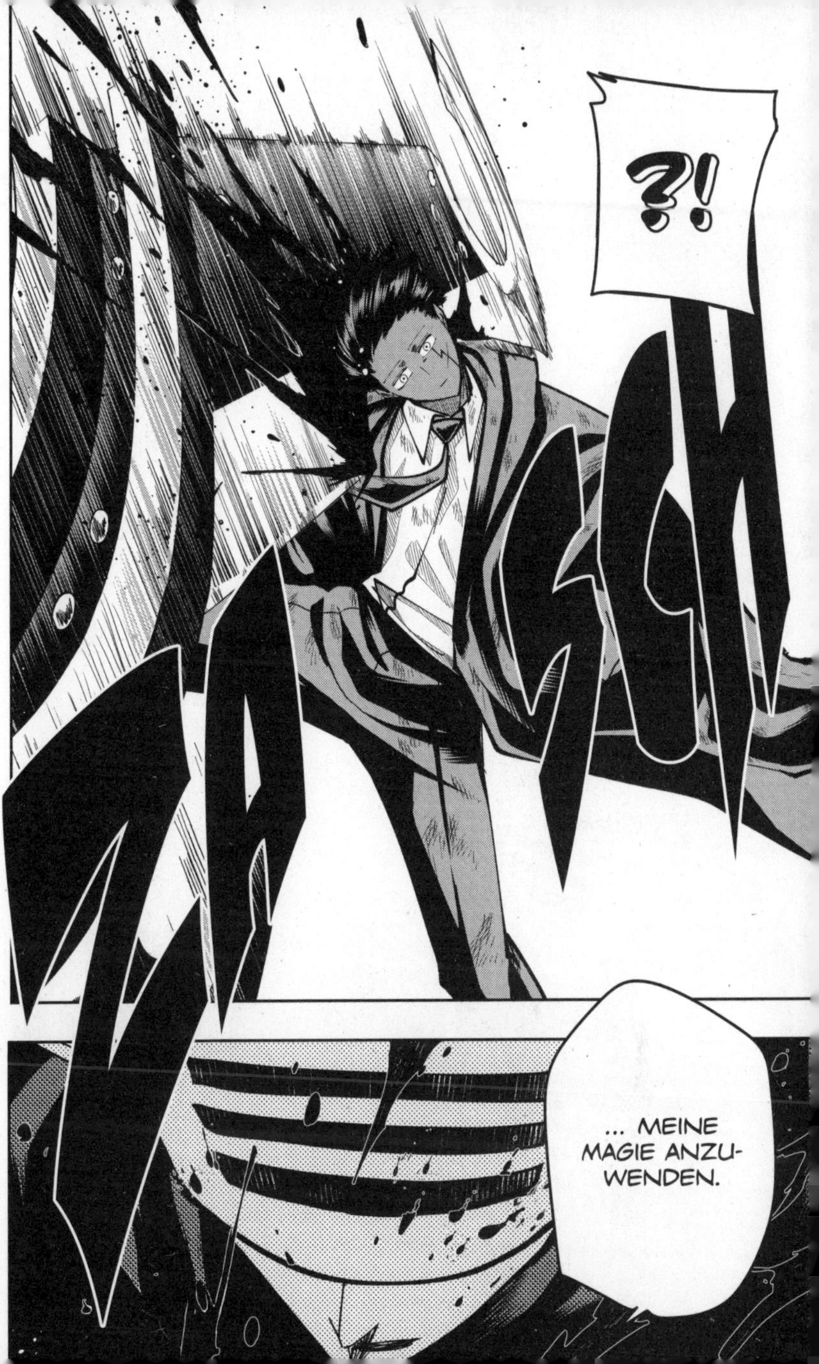
?!
... MEINE MAGIE ANZU-WENDEN.

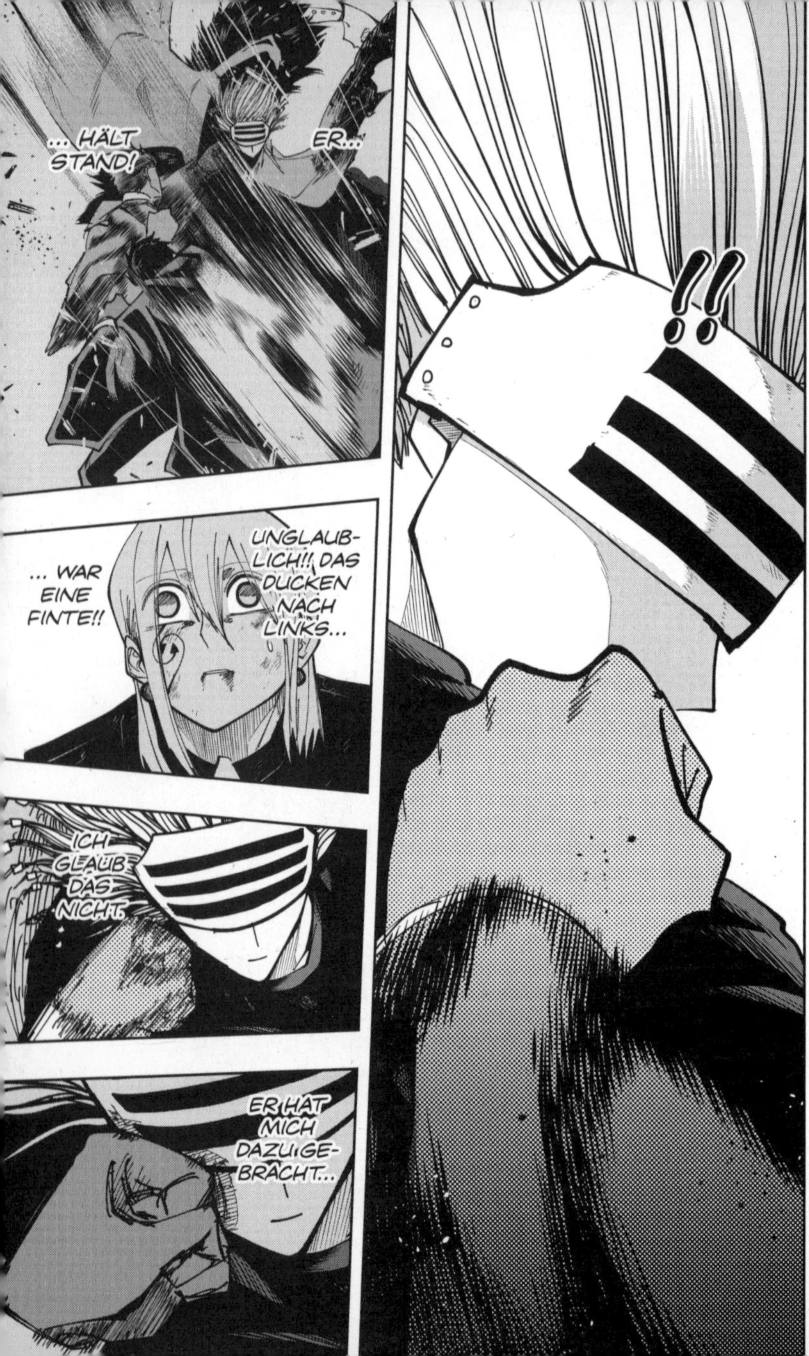
!!
ER...
... HÄLT STAND!
UNGLAUB-LICH!! DAS DUCKEN NACH LINKS...
... WAR EINE FINTE!!
ICH GLAUB DAS NICHT.
ER HAT MICH DAZU GE-BRACHT...

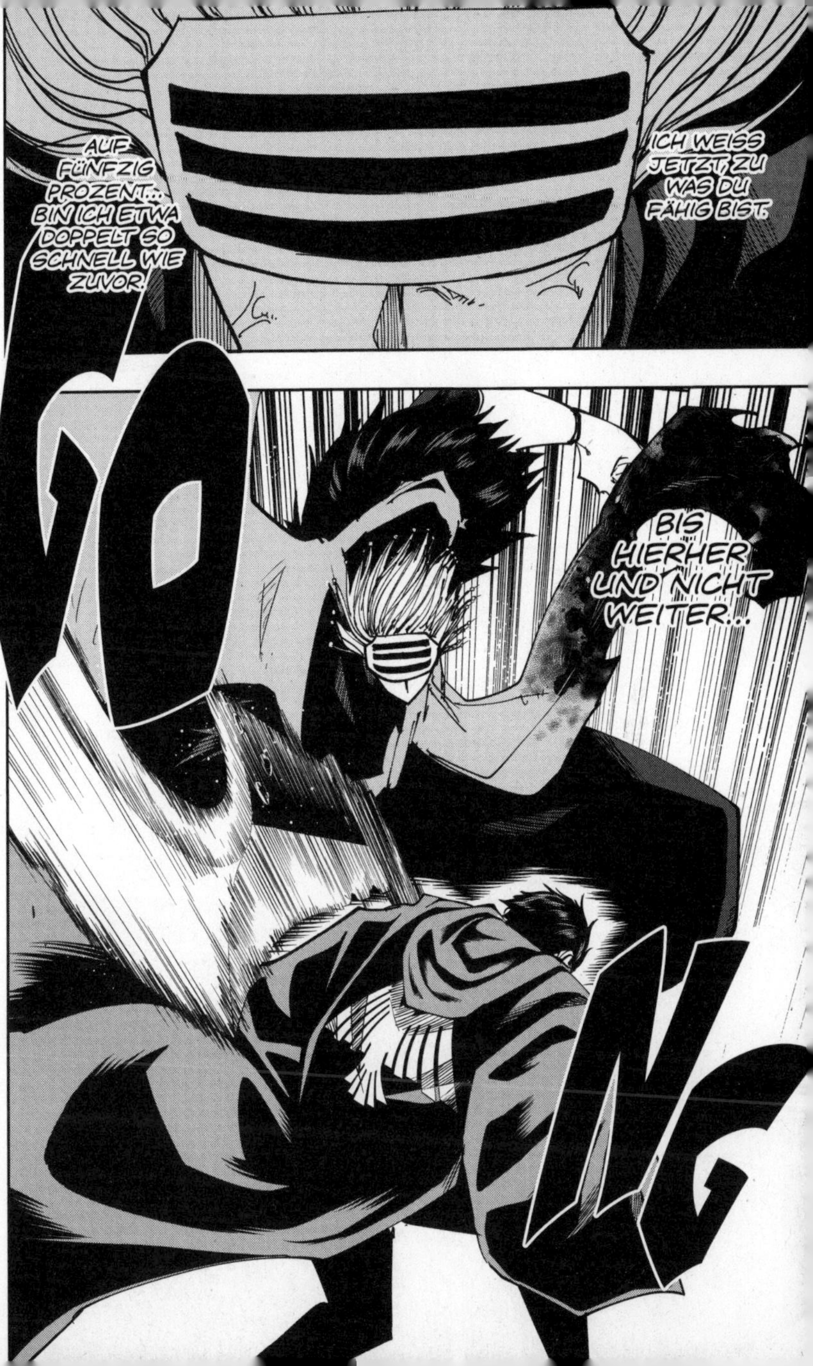
ICH WEISS JETZT, ZU WAS DU FÄHIG BIST.
AUF FÜNFZIG PROZENT... BIN ICH ETWA DOPPELT SO SCHNELL WIE ZUVOR.
BIS HIERHER UND NICHT WEITER...

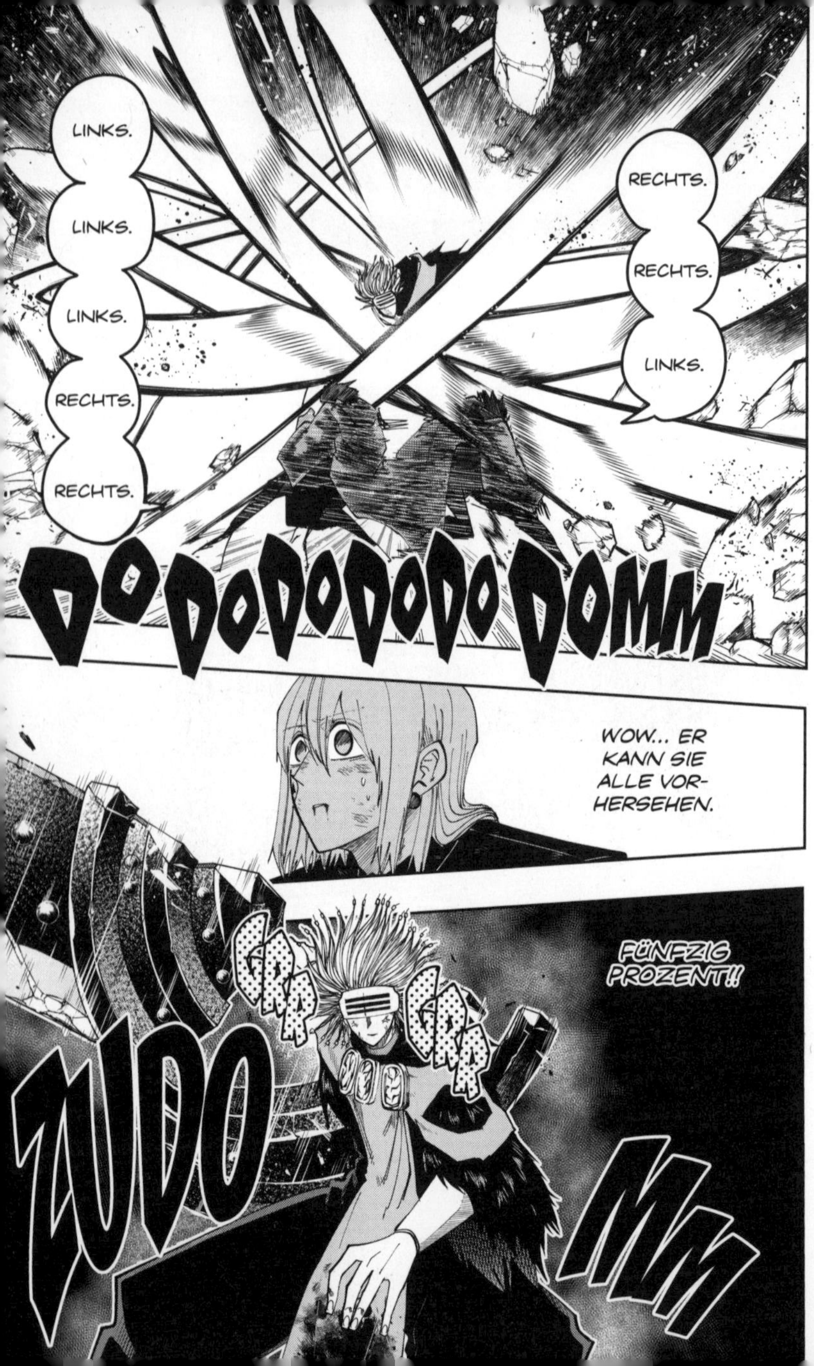
RECHTS.
RECHTS.
LINKS.
LINKS.
LINKS.
LINKS.
RECHTS.
RECHTS.
DODODODODO DOMM
WOW... ER KANN SIE ALLE VOR-HERSEHEN.
FÜNFZIG PROZENT!!
GRR
GRR
ZUDO
MM

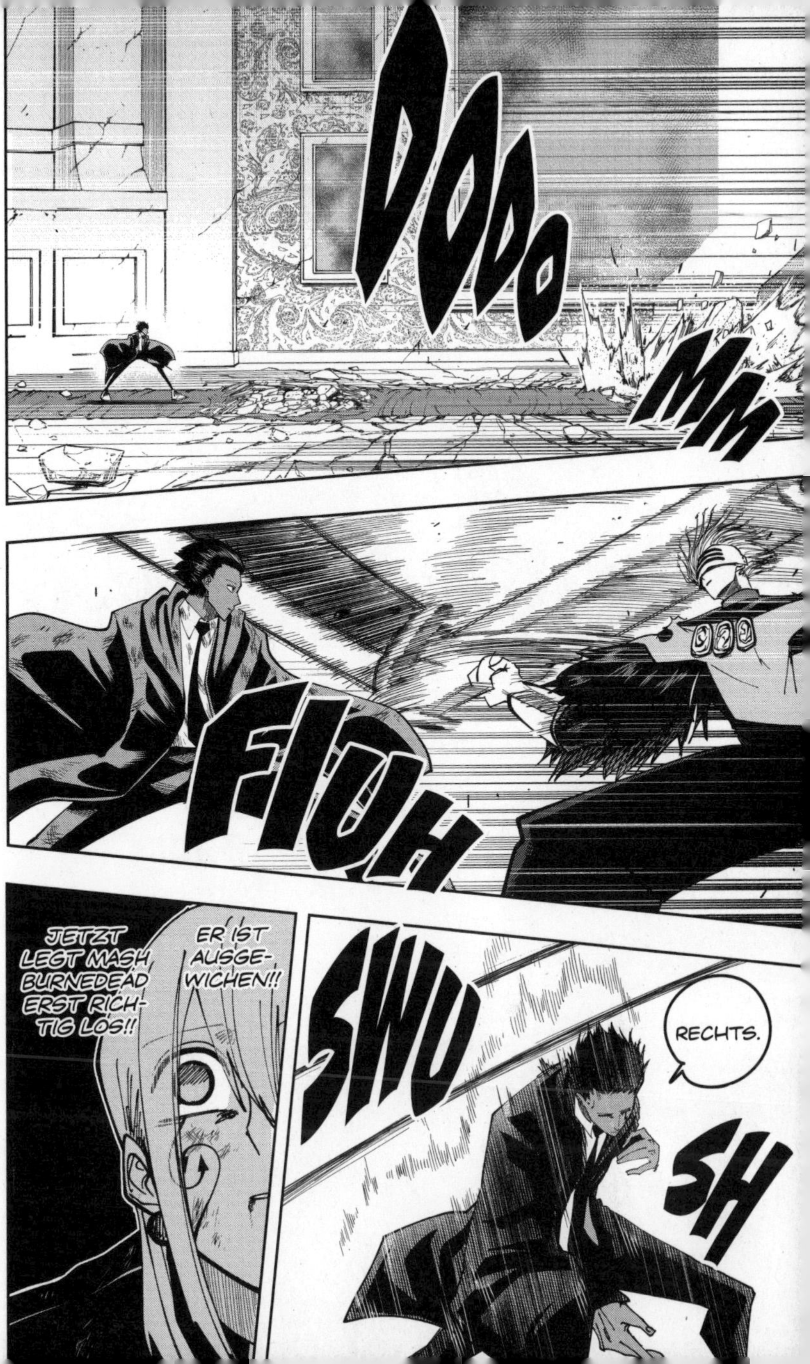
DODODO
MM
FIUH
RECHTS.
SWU
SH
ER IST AUSGE-WICHEN!!
JETZT LEGT MASH BURNEDEAD ERST RICH-TIG LOS!!

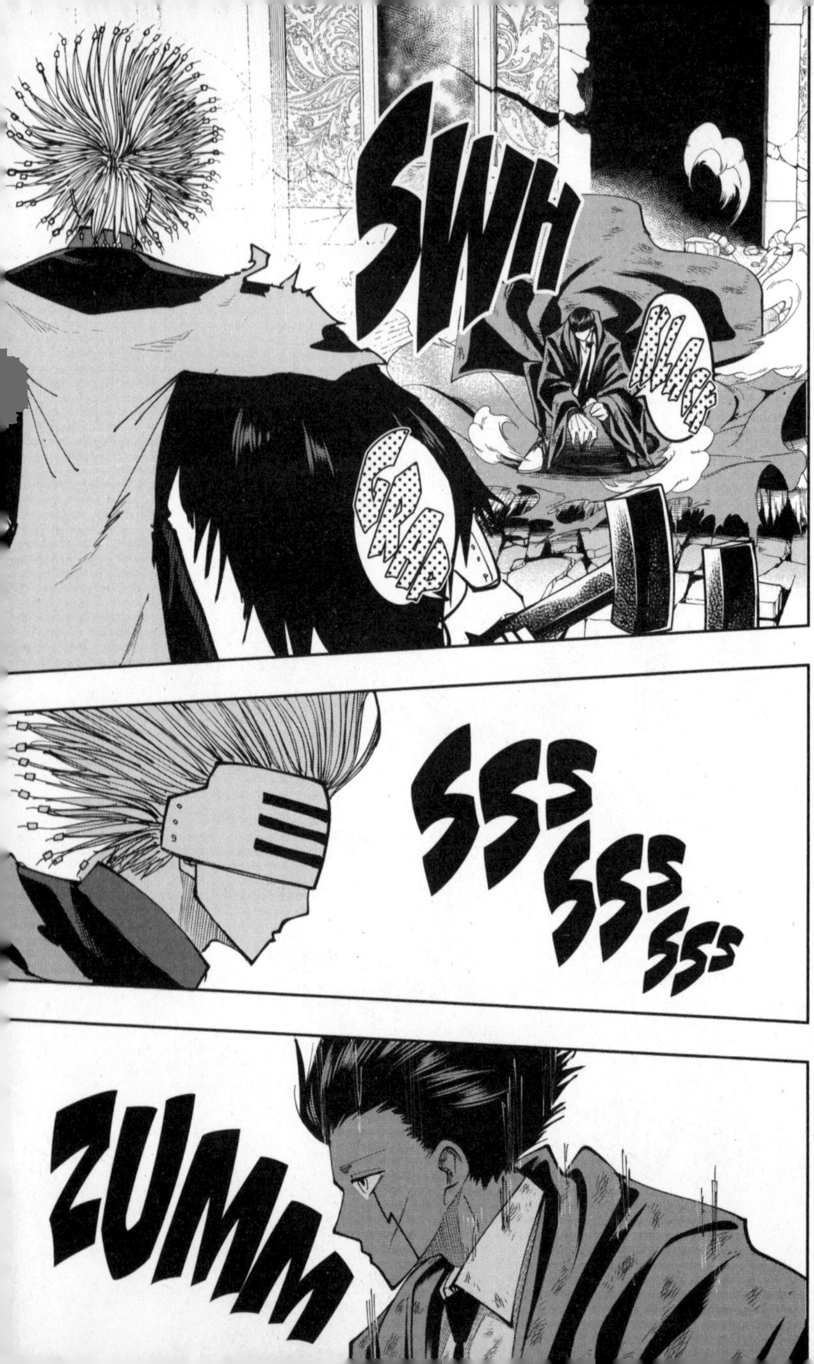
SWH
KLACK
SSS
SSS
SSS
ZUMM

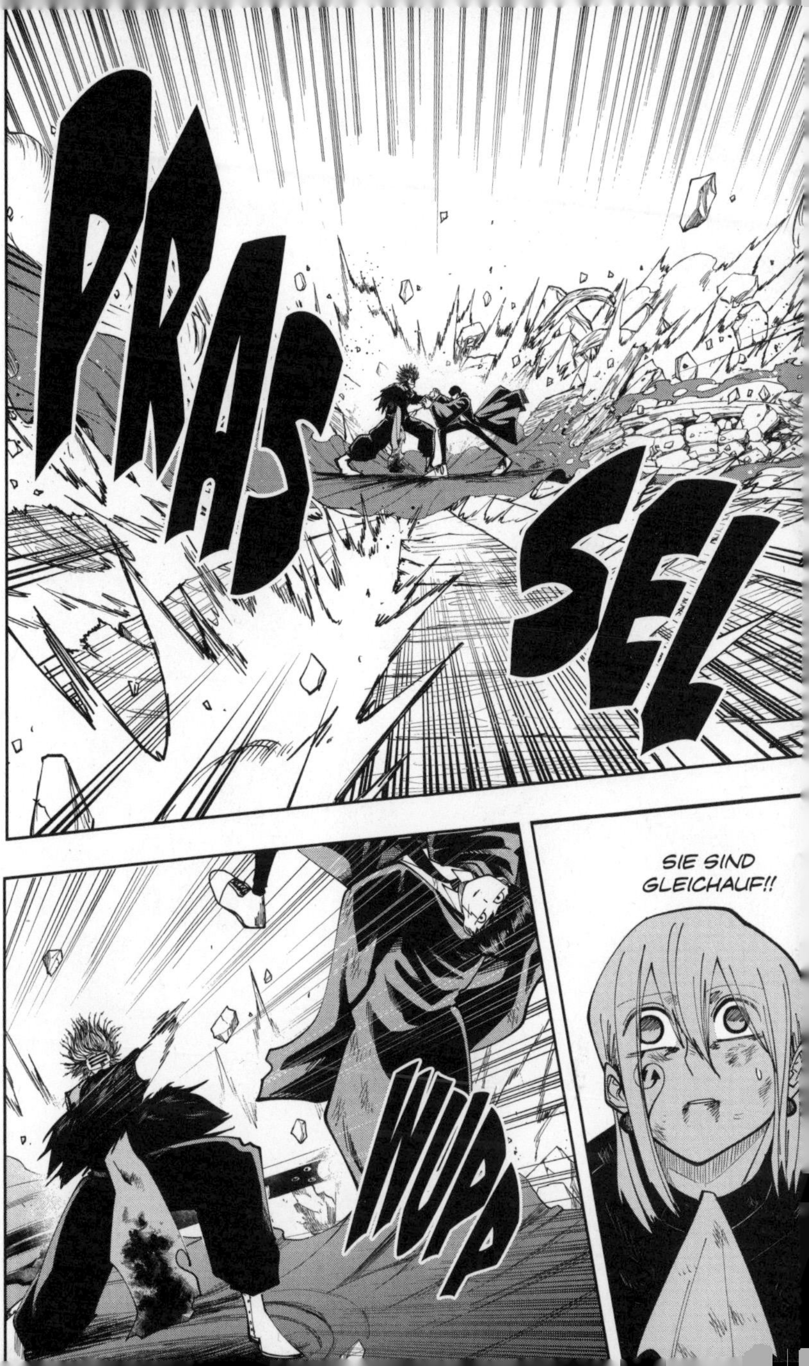
PRAS
SEL
SIE SIND GLEICHAUF!!
WUPP

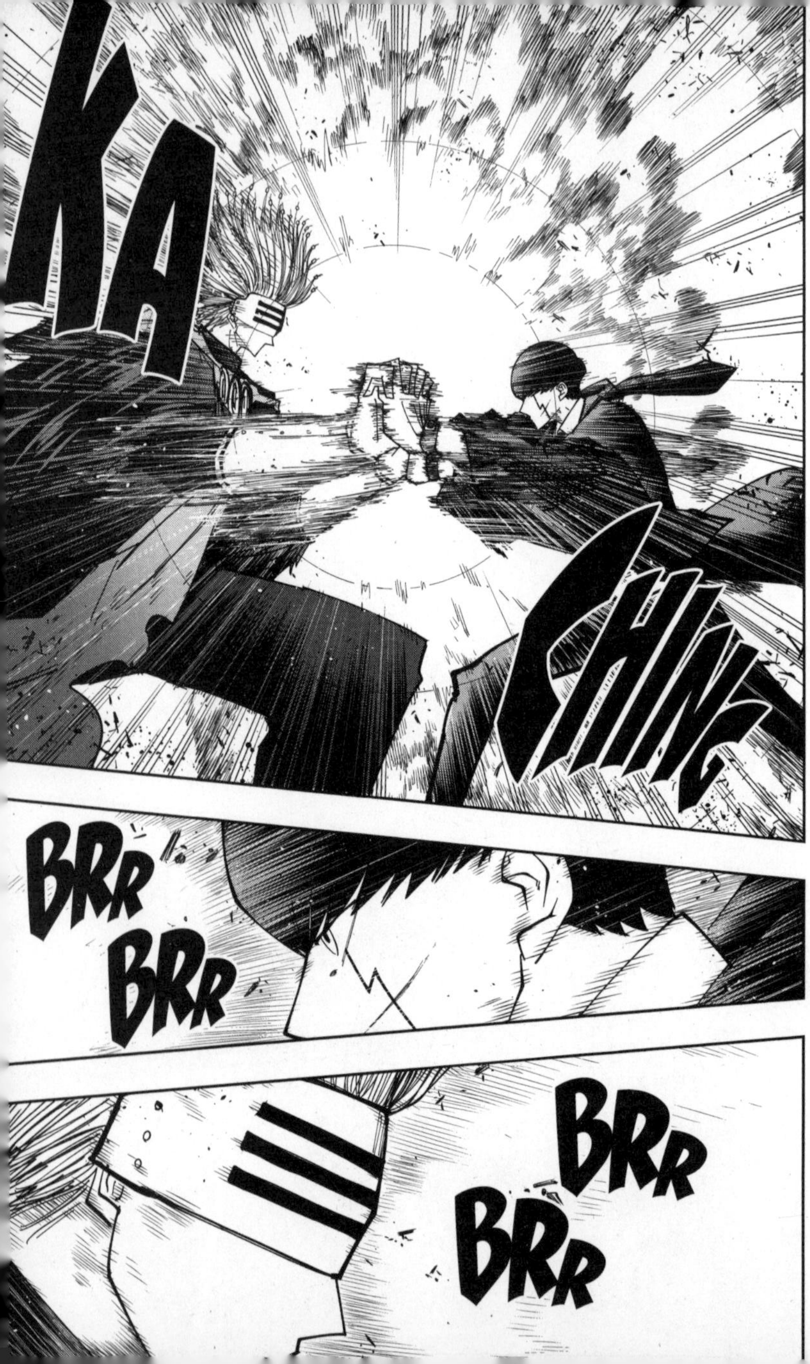
KA
CHING
BRR
BRR
BRR
BRR

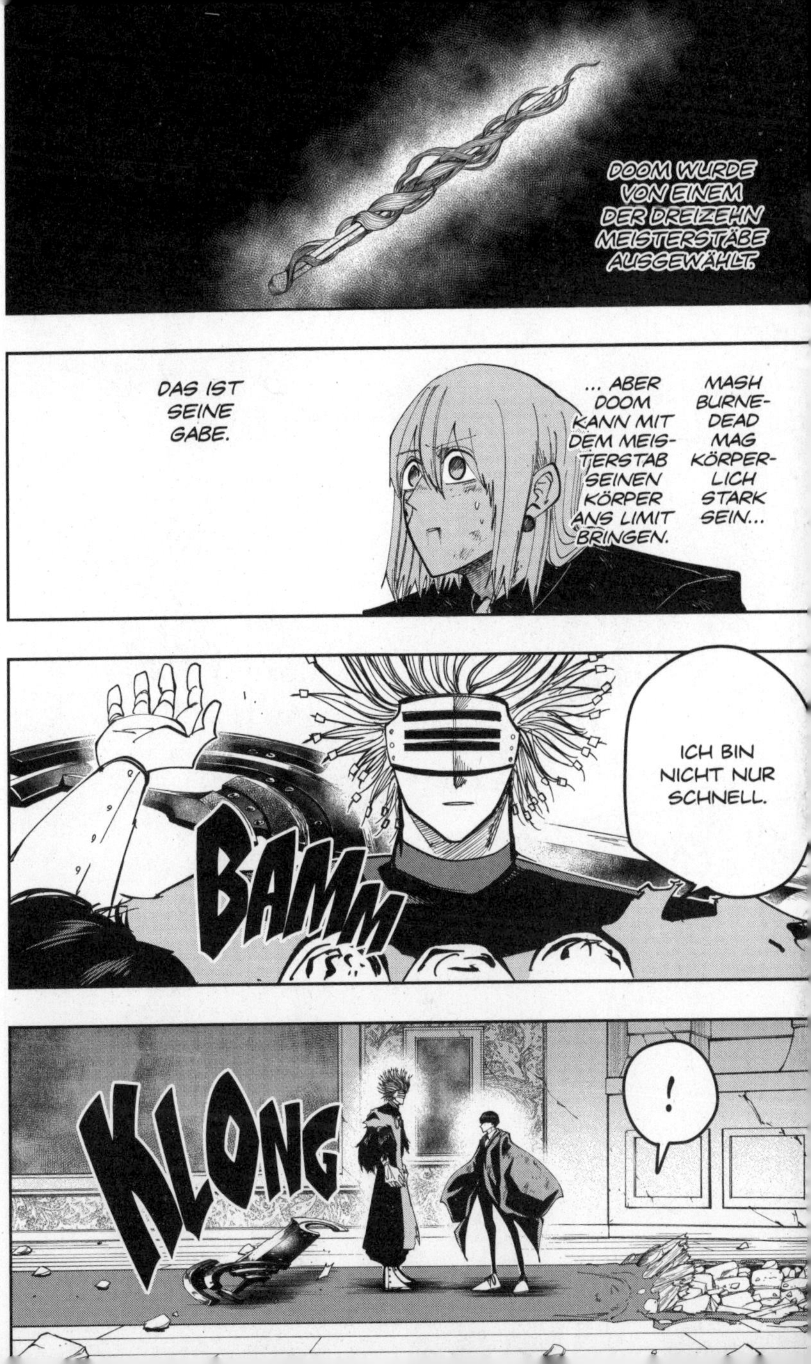
DOOM WURDE VON EINEM DER DREIZEHN MEISTERSTÄBE AUSGEWÄHLT.
MASH BURNE-DEAD MAG KÖRPER-LICH STARK SEIN...
... ABER DOOM KANN MIT DEM MEIS-TERSTAB SEINEN KÖRPER ANS LIMIT BRINGEN.
DAS IST SEINE GABE.
ICH BIN NICHT NUR SCHNELL.
BAMM
!
KLONG

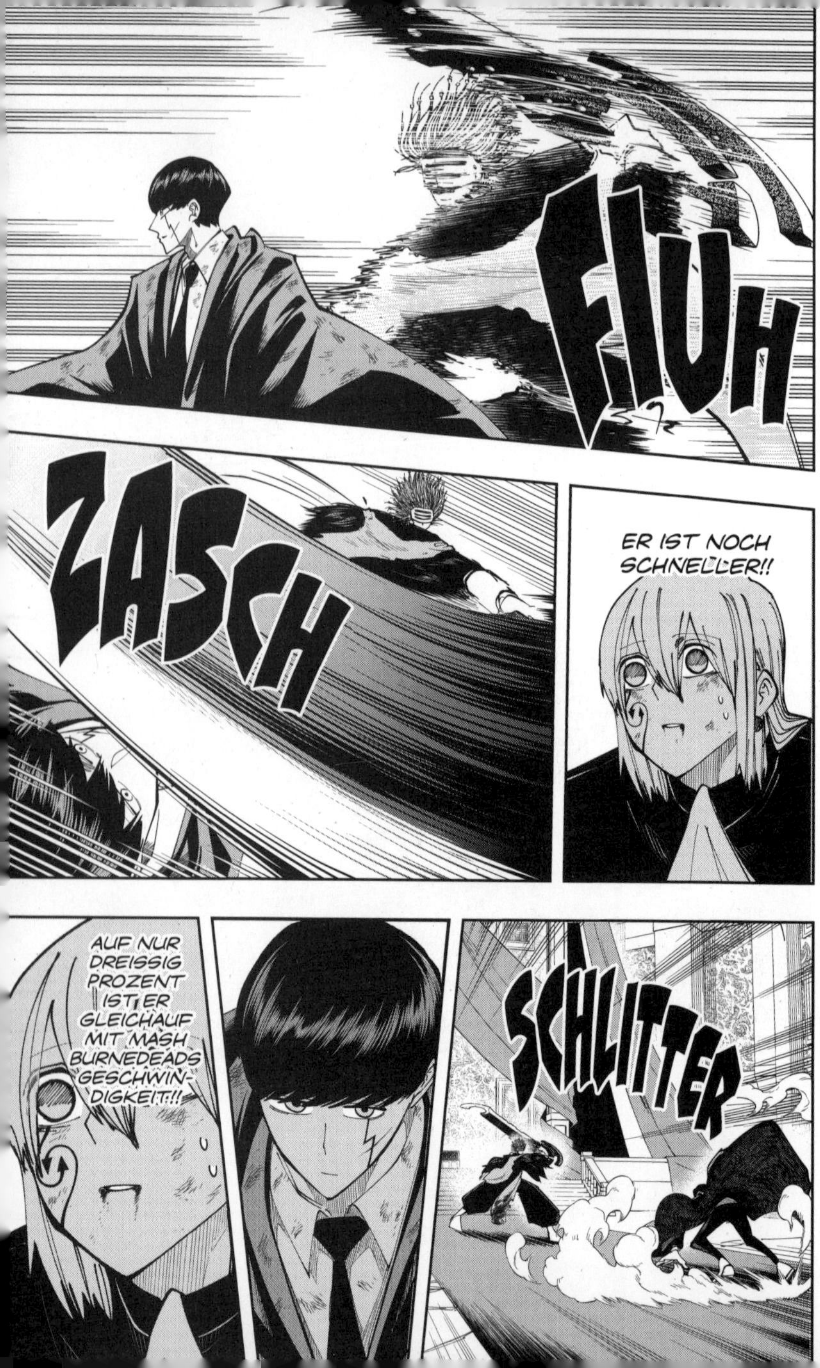
FIUH
ZASCH
ER IST NOCH SCHNELLER!!
AUF NUR DREISSIG PROZENT IST ER GLEICHAUF MIT MASH BURNEDEADS GESCHWIN-DIGKEIT!!
SCHLITTER

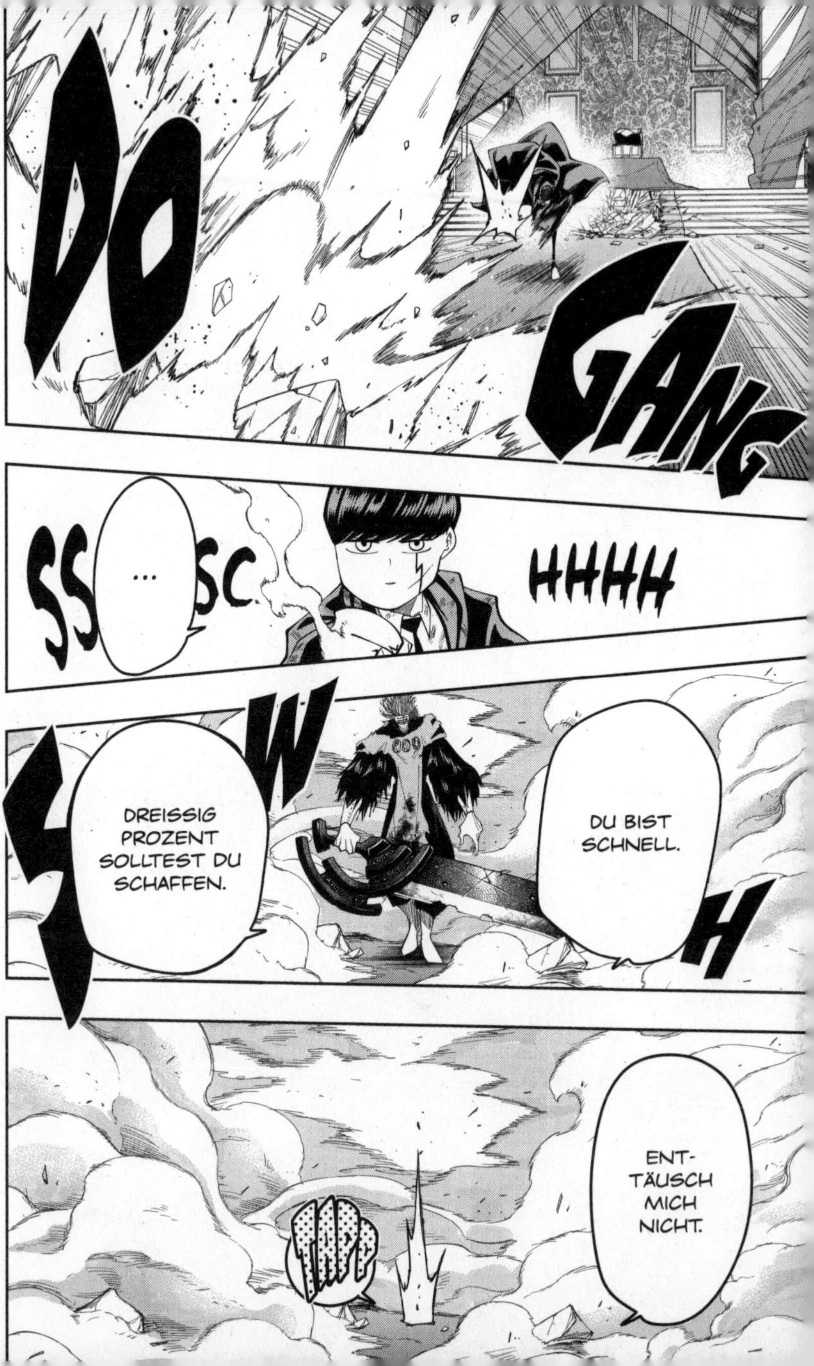
DO
GANG
SS
...
SC
HHHH
DU BIST SCHNELL.
W
DREISSIG PROZENT SOLLTEST DU SCHAFFEN.
H
ENT-TÄUSCH MICH NICHT.
TAPP

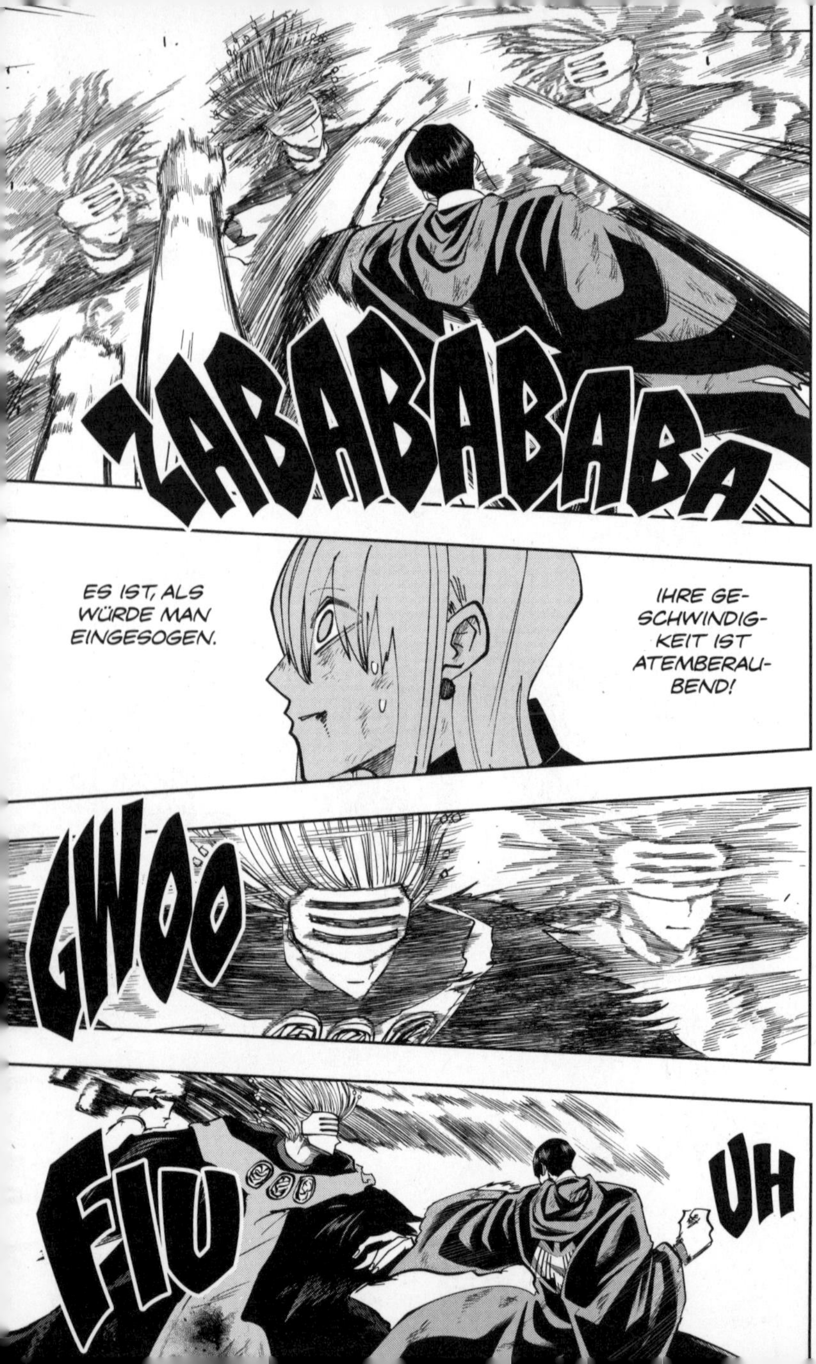
ZABABABABA
IHRE GE-
SCHWINDIG-
KEIT IST
ATEMBERAU-
BEND!
ES IST, ALS
WÜRDE MAN
EINGESOGEN.
GWOO
UH
FIIU

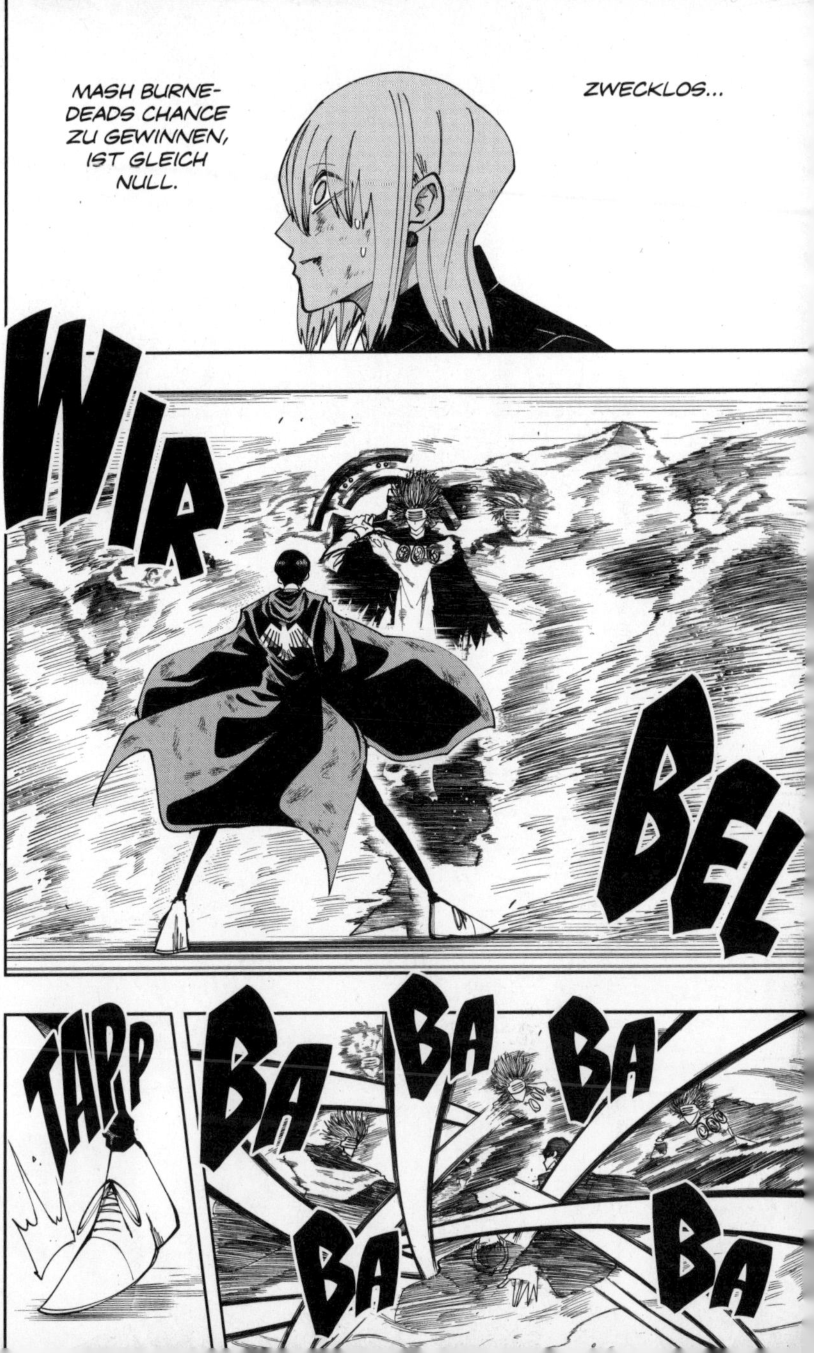

ZWECKLOS...
MASH BURNE-DEADS CHANCE ZU GEWINNEN, IST GLEICH NULL.
WIR
BEL
TAPP
BA
BA
BA
BA
BA

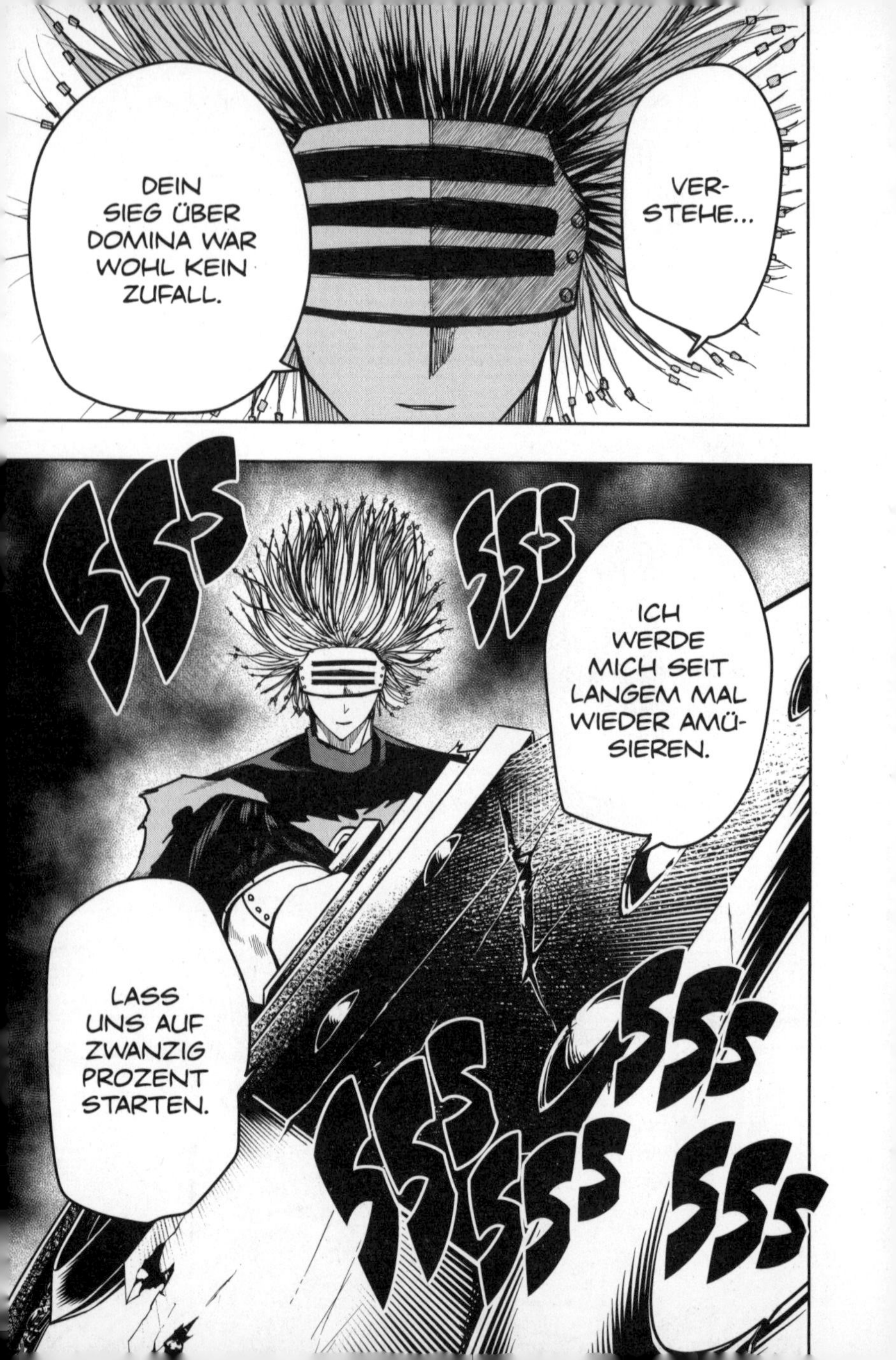
VER-
STEHE...
DEIN SIEG ÜBER DOMINA WAR WOHL KEIN ZUFALL.
SSS
SSS
ICH WERDE MICH SEIT LANGEM MAL WIEDER AMÜSIEREN.
LASS UNS AUF ZWANZIG PROZENT STARTEN.
SSS SSS SSSS SSS

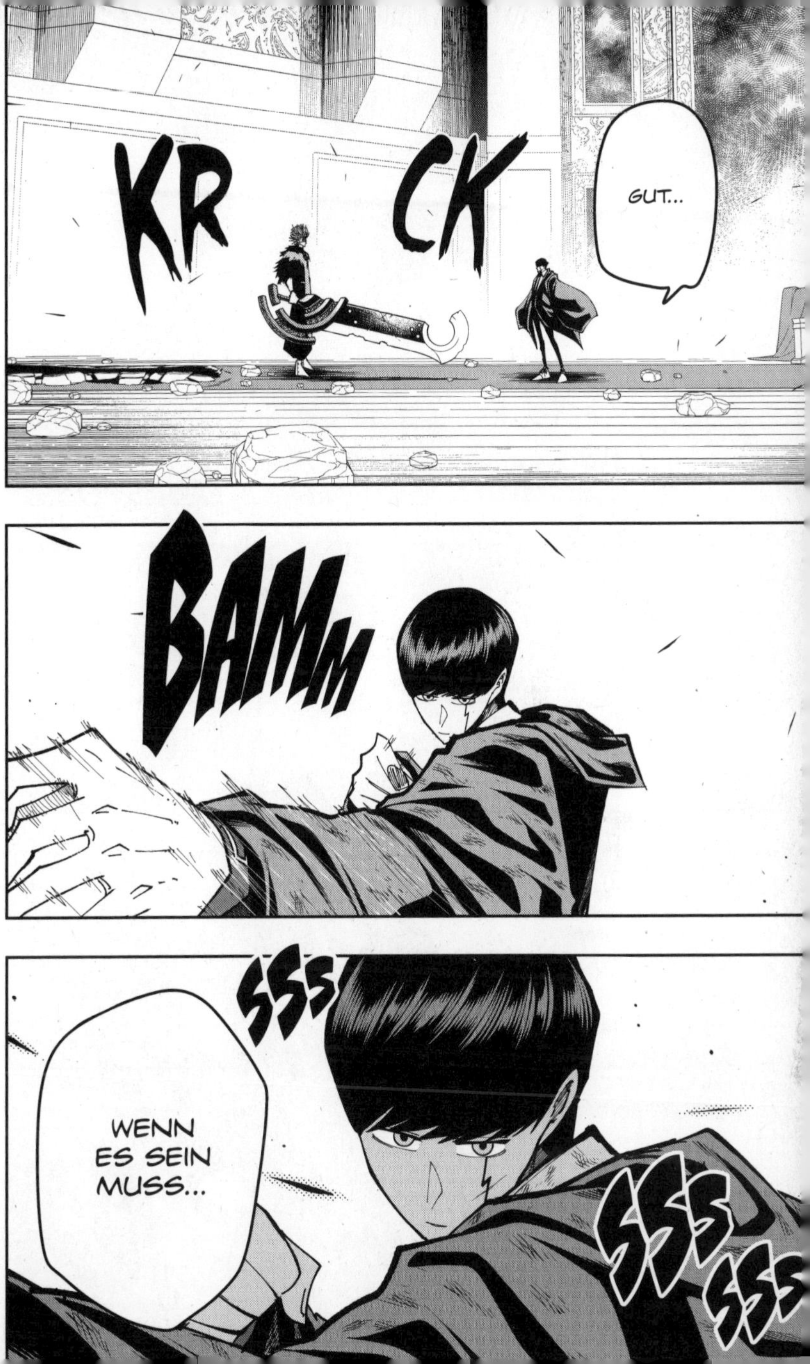
KR CK
GUT...
BAMM
SSS
WENN ES SEIN MUSS...
SSS SSS

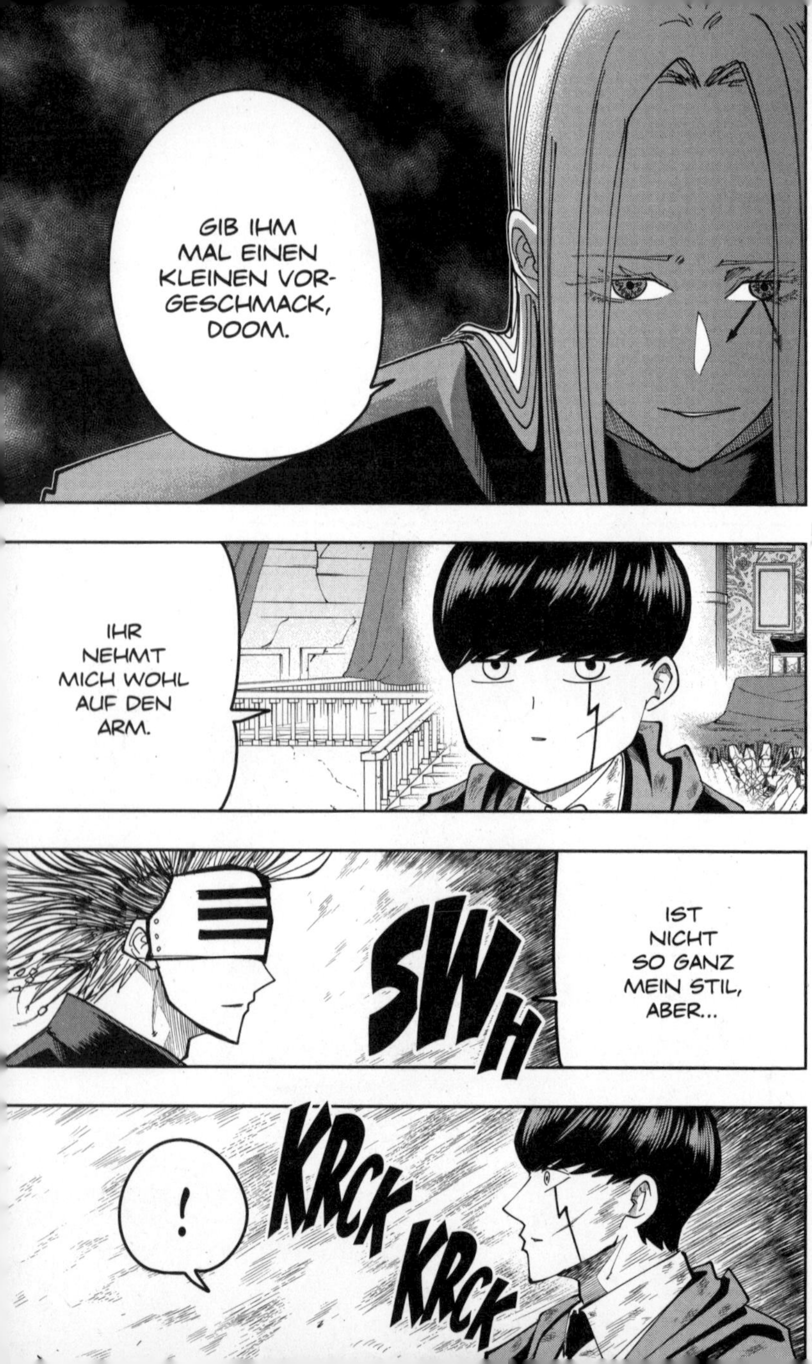
GIB IHM MAL EINEN KLEINEN VORGESCHMACK, DOOM.
IHR NEHMT MICH WOHL AUF DEN ARM.
IST NICHT SO GANZ MEIN STIL, ABER...
SWH
!
KRCK KRCK

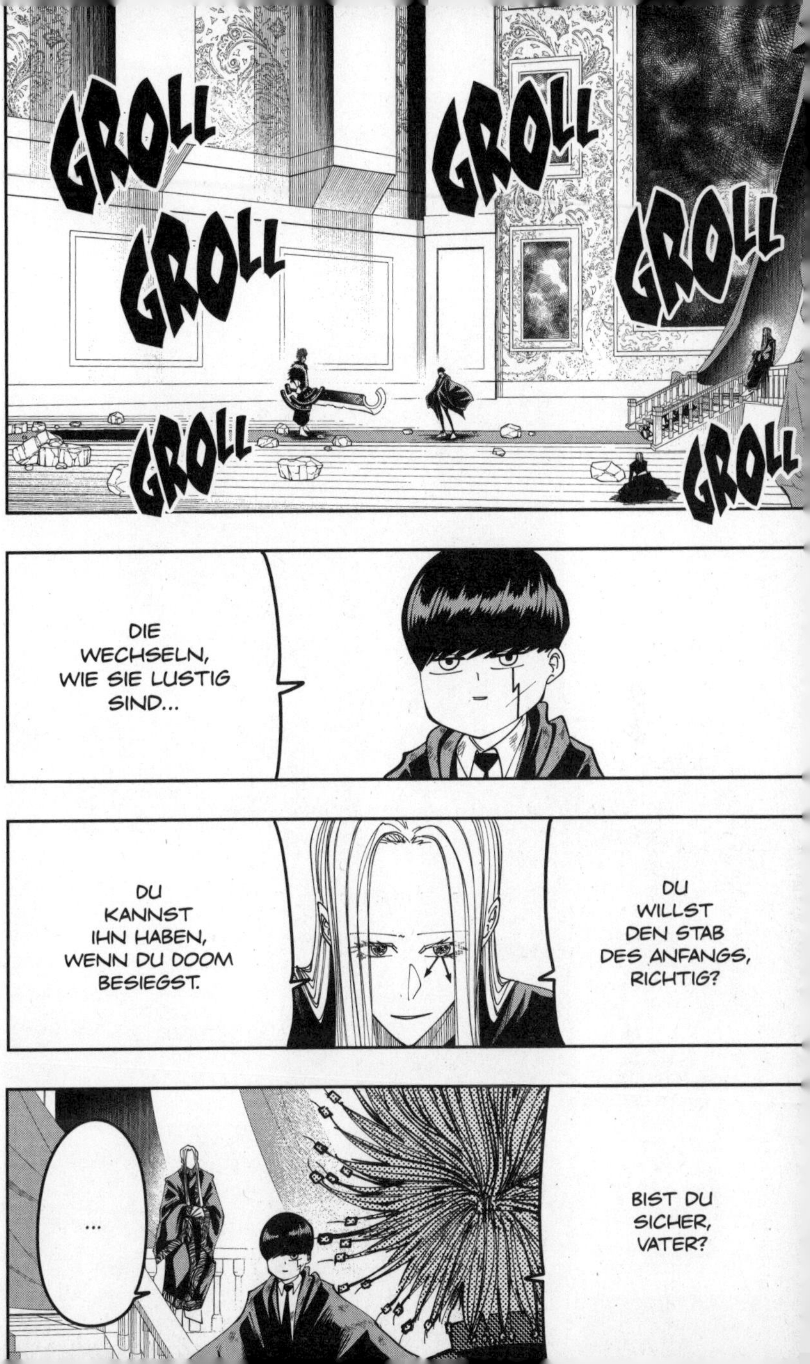
GROLL
GROLL
GROLL
GROLL
GROLL
GROLL
DIE WECHSELN, WIE SIE LUSTIG SIND...
DU WILLST DEN STAB DES ANFANGS, RICHTIG?
DU KANNST IHN HABEN, WENN DU DOOM BESIEGST.
BIST DU SICHER, VATER?
...

100. Kapitel Mash Burnedead und der stärkste Attentäter

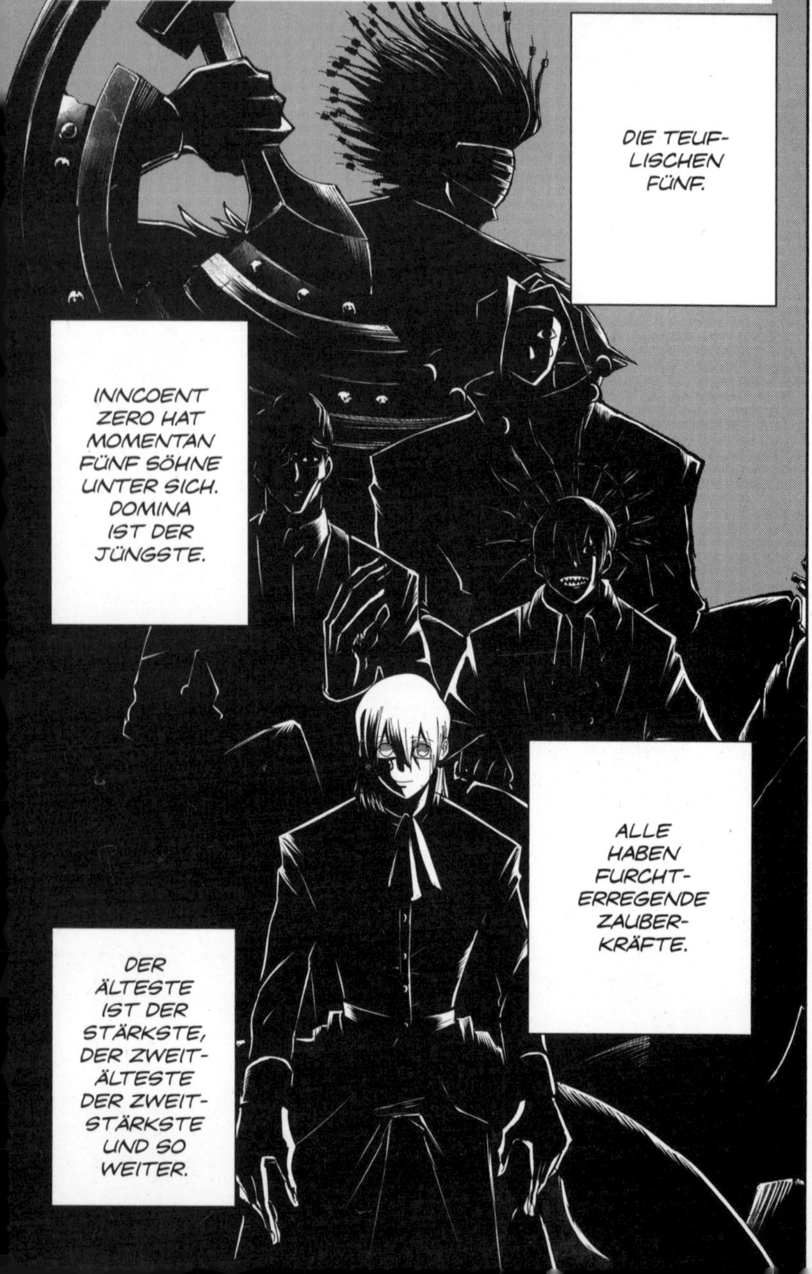

Extra 7

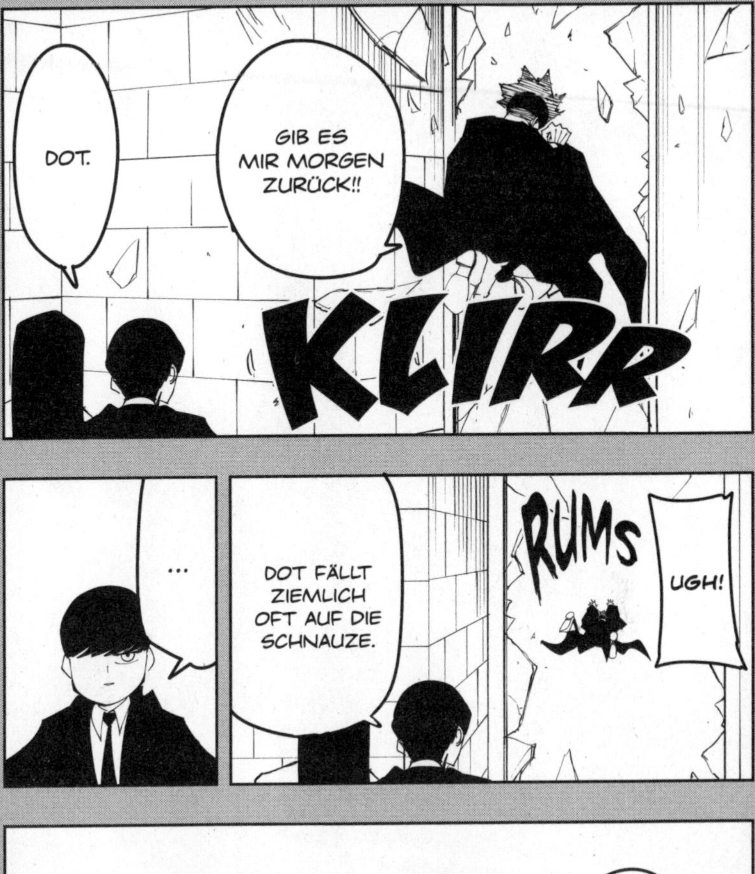

Fortsetzung auf Seite 194

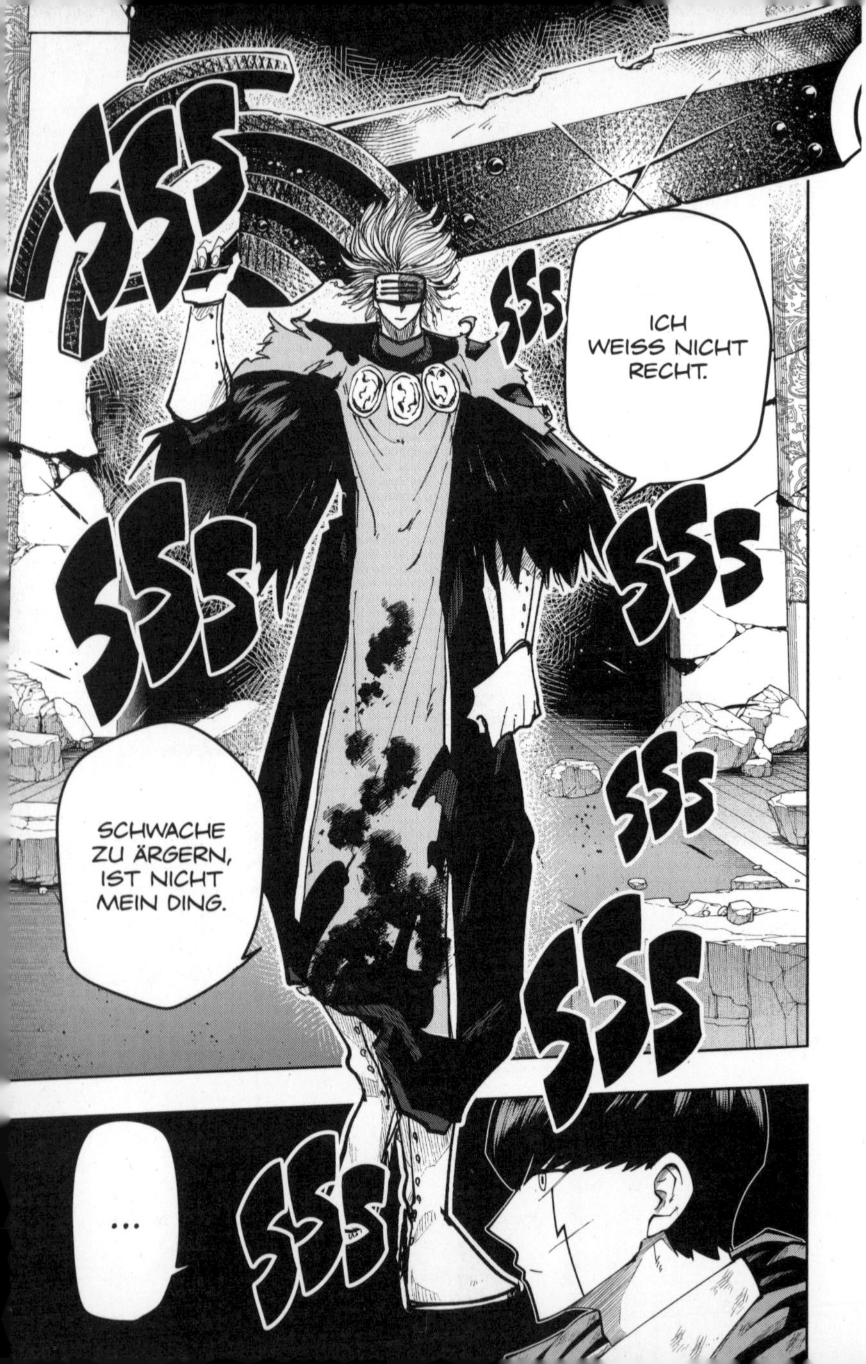
SSS
SSS
ICH WEISS NICHT RECHT.
SSS
SSS
SSS
SCHWACHE ZU ÄRGERN, IST NICHT MEIN DING.
SSS
SSS
...

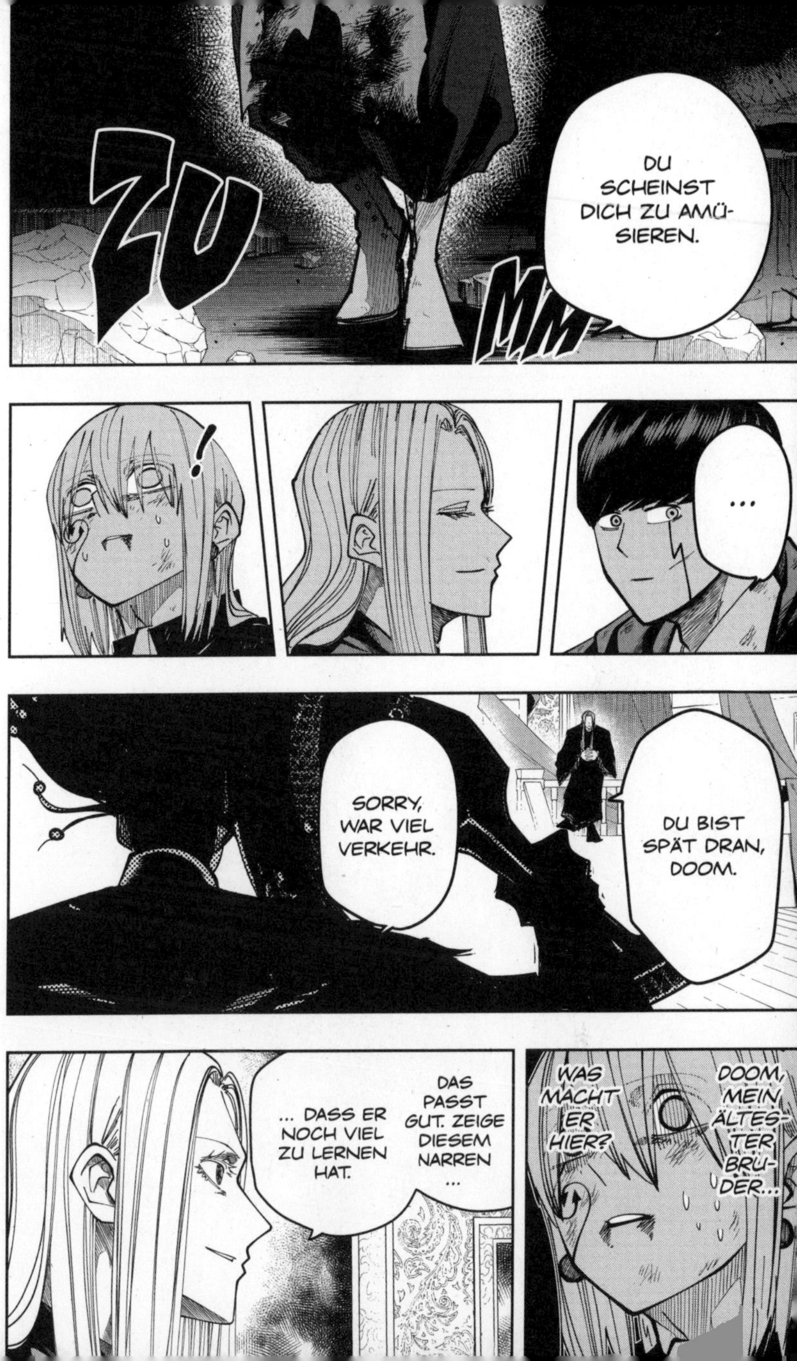
ZU
MM
DU SCHEINST DICH ZU AMÜSIEREN.
...
!
DU BIST SPÄT DRAN, DOOM.
SORRY, WAR VIEL VERKEHR.
DOOM, MEIN ÄLTESTER BRUDER...
WAS MACHT ER HIER?
DAS PASST GUT. ZEIGE DIESEM NARREN ...
... DASS ER NOCH VIEL ZU LERNEN HAT.

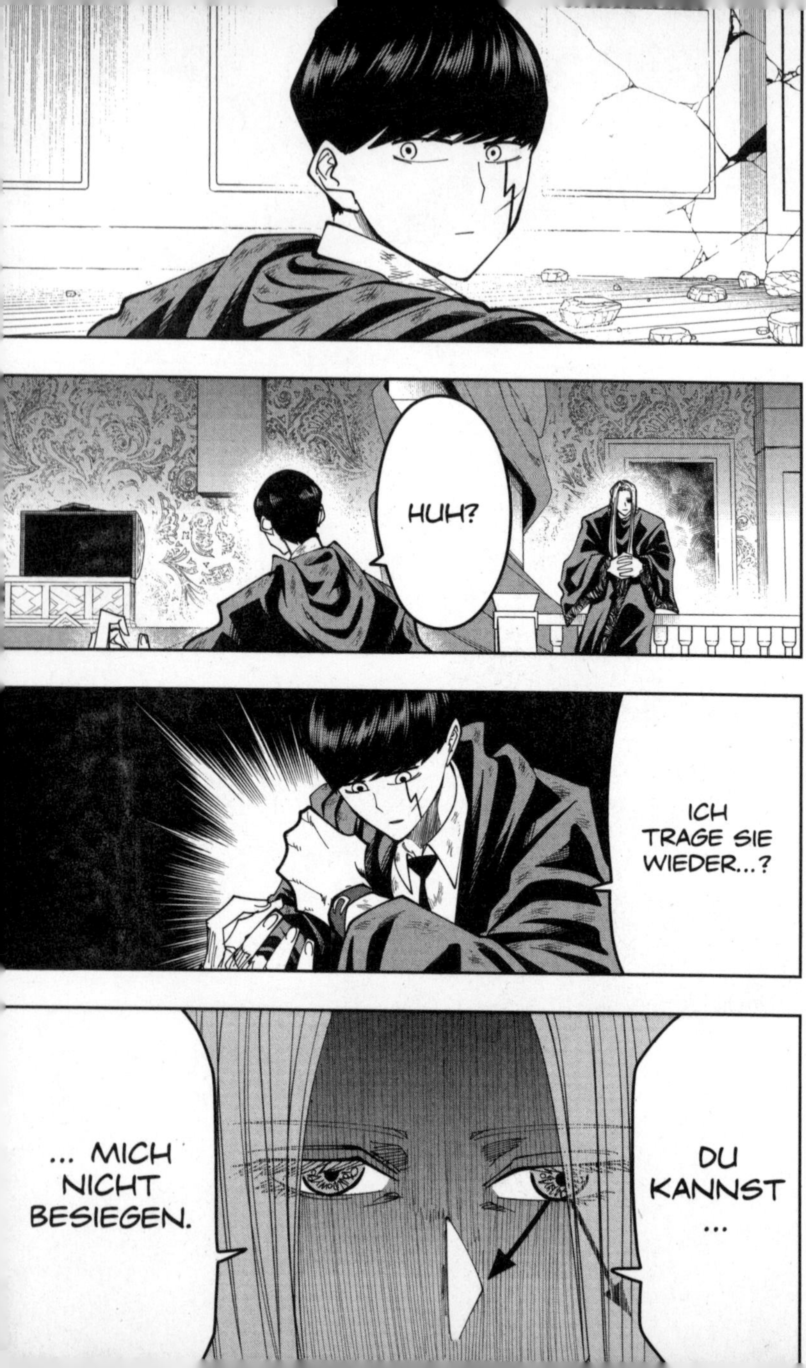
HUH?
ICH TRAGE SIE WIEDER...?
DU KANNST ...
... MICH NICHT BESIEGEN.

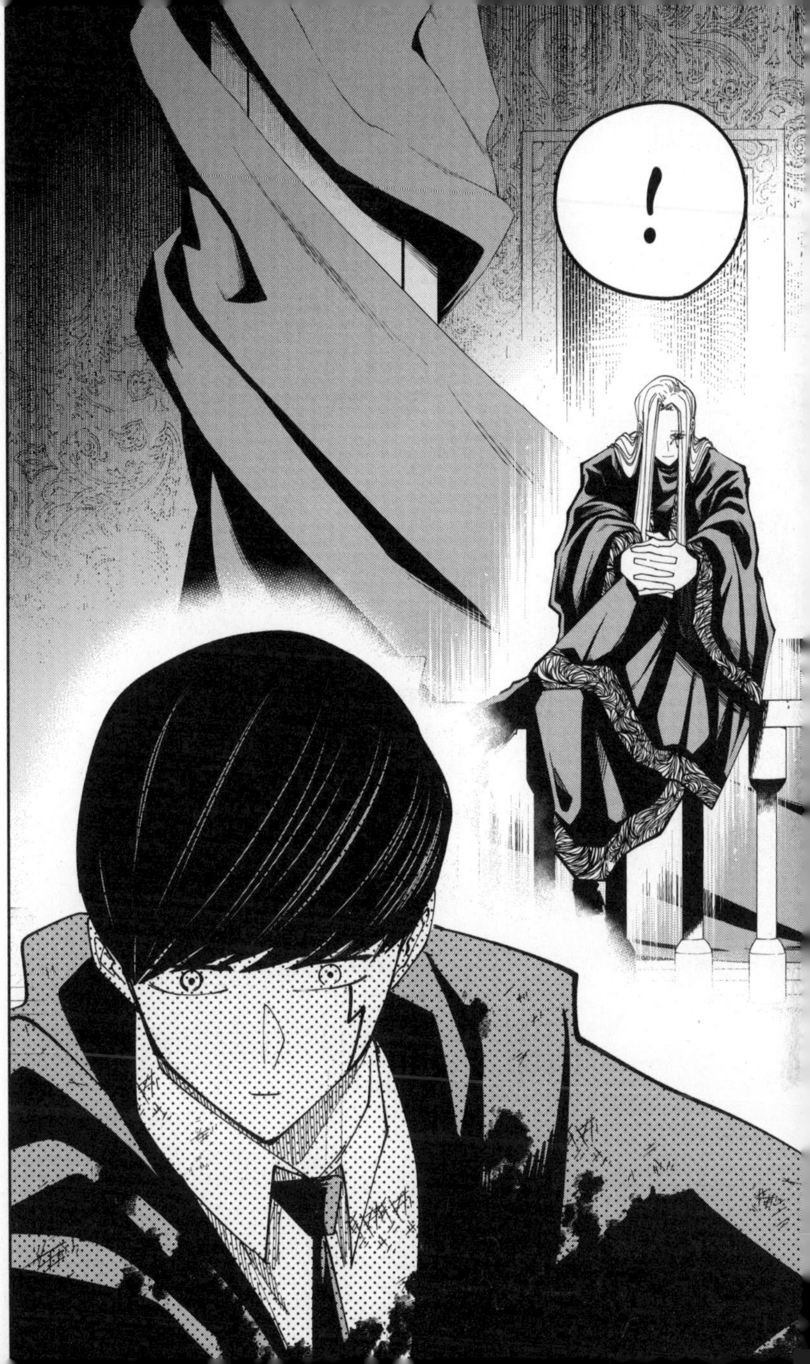

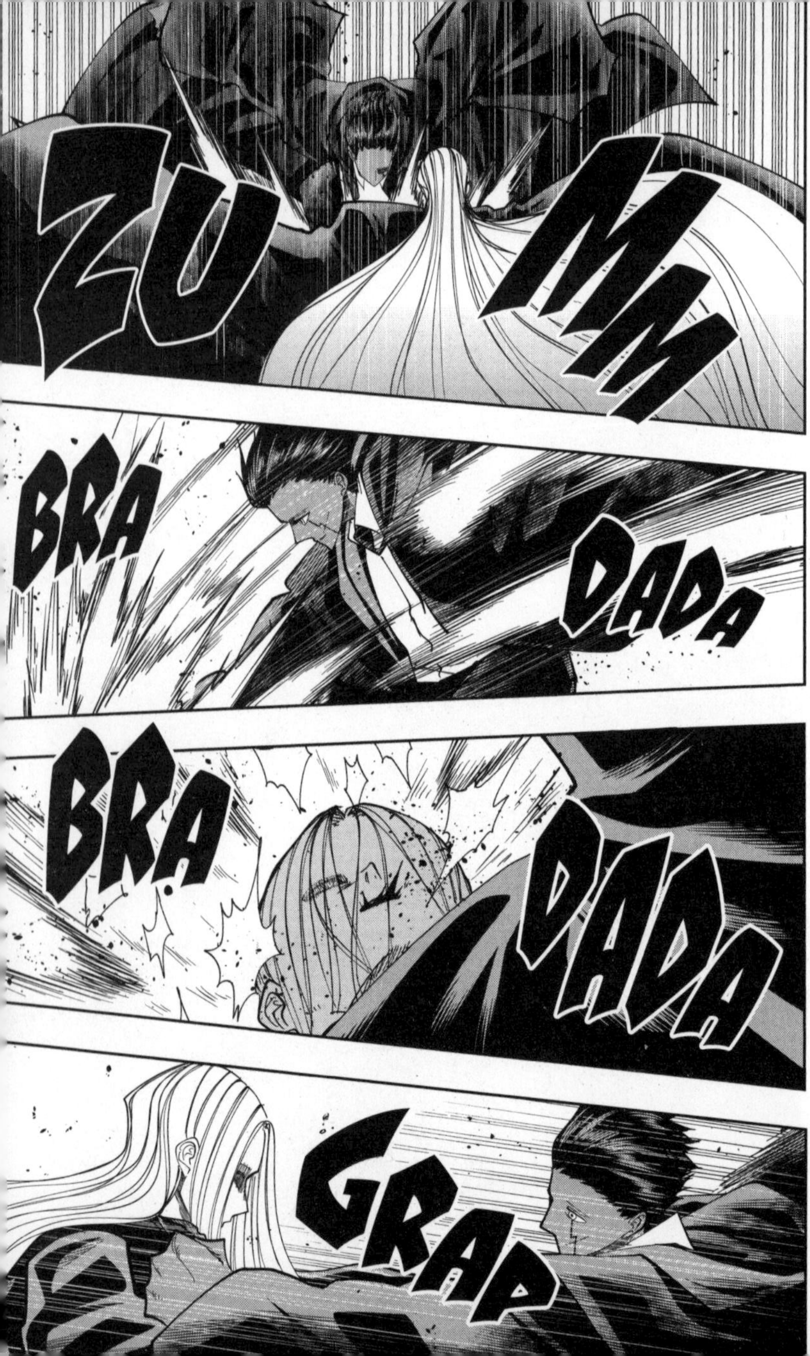
ZUMM
BRA DADA
BRA DADA
GRAP

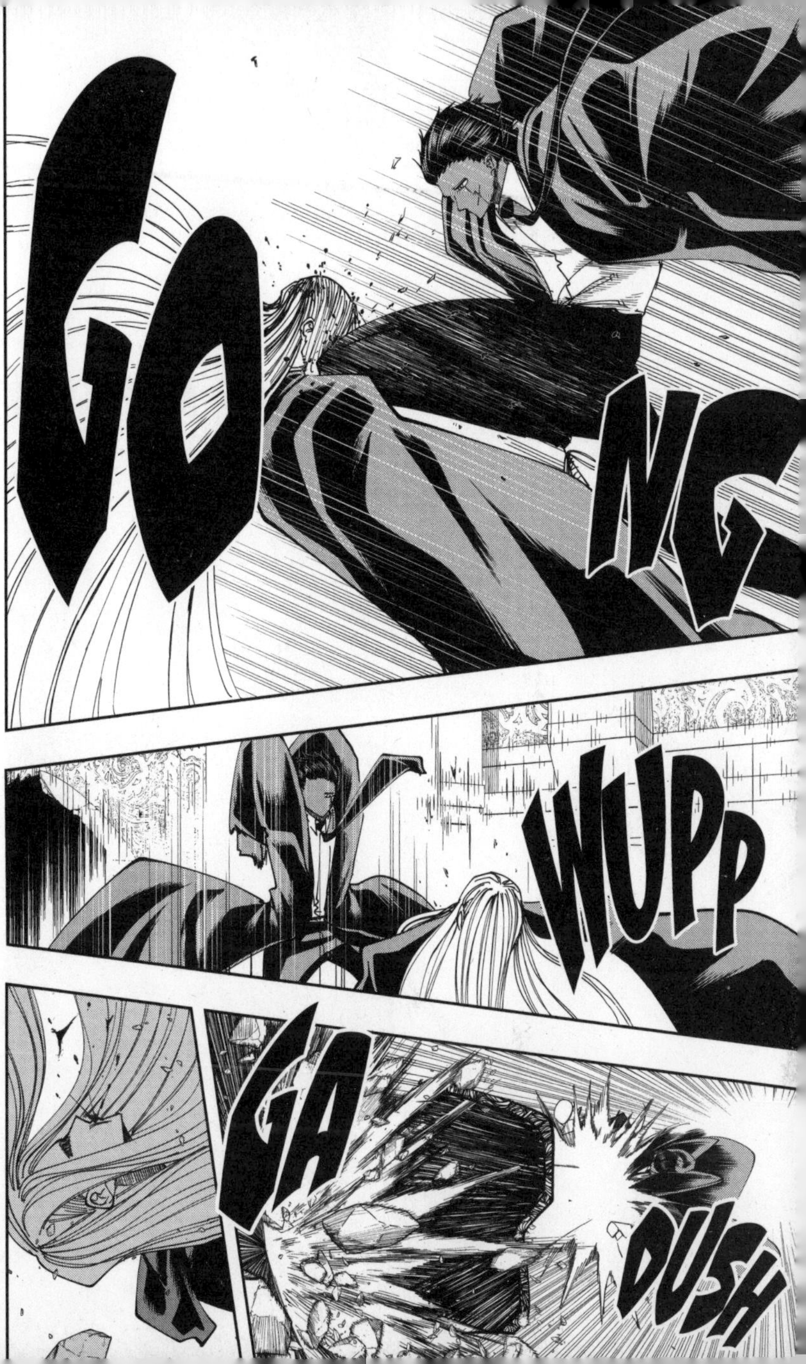
GO
NG
WUPP
GA
DUSH

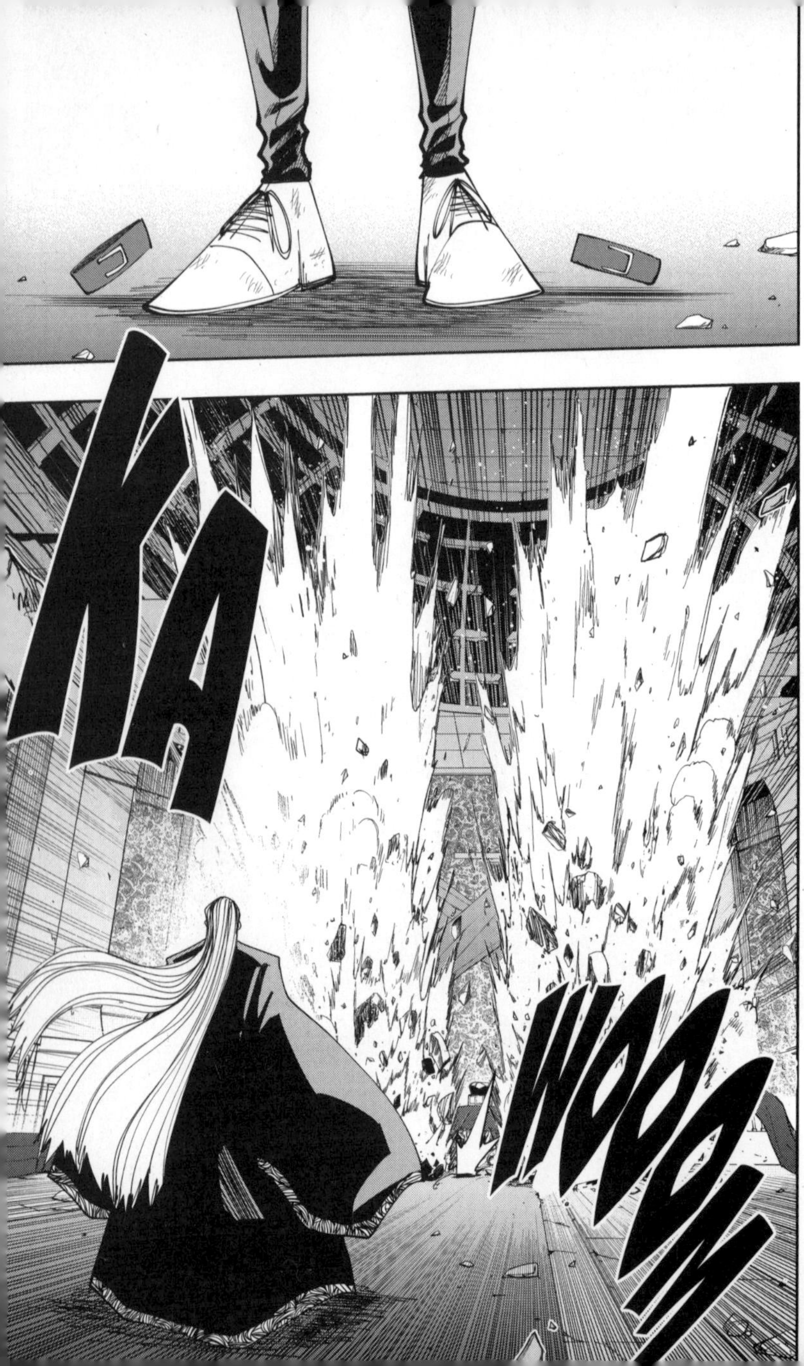
KA
WOOSH

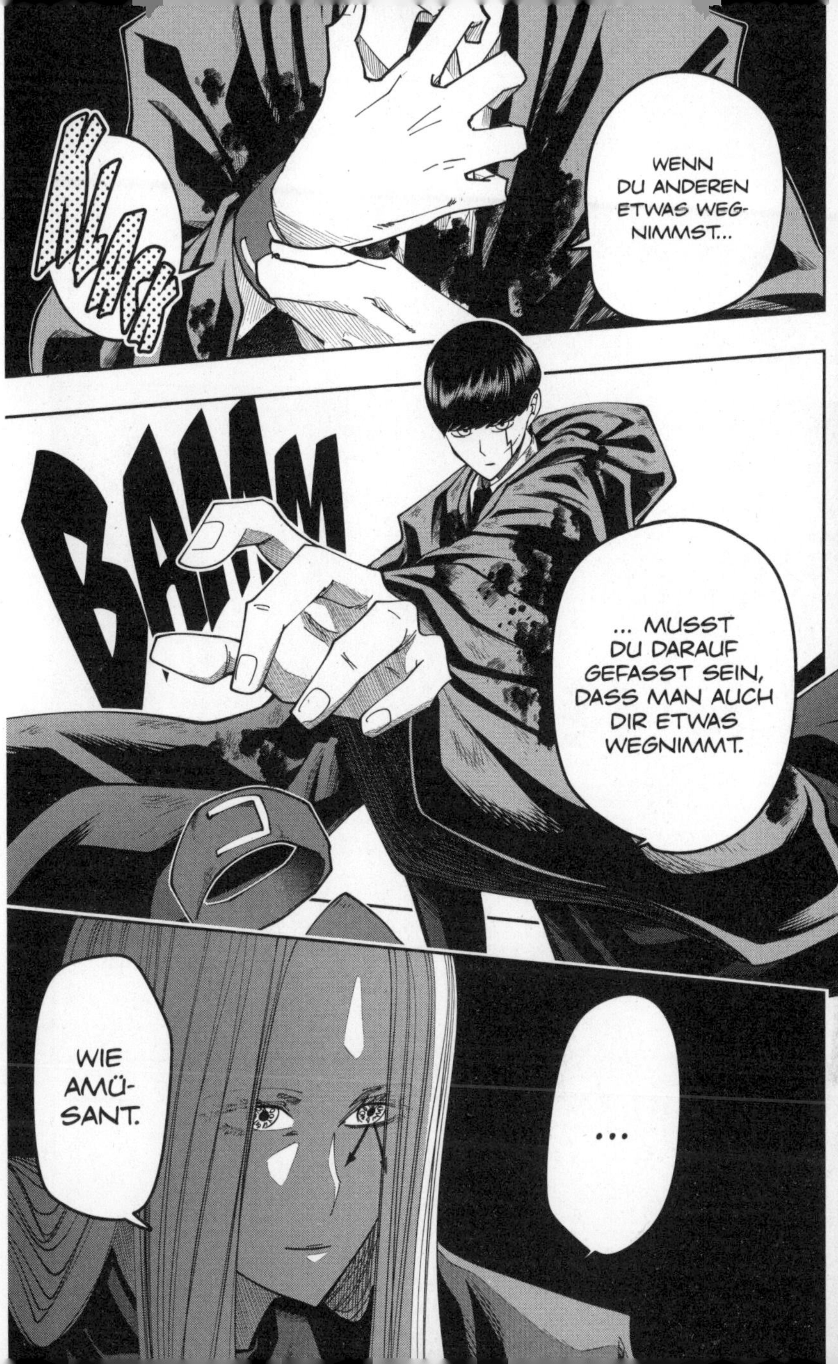
WENN DU ANDEREN ETWAS WEG-NIMMST...
KLACK
... MUSST DU DARAUF GEFASST SEIN, DASS MAN AUCH DIR ETWAS WEGNIMMT.
BAMM
...
WIE AMÜ-SANT.

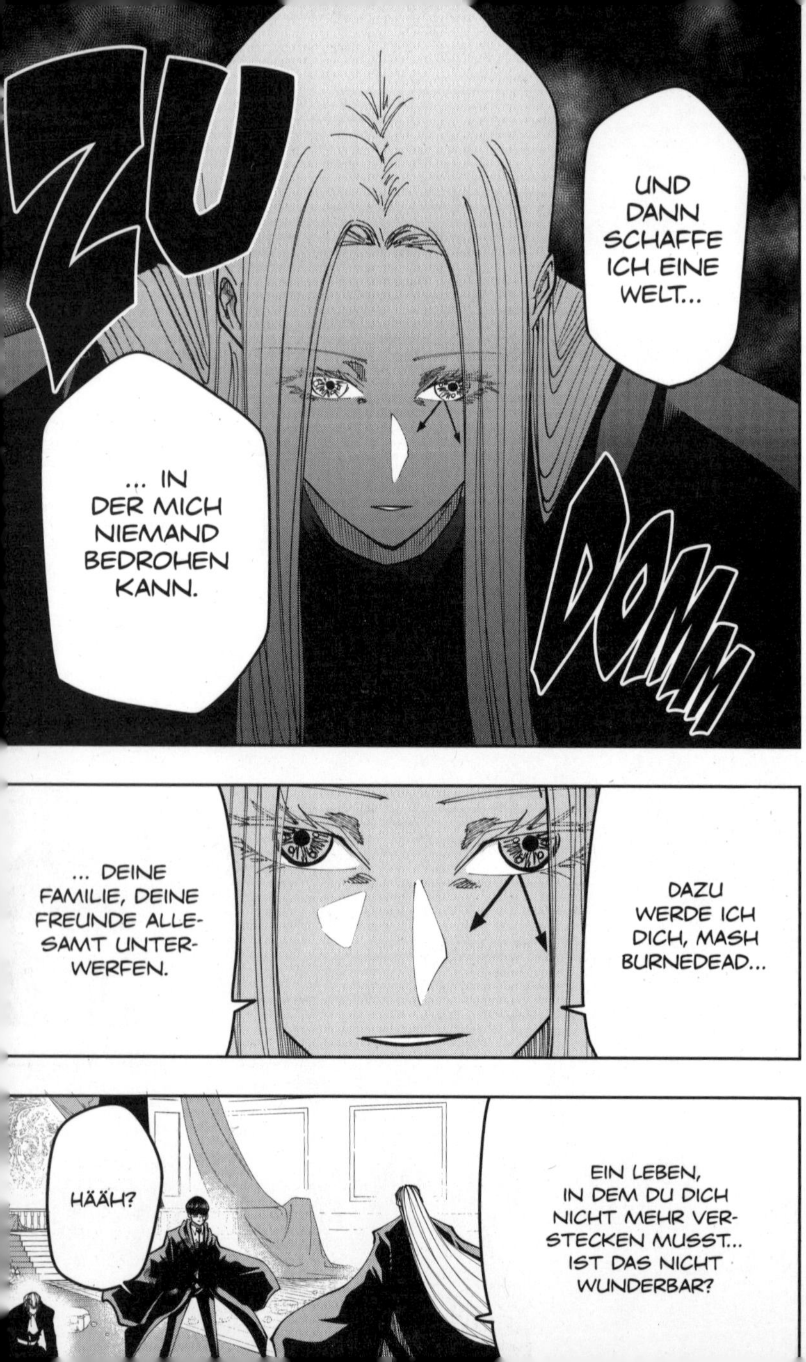
ZU
UND DANN SCHAFFE ICH EINE WELT...
... IN DER MICH NIEMAND BEDROHEN KANN.
DOMM
DAZU WERDE ICH DICH, MASH BURNEDEAD...
... DEINE FAMILIE, DEINE FREUNDE ALLE-SAMT UNTER-WERFEN.
EIN LEBEN, IN DEM DU DICH NICHT MEHR VER-STECKEN MUSST... IST DAS NICHT WUNDERBAR?
HÄÄH?

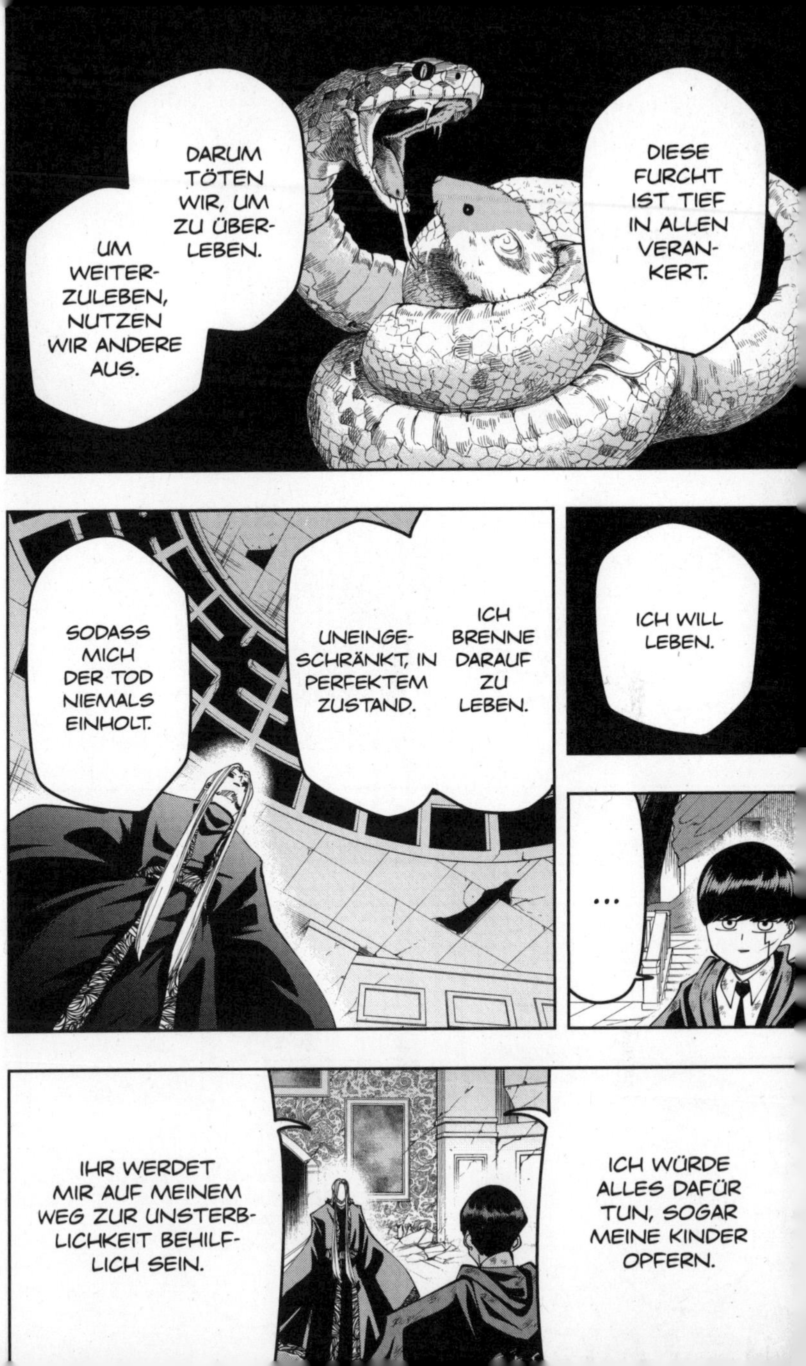

DIESE FURCHT IST TIEF IN ALLEN VERANKERT.
DARUM TÖTEN WIR, UM ZU ÜBERLEBEN.
UM WEITERZULEBEN, NUTZEN WIR ANDERE AUS.
ICH WILL LEBEN.
ICH BRENNE DARAUF ZU LEBEN.
UNEINGESCHRÄNKT, IN PERFEKTEM ZUSTAND.
SODASS MICH DER TOD NIEMALS EINHOLT.
...
ICH WÜRDE ALLES DAFÜR TUN, SOGAR MEINE KINDER OPFERN.
IHR WERDET MIR AUF MEINEM WEG ZUR UNSTERBLICHKEIT BEHILFLICH SEIN.

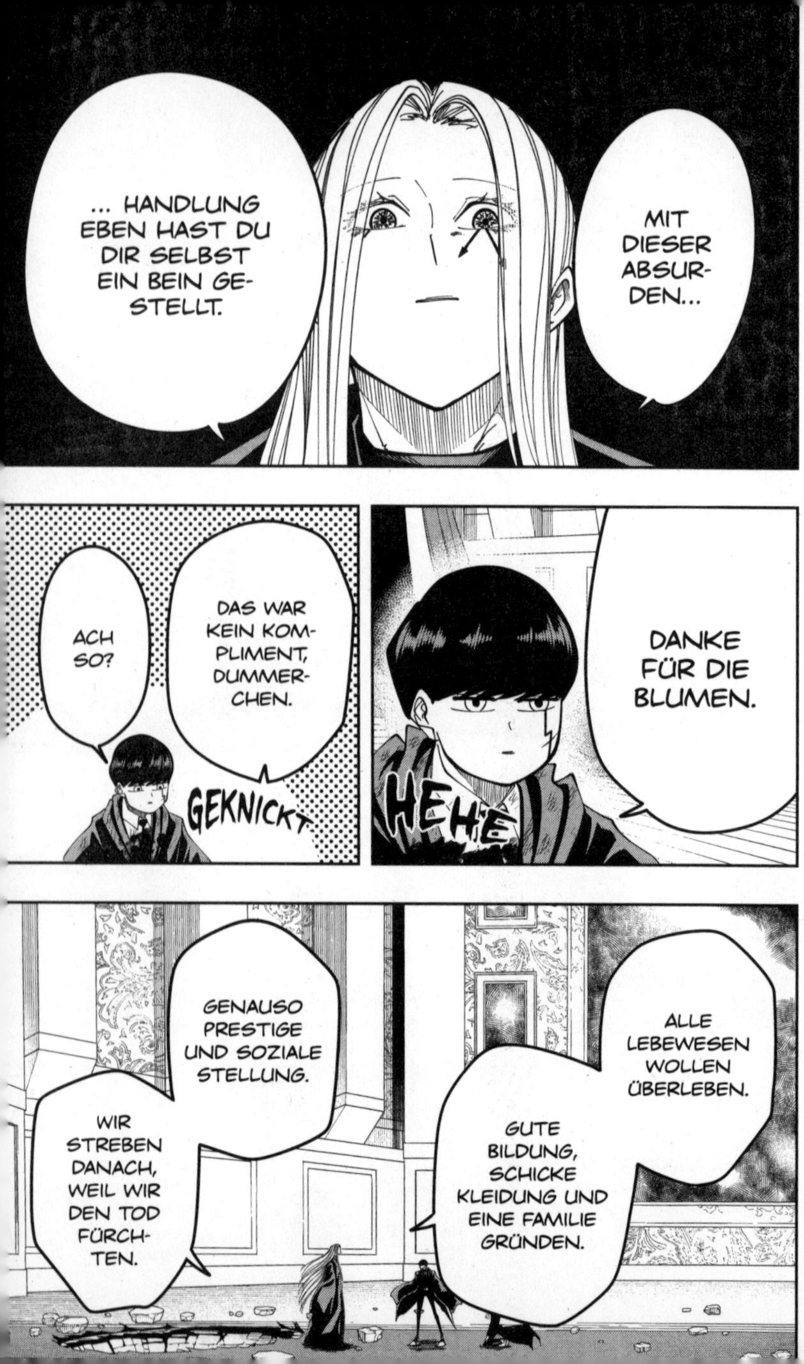
MIT DIESER ABSUR-DEN...
... HANDLUNG EBEN HAST DU DIR SELBST EIN BEIN GE-STELLT.
DANKE FÜR DIE BLUMEN.
HEHE
DAS WAR KEIN KOM-PLIMENT, DUMMER-CHEN.
ACH SO?
GEKNICKT
ALLE LEBEWESEN WOLLEN ÜBERLEBEN.
GUTE BILDUNG, SCHICKE KLEIDUNG UND EINE FAMILIE GRÜNDEN.
GENAUSO PRESTIGE UND SOZIALE STELLUNG.
WIR STREBEN DANACH, WEIL WIR DEN TOD FÜRCH-TEN.

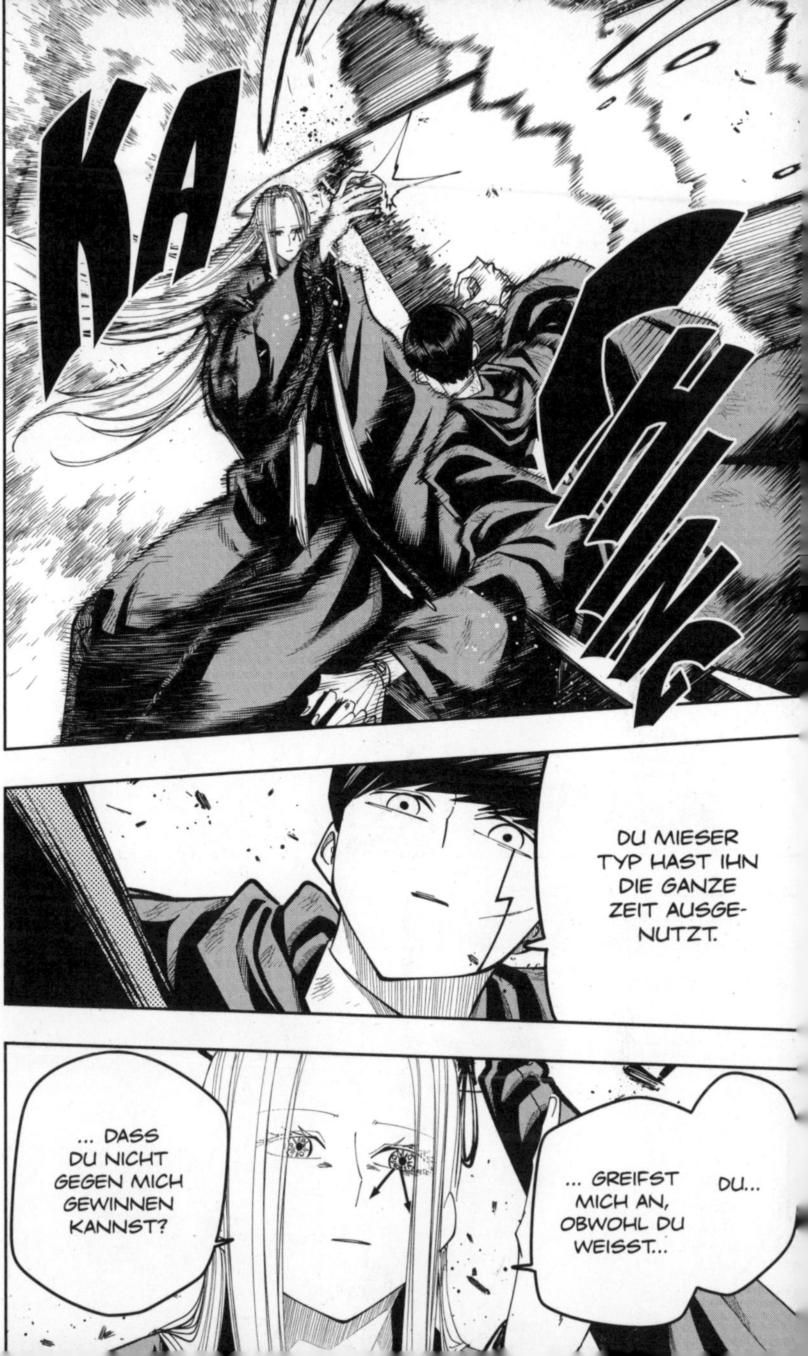
KA
CHING
DU MIESER TYP HAST IHN DIE GANZE ZEIT AUSGE-NUTZT.
DU...
... GREIFST MICH AN, OBWOHL DU WEISST...
... DASS DU NICHT GEGEN MICH GEWINNEN KANNST?

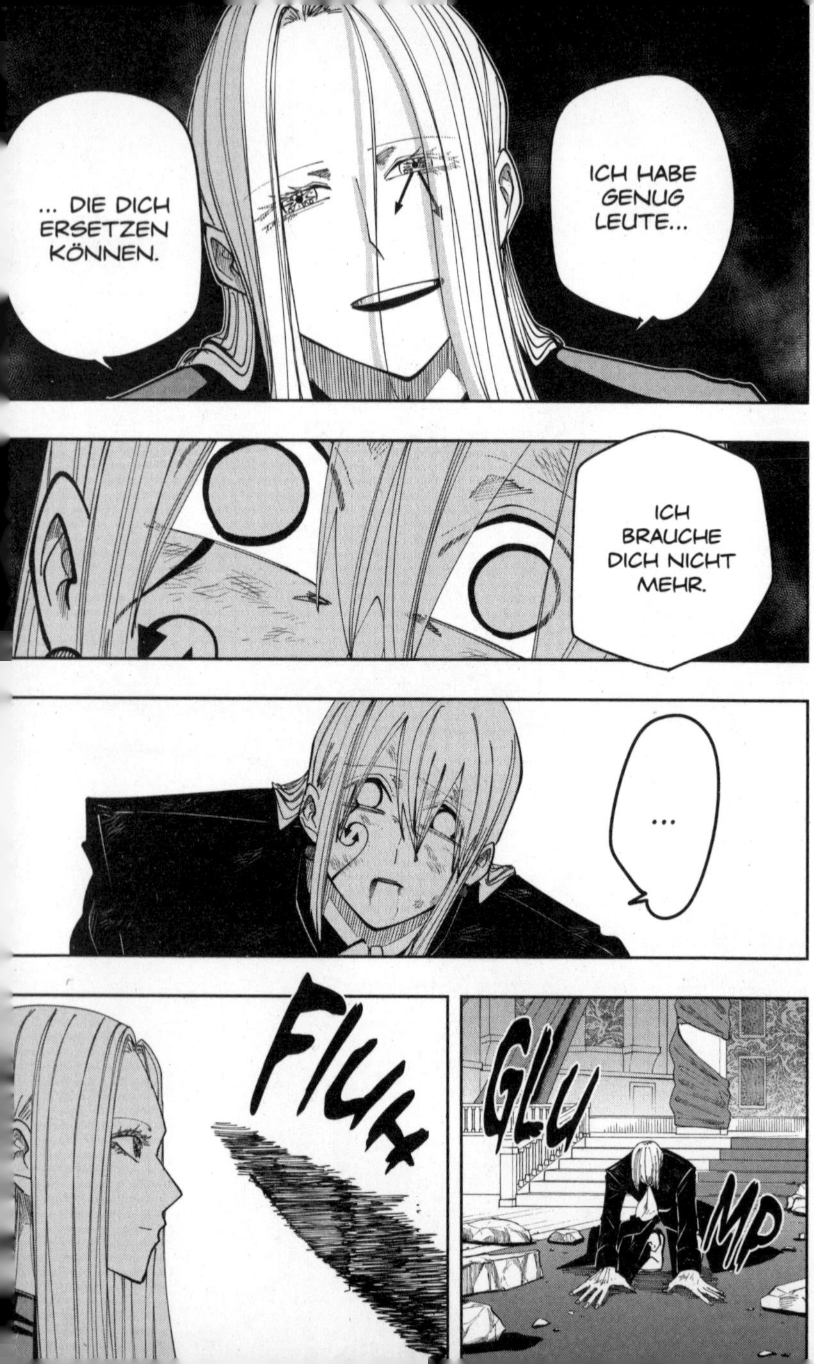
ICH HABE GENUG LEUTE...
... DIE DICH ERSETZEN KÖNNEN.
ICH BRAUCHE DICH NICHT MEHR.
...
GLUMP
FLUH

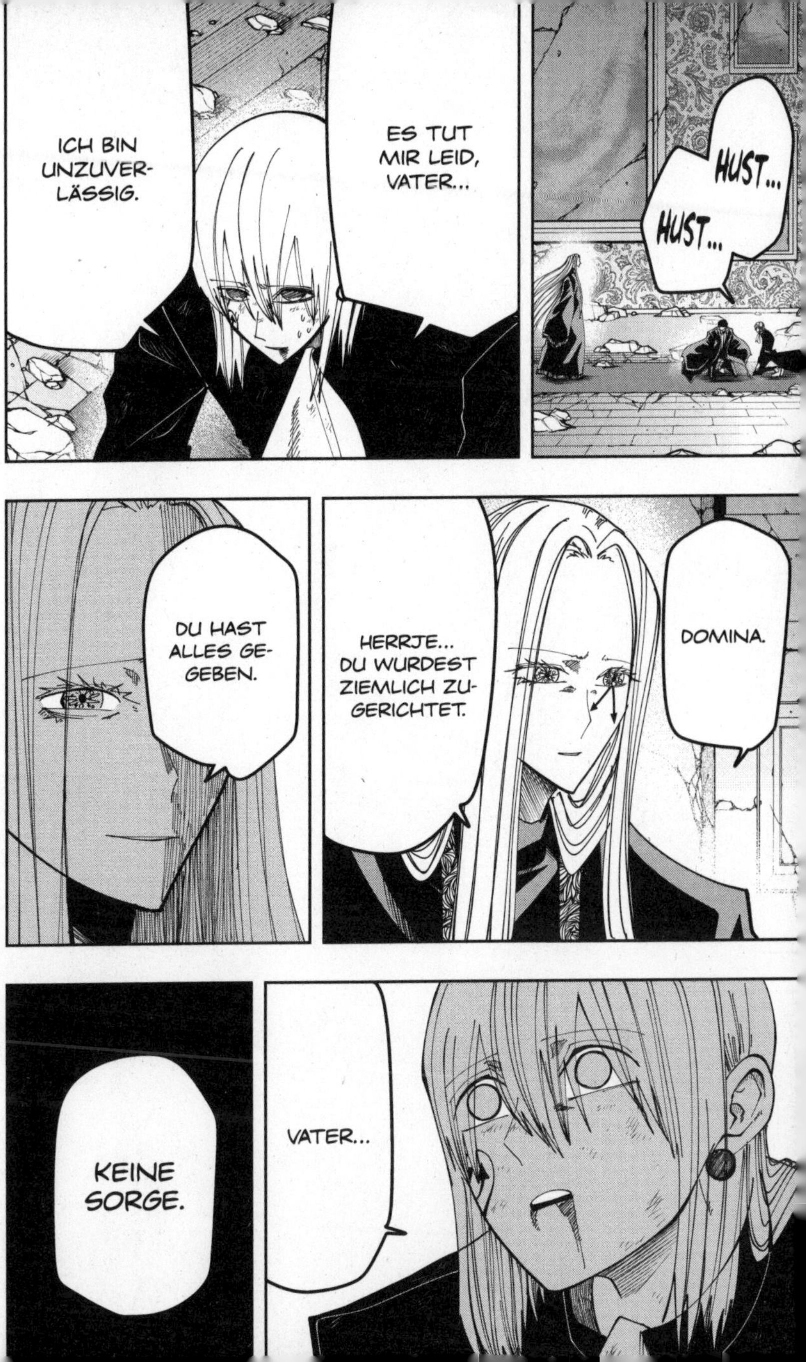
HUST... HUST...
ES TUT MIR LEID, VATER...
ICH BIN UNZUVER-LÄSSIG.
DOMINA.
HERRJE... DU WURDEST ZIEMLICH ZU-GERICHTET.
DU HAST ALLES GE-GEBEN.
VATER...
KEINE SORGE.

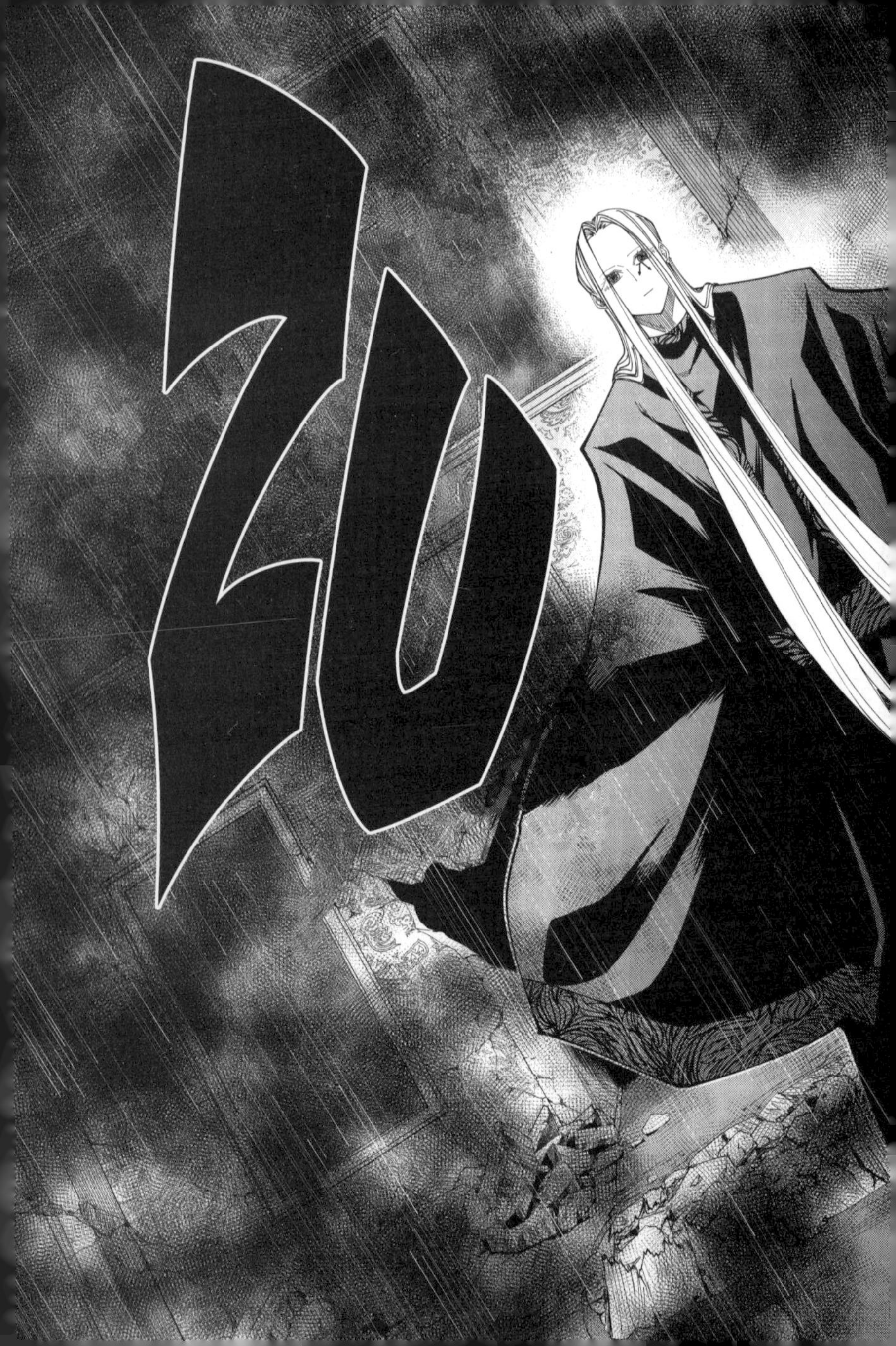
ZU

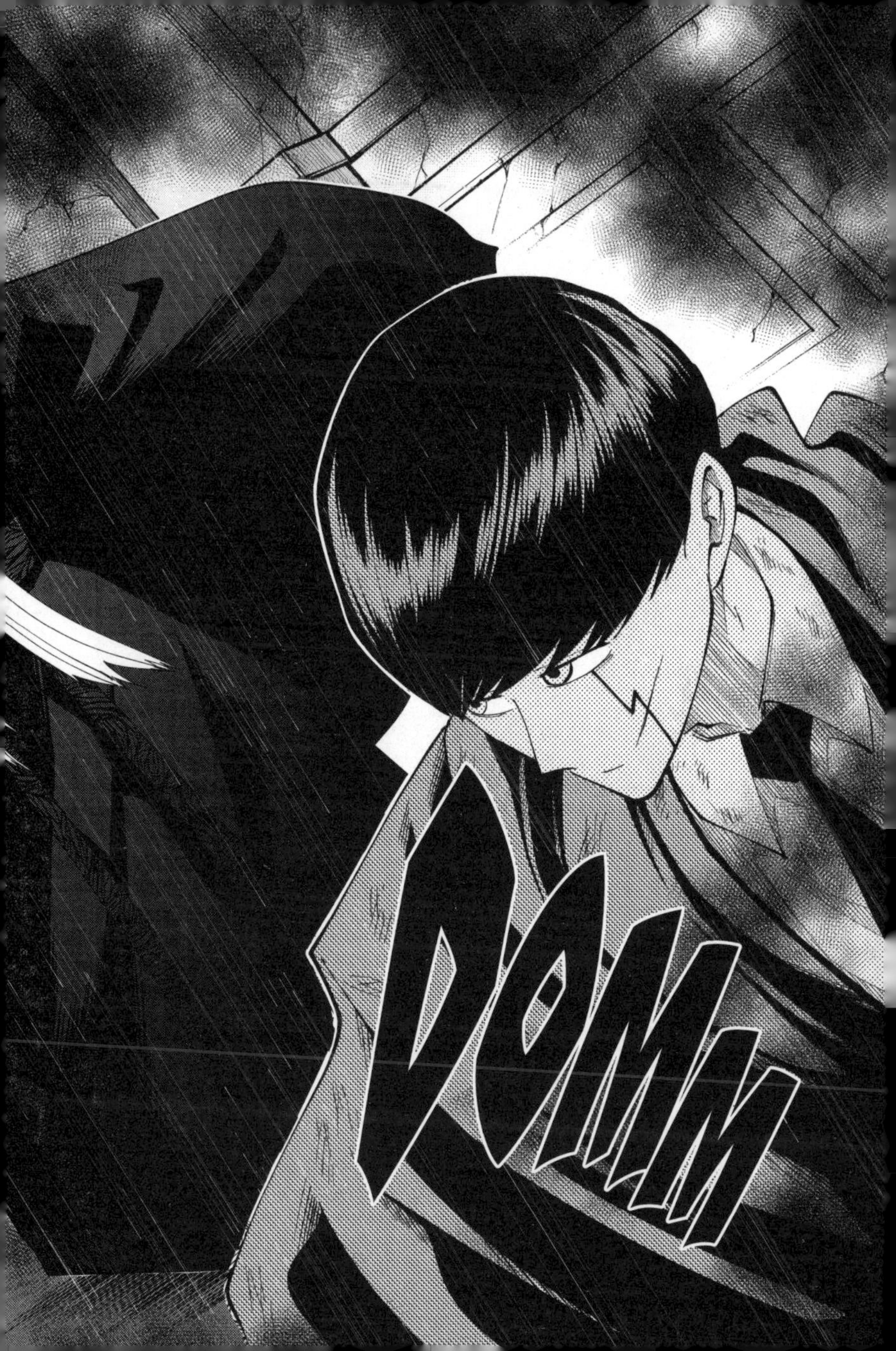
DOMM

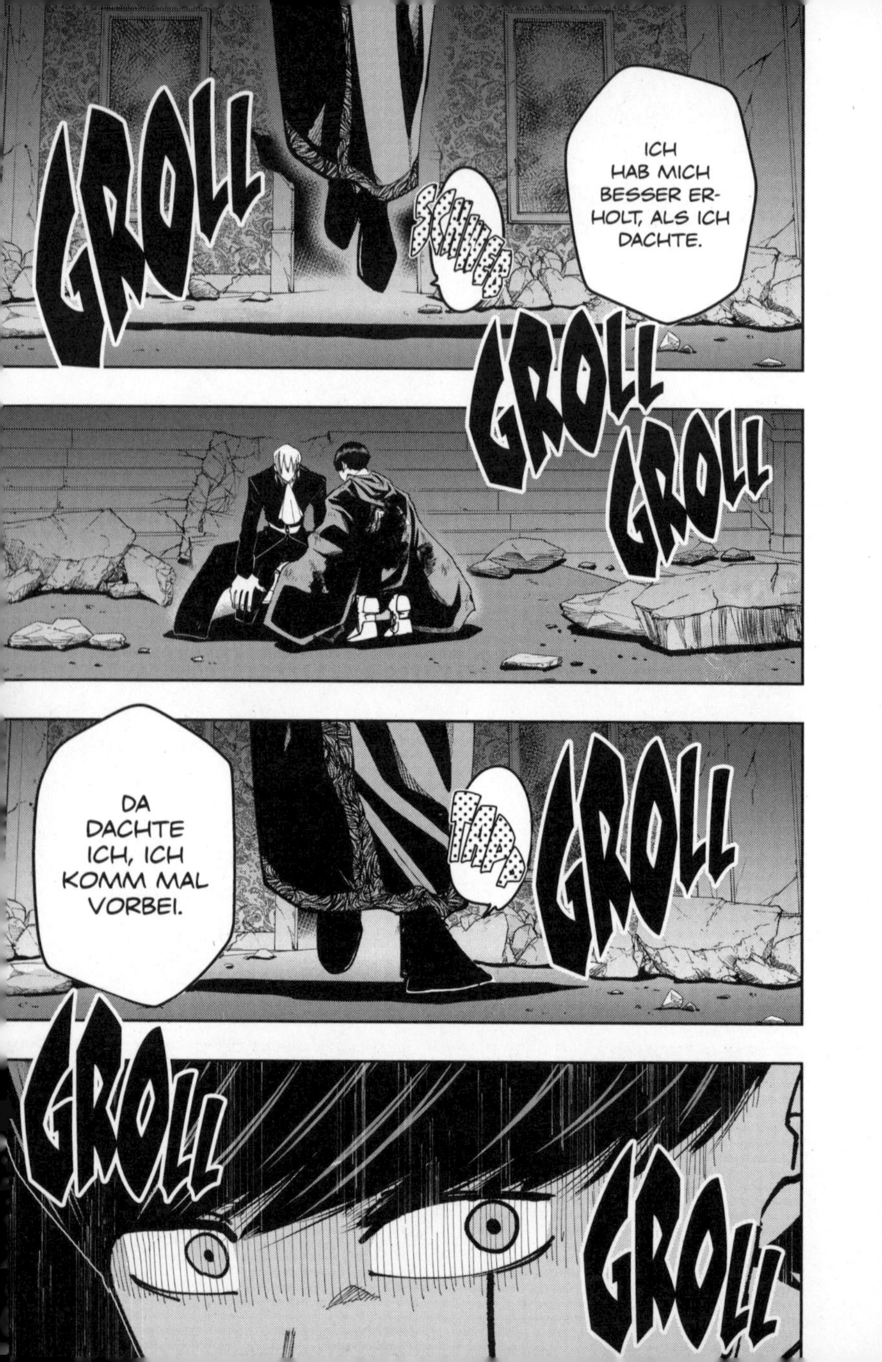

GROLL
ICH HAB MICH BESSER ERHOLT, ALS ICH DACHTE.
SCHWEB
GROLL
GROLL
GROLL
TAPP
DA DACHTE ICH, ICH KOMM MAL VORBEI.
GROLL
GROLL

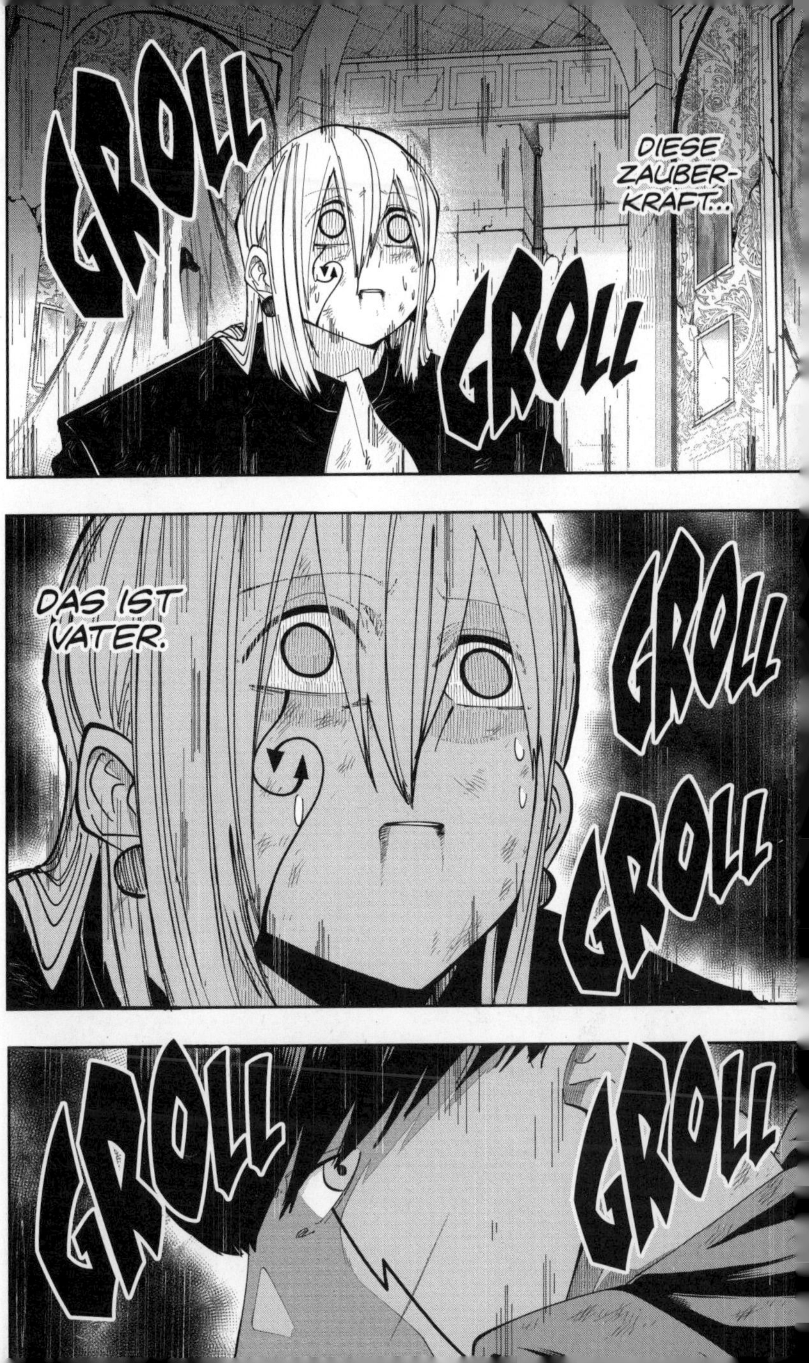
DIESE ZAUBER-KRAFT...
GROLL
GROLL
GROLL
GROLL
DAS IST VATER.
GROLL
GROLL

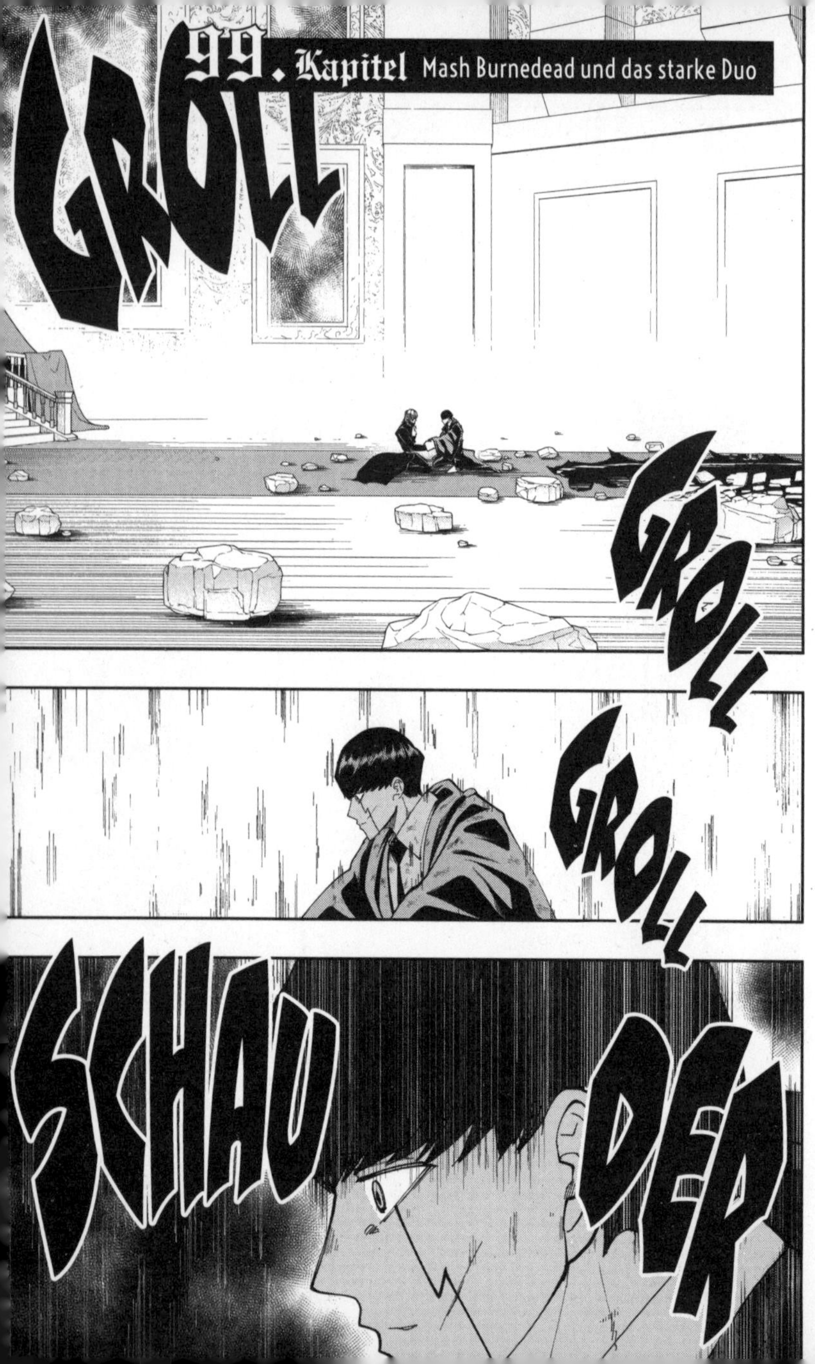
99. Kapitel Mash Burnedead und das starke Duo
GROLL
GROLL
GROLL
SCHAUDER

Extra 6

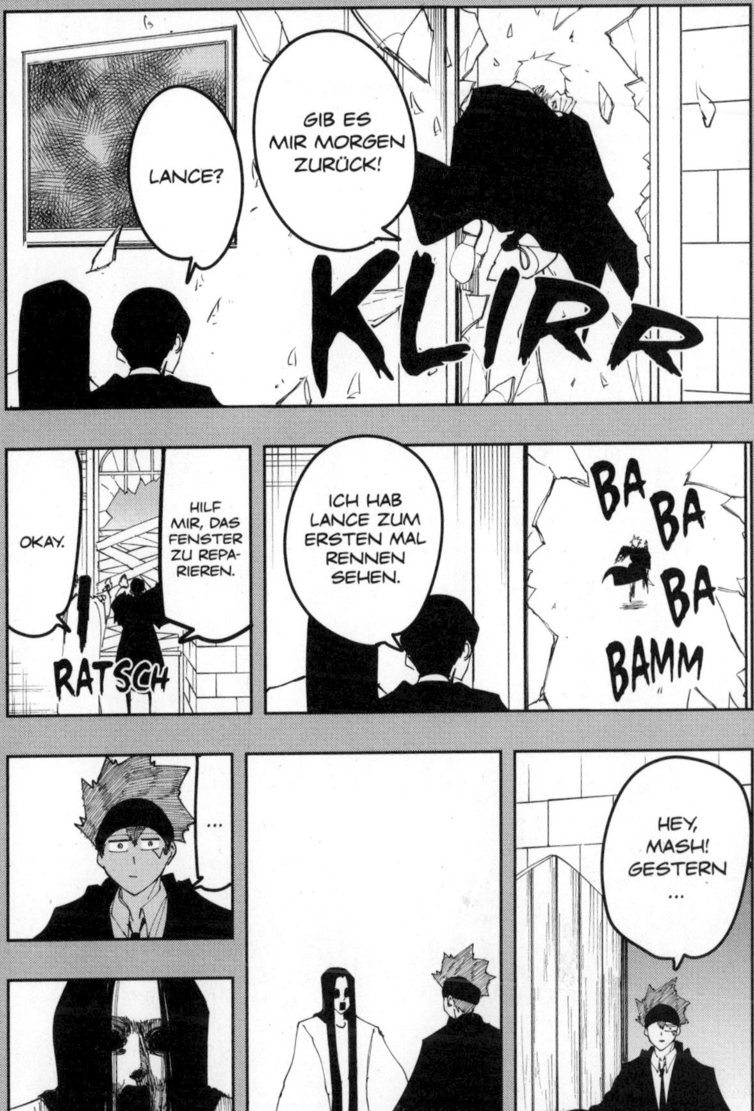

Fortsetzung auf Seite 174

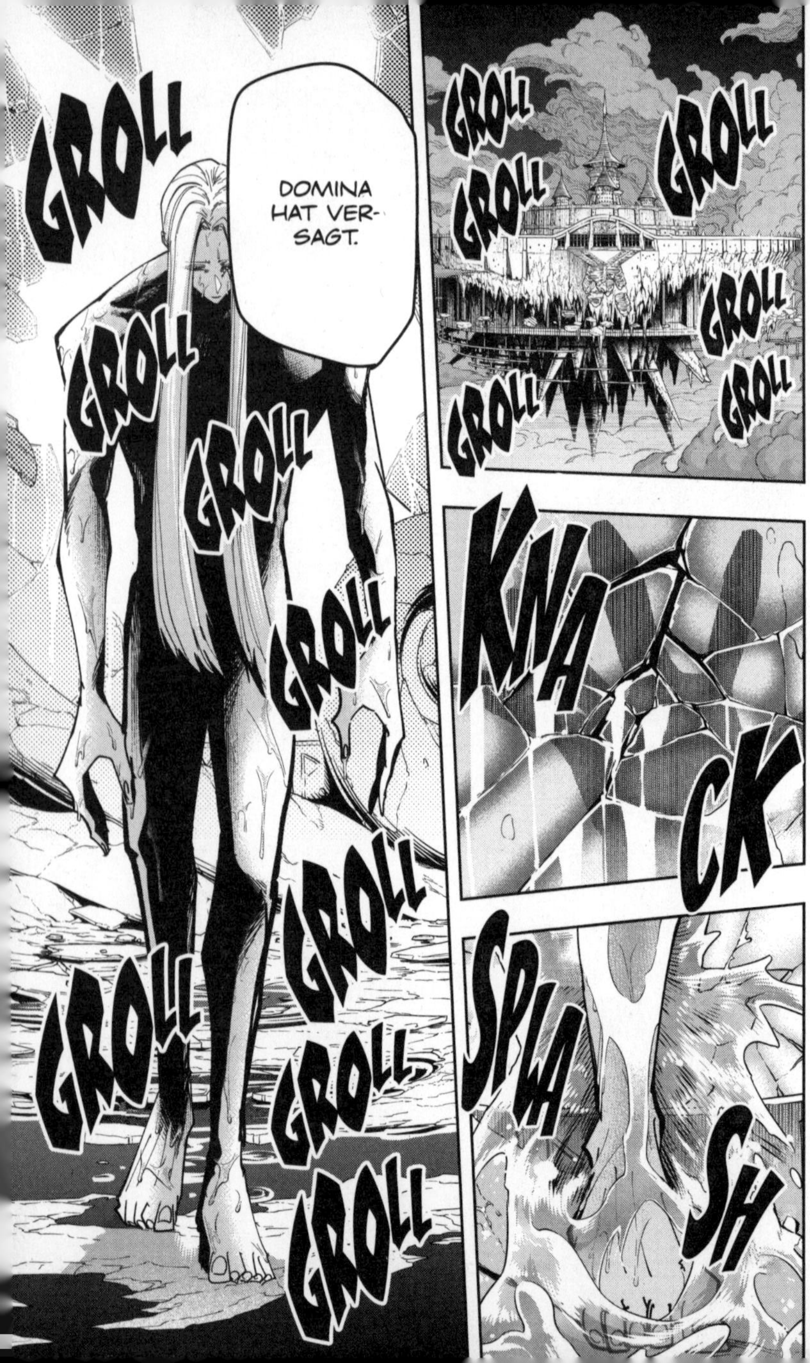

GROLL
GROLL
GROLL
GROLL
GROLL
GROLL
KNACK
SPLASH
DOMINA HAT VER-SAGT.
GROLL
GROLL
GROLL
GROLL
GROLL
GROLL
GROLL
GROLL

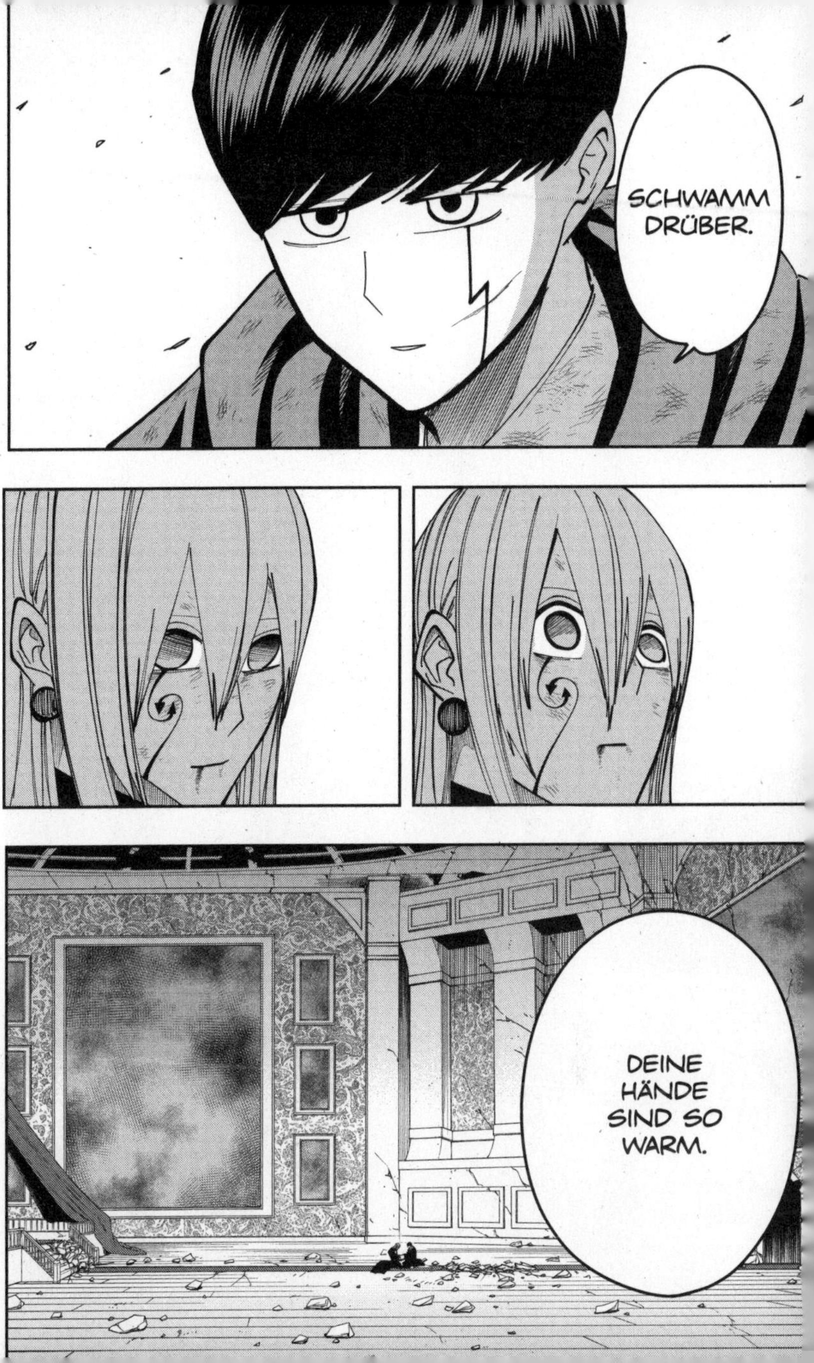
SCHWAMM DRÜBER.
DEINE HÄNDE SIND SO WARM.

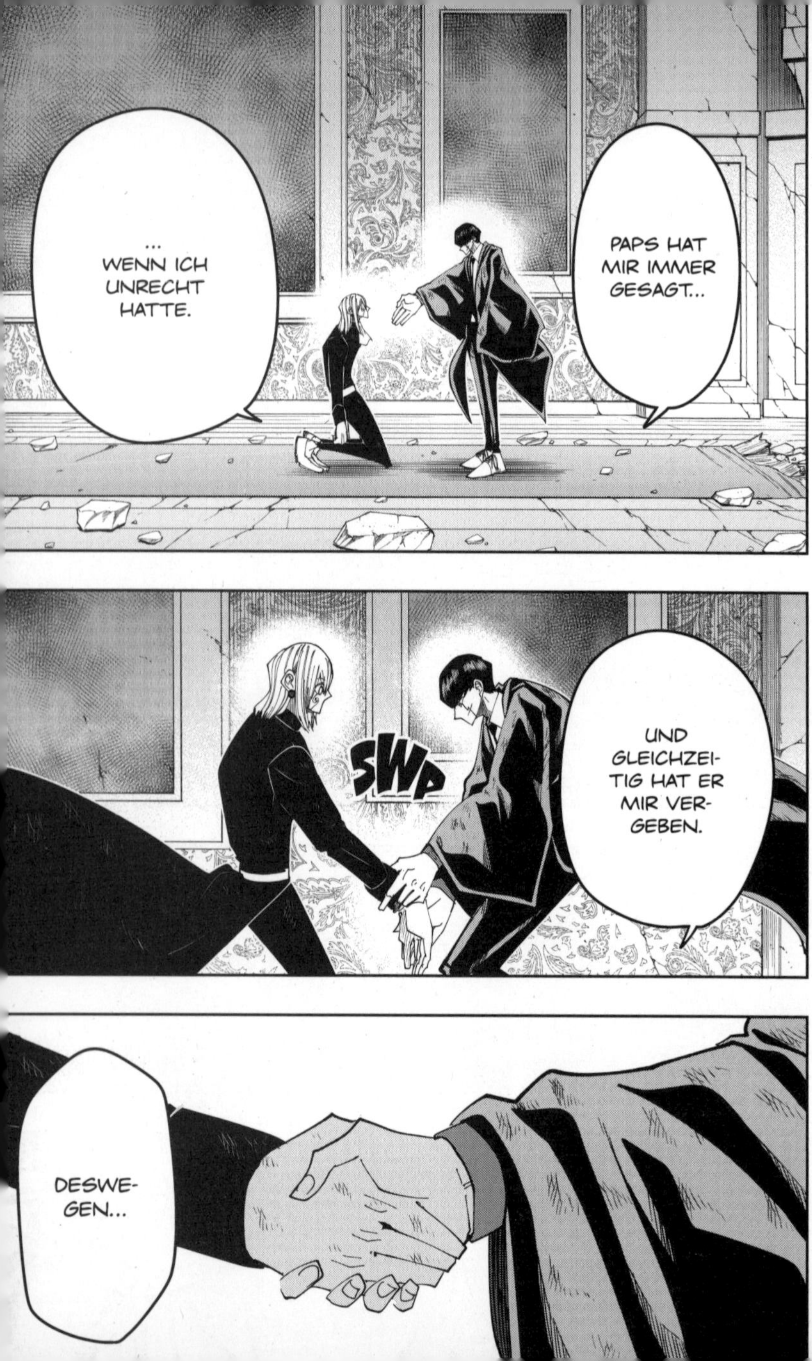
PAPS HAT MIR IMMER GESAGT...
... WENN ICH UNRECHT HATTE.
SWP
UND GLEICHZEI-TIG HAT ER MIR VER-GEBEN.
DESWE-GEN...

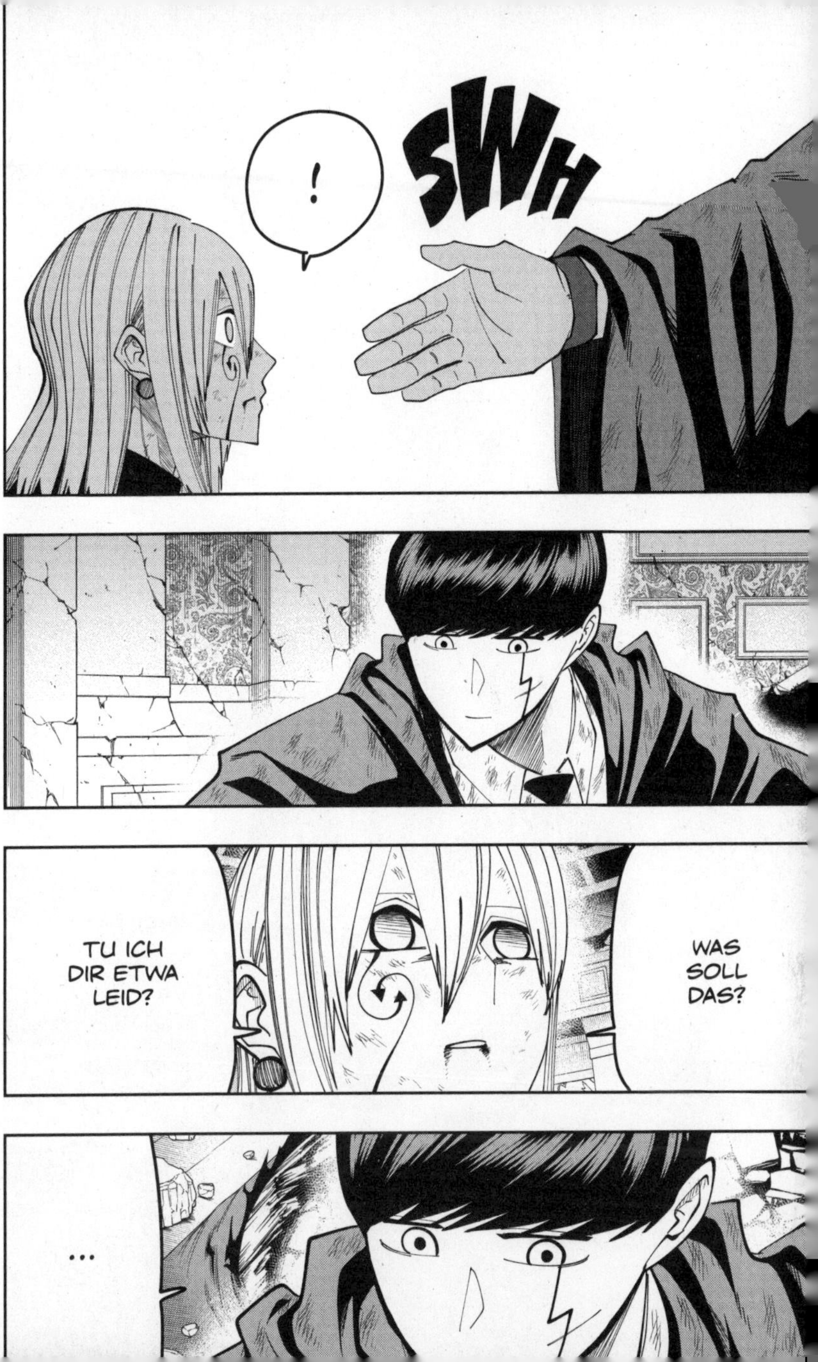
SWH
!
WAS SOLL DAS?
TU ICH DIR ETWA LEID?
...

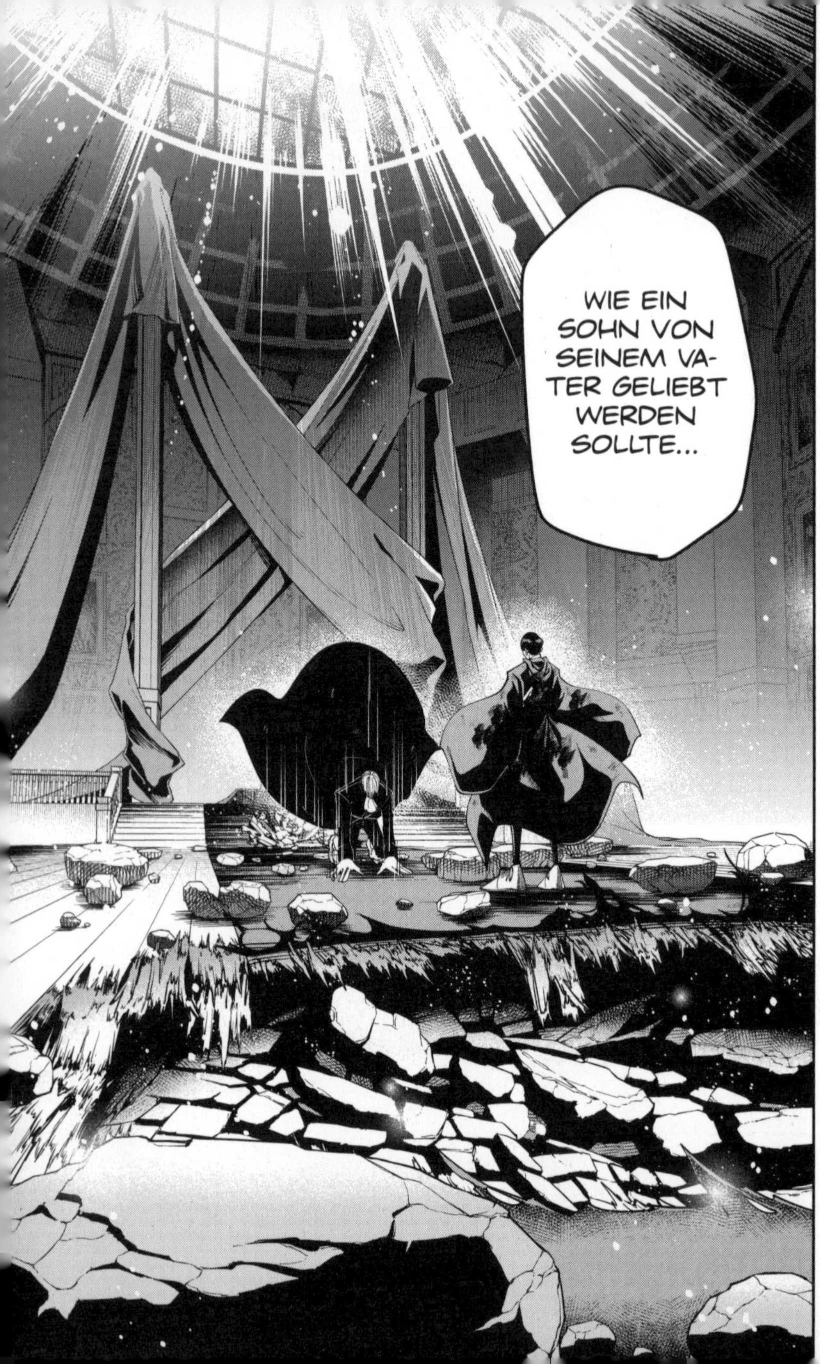
WIE EIN SOHN VON SEINEM VA-TER GELIEBT WERDEN SOLLTE...

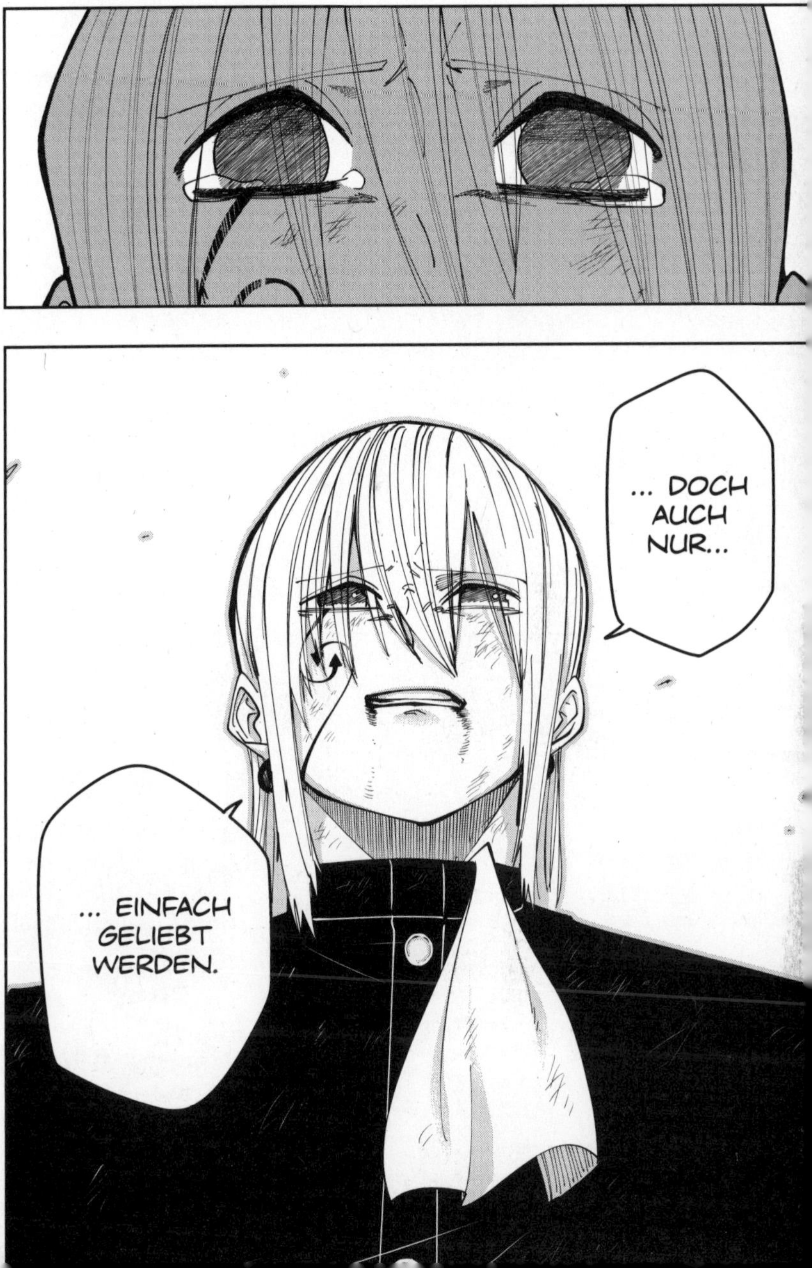
... DOCH AUCH NUR...
... EINFACH GELIEBT WERDEN.

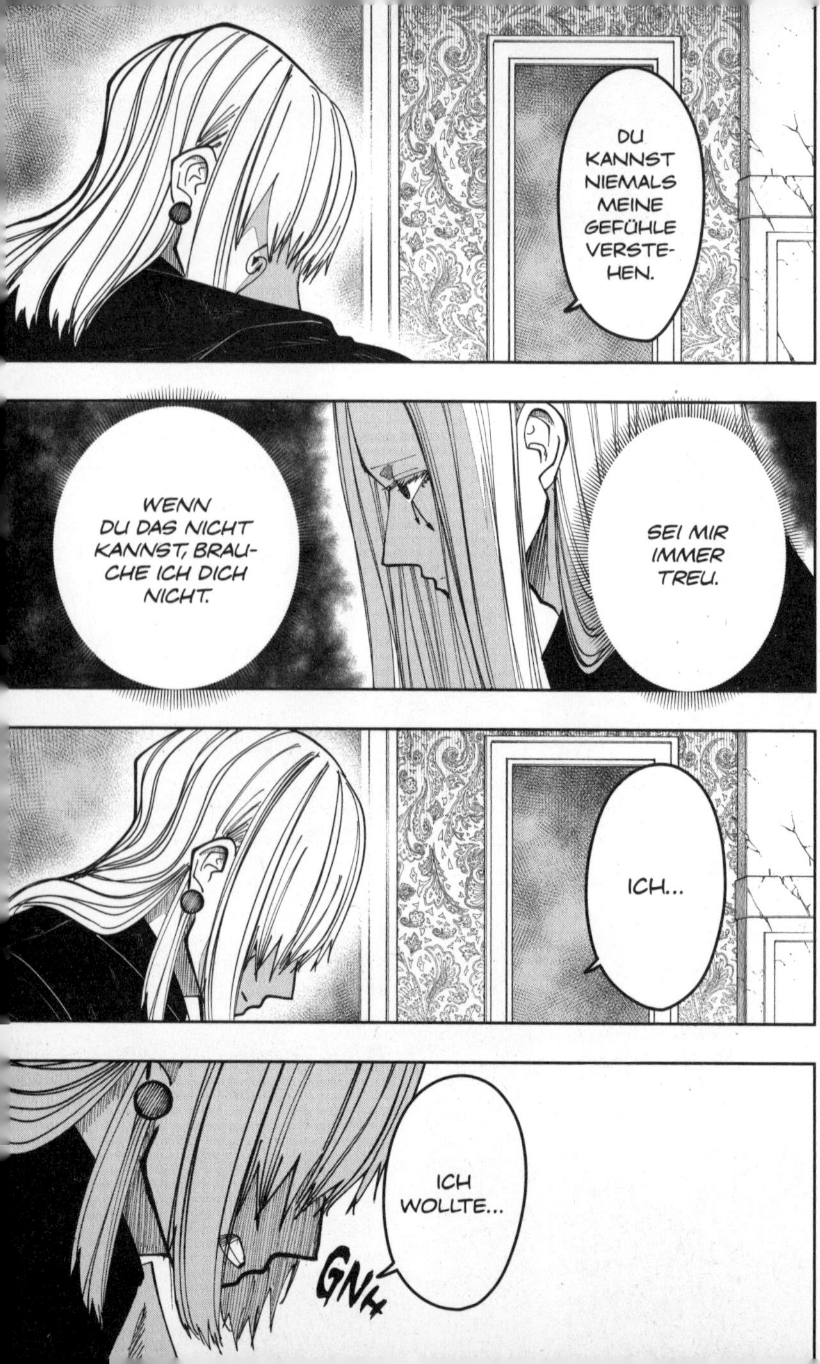
DU KANNST NIEMALS MEINE GEFÜHLE VERSTEHEN.
SEI MIR IMMER TREU.
WENN DU DAS NICHT KANNST, BRAUCHE ICH DICH NICHT.
ICH...
ICH WOLLTE...
GNH

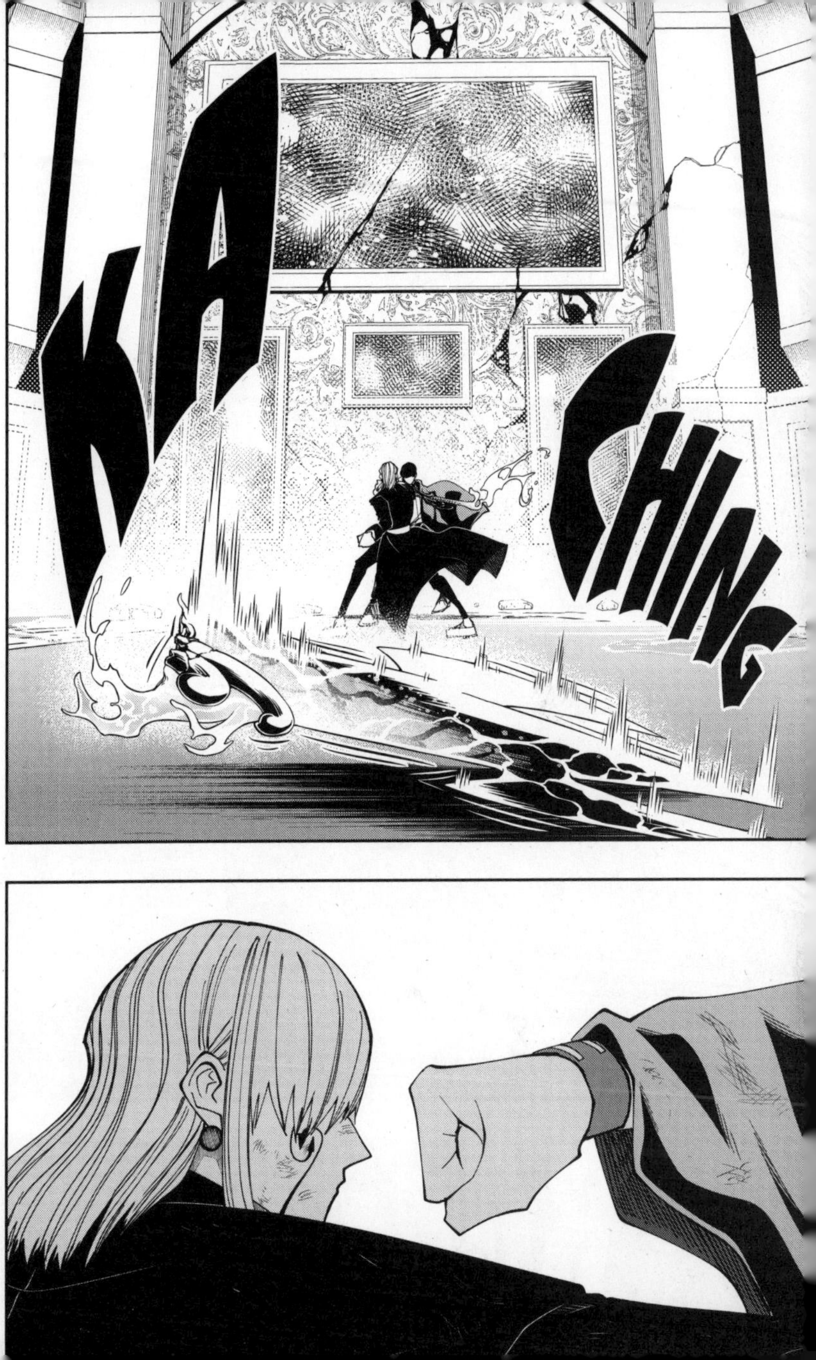
KA
CHING

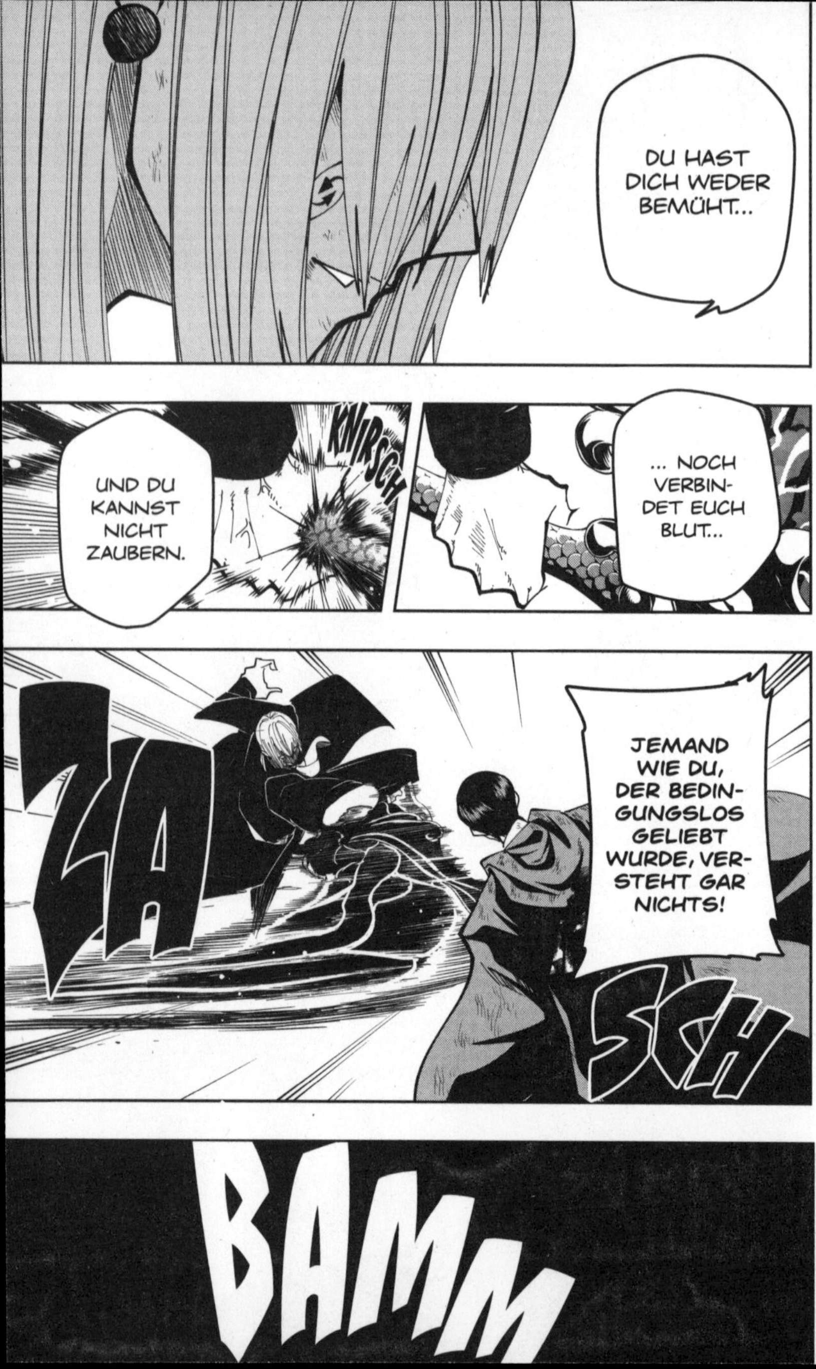
DU HAST DICH WEDER BEMÜHT...
UND DU KANNST NICHT ZAUBERN.
KNIRSCH
... NOCH VERBIN-DET EUCH BLUT...
ZA
JEMAND WIE DU, DER BEDIN-GUNGSLOS GELIEBT WURDE, VER-STEHT GAR NICHTS!
SCH
BAMM

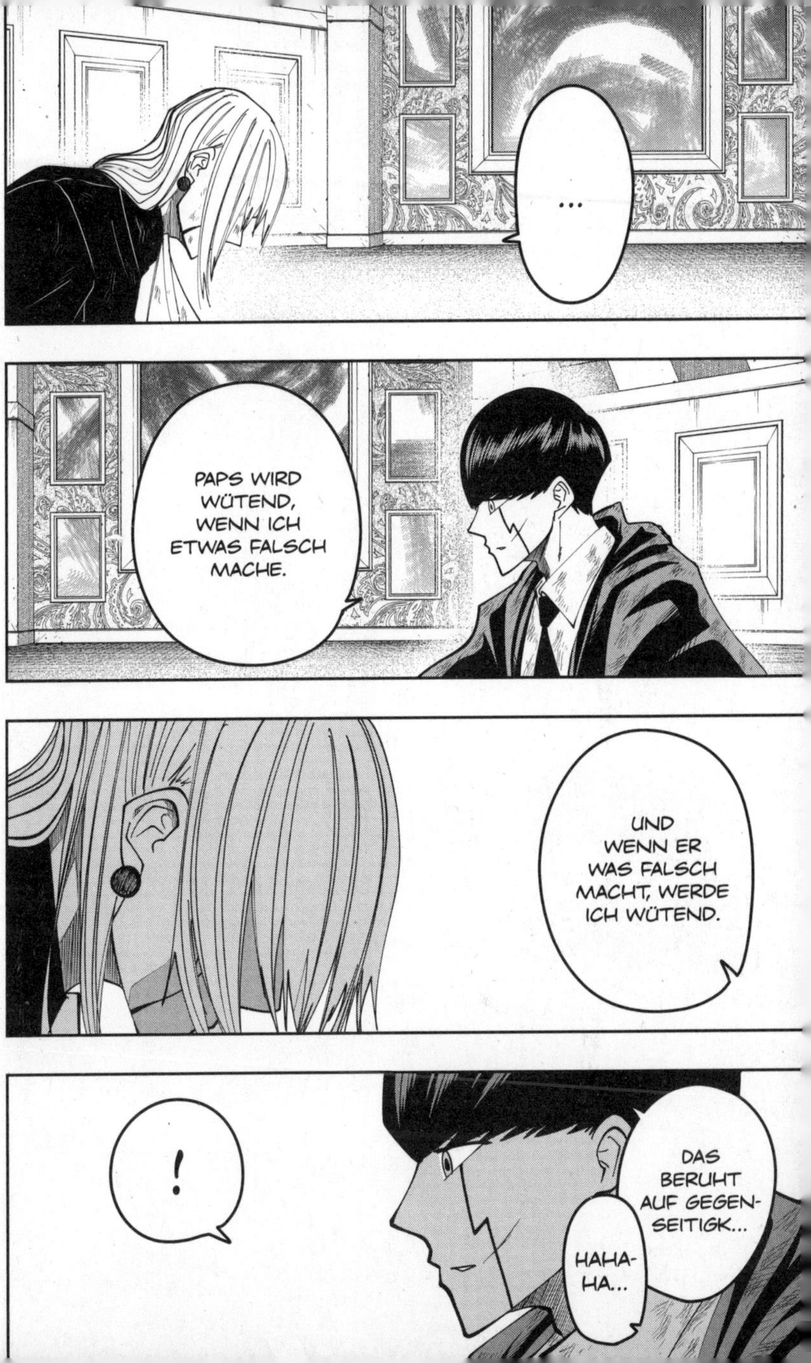
...
PAPS WIRD WÜTEND, WENN ICH ETWAS FALSCH MACHE.
UND WENN ER WAS FALSCH MACHT, WERDE ICH WÜTEND.
DAS BERUHT AUF GEGEN-SEITIGK...
HAHA-HA...
!

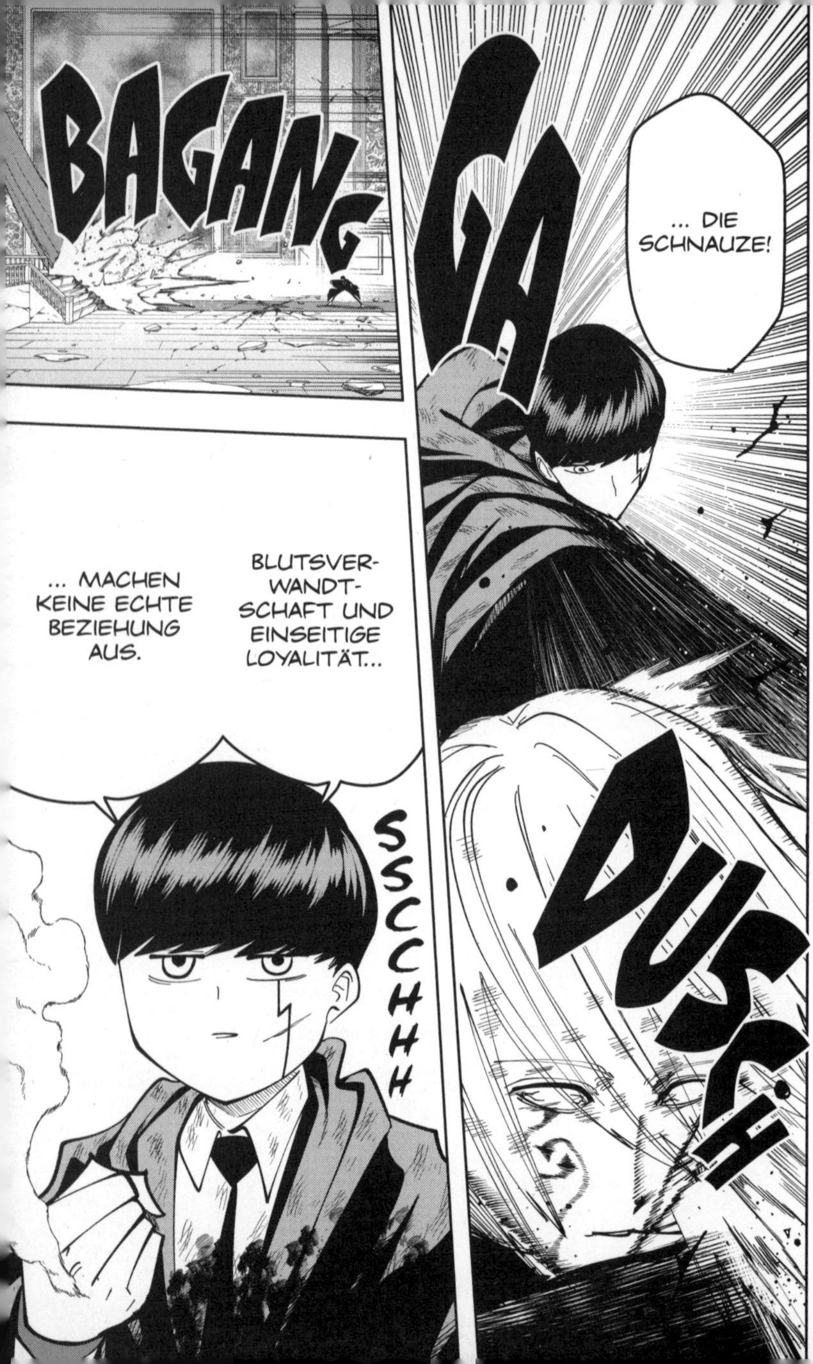

... DIE SCHNAUZE!
GA
DUSCH
BAGANG
BLUTSVER-WANDT-SCHAFT UND EINSEITIGE LOYALITÄT...
... MACHEN KEINE ECHTE BEZIEHUNG AUS.
SSCCHHHH

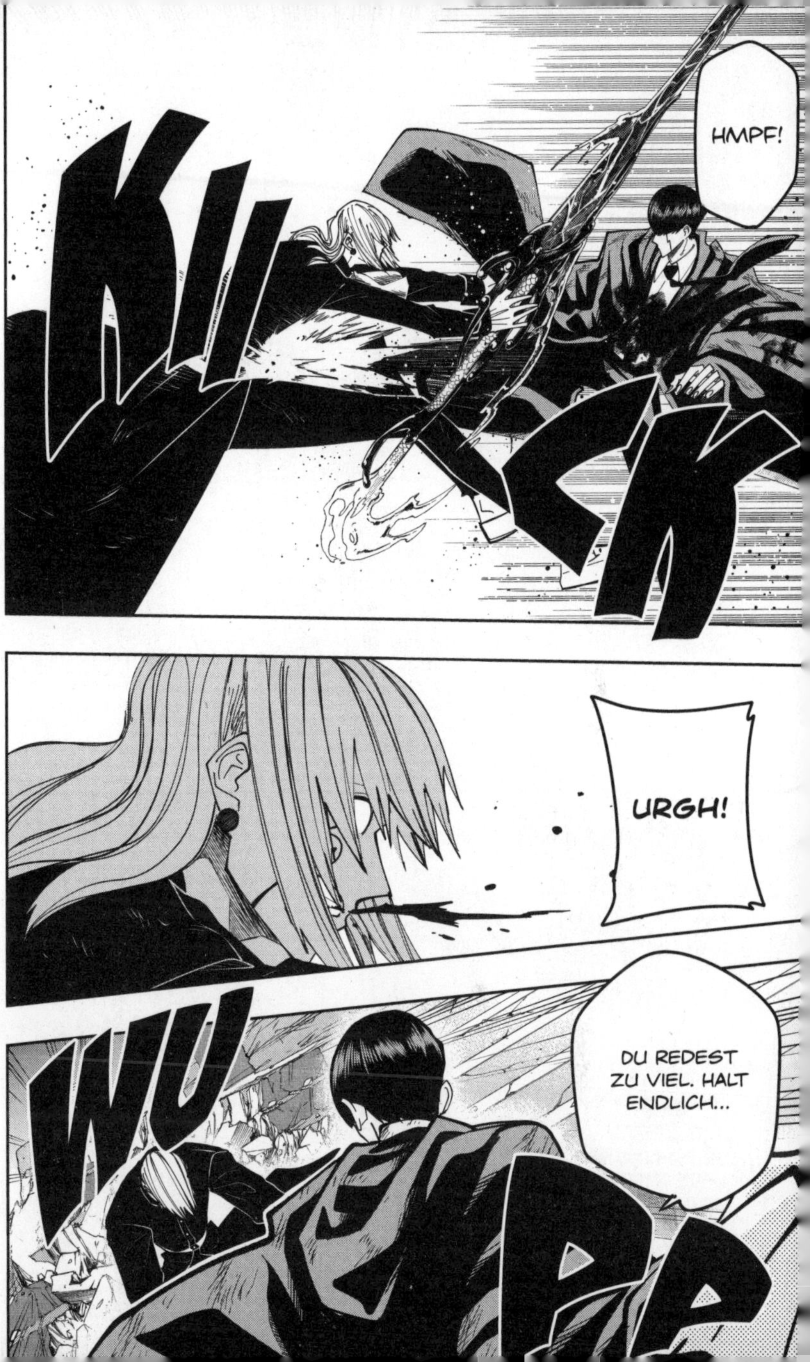
HMPF!
URGH!
DU REDEST ZU VIEL. HALT ENDLICH...

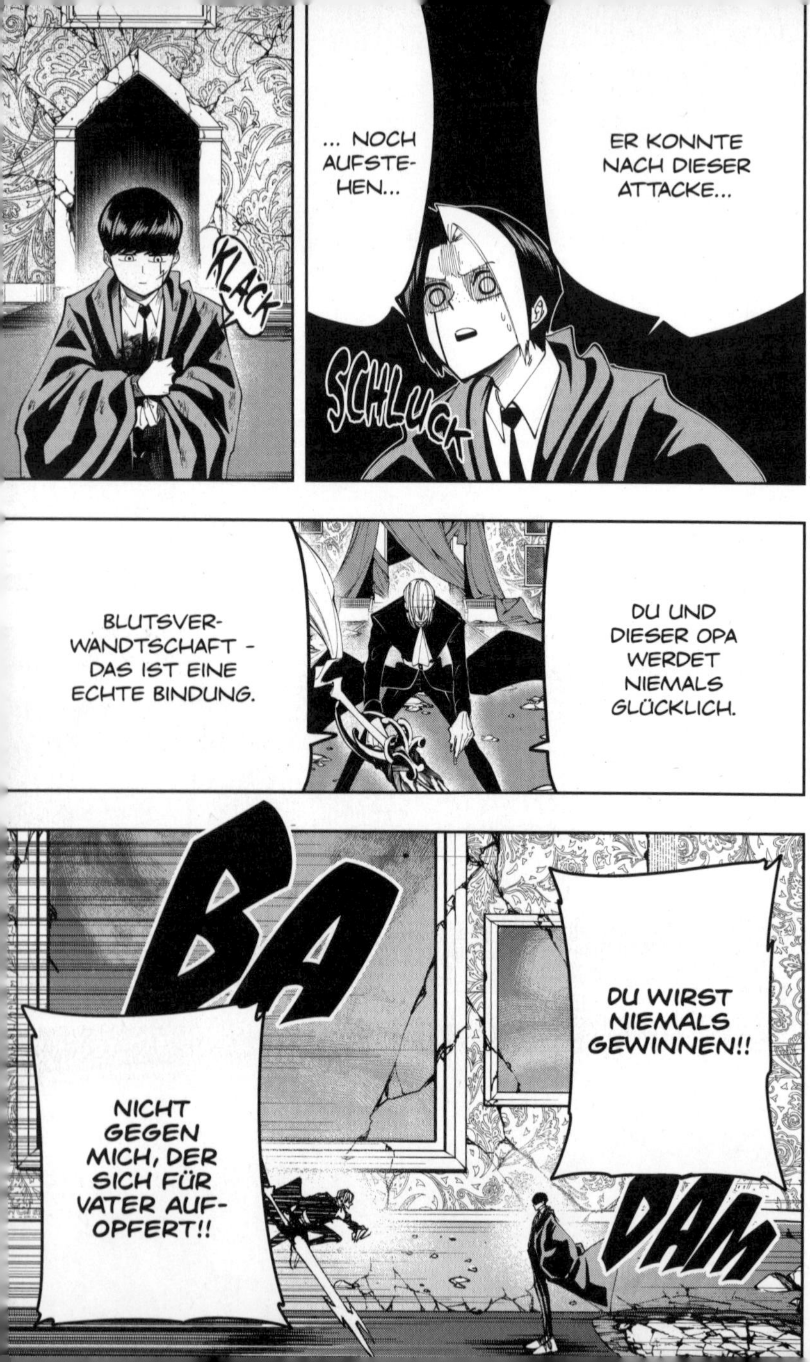
ER KONNTE NACH DIESER ATTACKE...
... NOCH AUFSTE-HEN...
SCHLUCK
KLACK
DU UND DIESER OPA WERDET NIEMALS GLÜCKLICH.
BLUTSVER-WANDTSCHAFT - DAS IST EINE ECHTE BINDUNG.
BA
DAM
DU WIRST NIEMALS GEWINNEN!!
NICHT GEGEN MICH, DER SICH FÜR VATER AUF-OPFERT!!

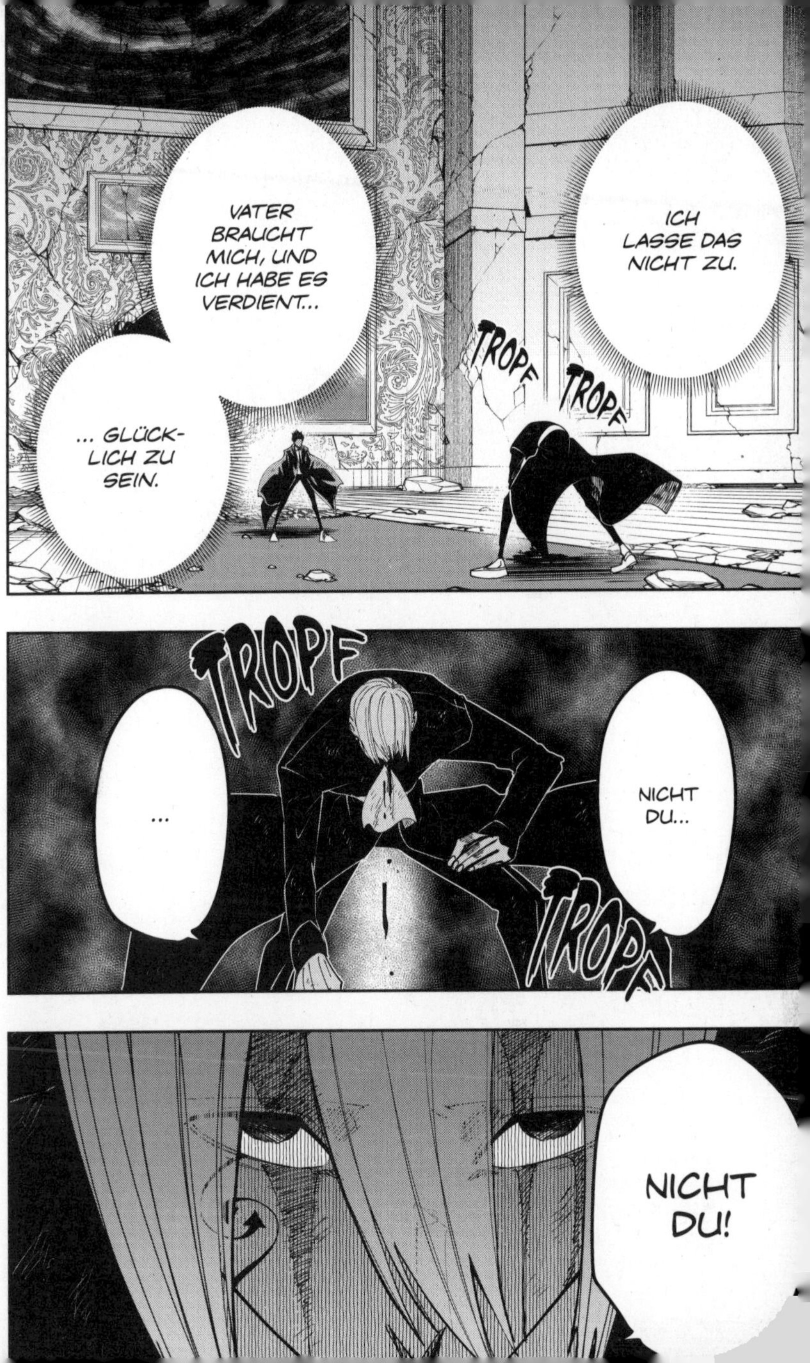

ICH LASSE DAS NICHT ZU.
TROPF
TROPF
VATER BRAUCHT MICH, UND ICH HABE ES VERDIENT...
... GLÜCK-LICH ZU SEIN.
TROPF
NICHT DU...
TROPF
...
NICHT DU!

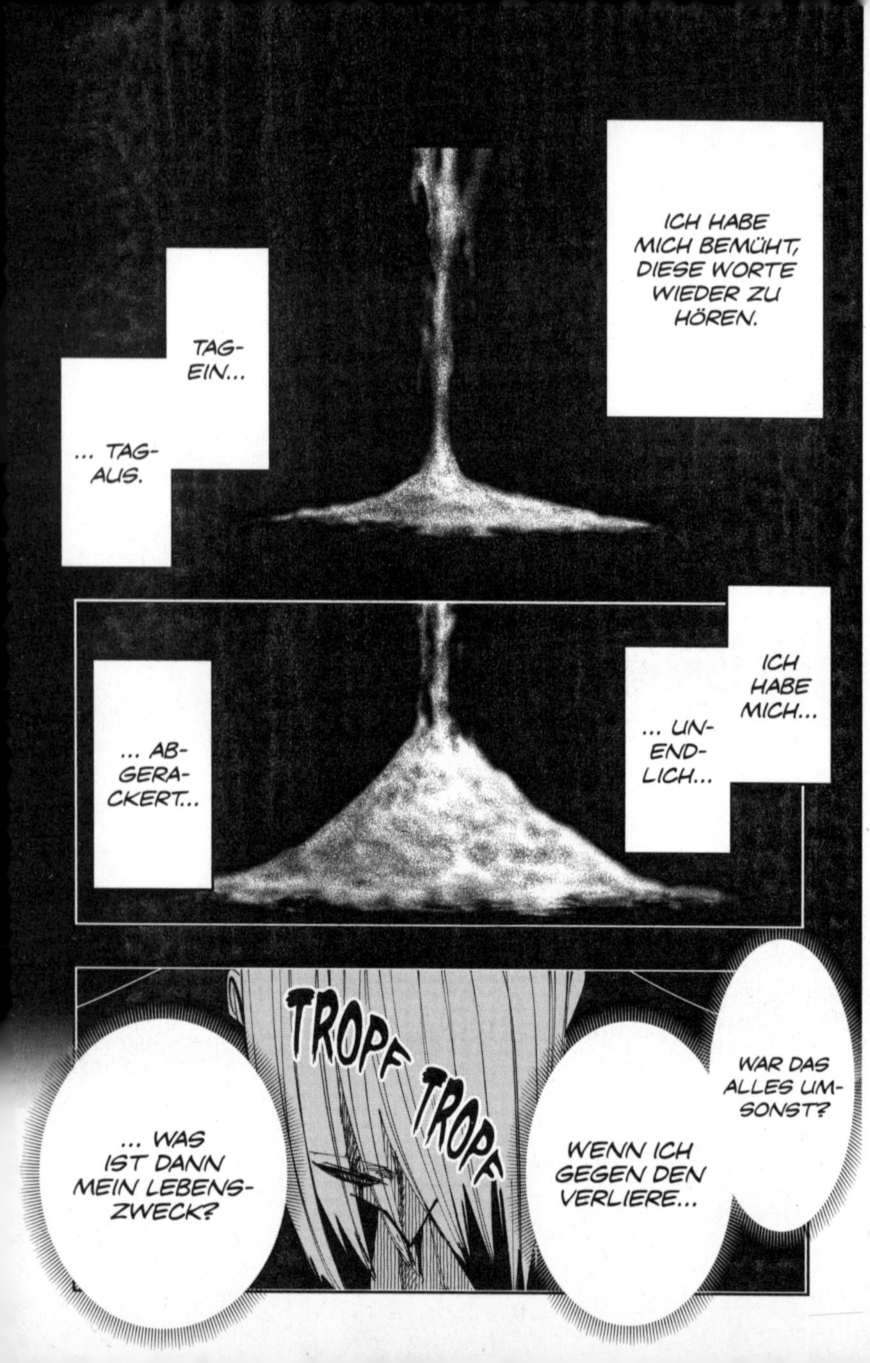
ICH HABE MICH BEMÜHT, DIESE WORTE WIEDER ZU HÖREN.
TAG-EIN...
... TAG-AUS.
ICH HABE MICH...
... UN-END-LICH...
... AB-GERA-CKERT...
WAR DAS ALLES UM-SONST?
WENN ICH GEGEN DEN VERLIERE...
TROPF TROPF
... WAS IST DANN MEIN LEBENS-ZWECK?

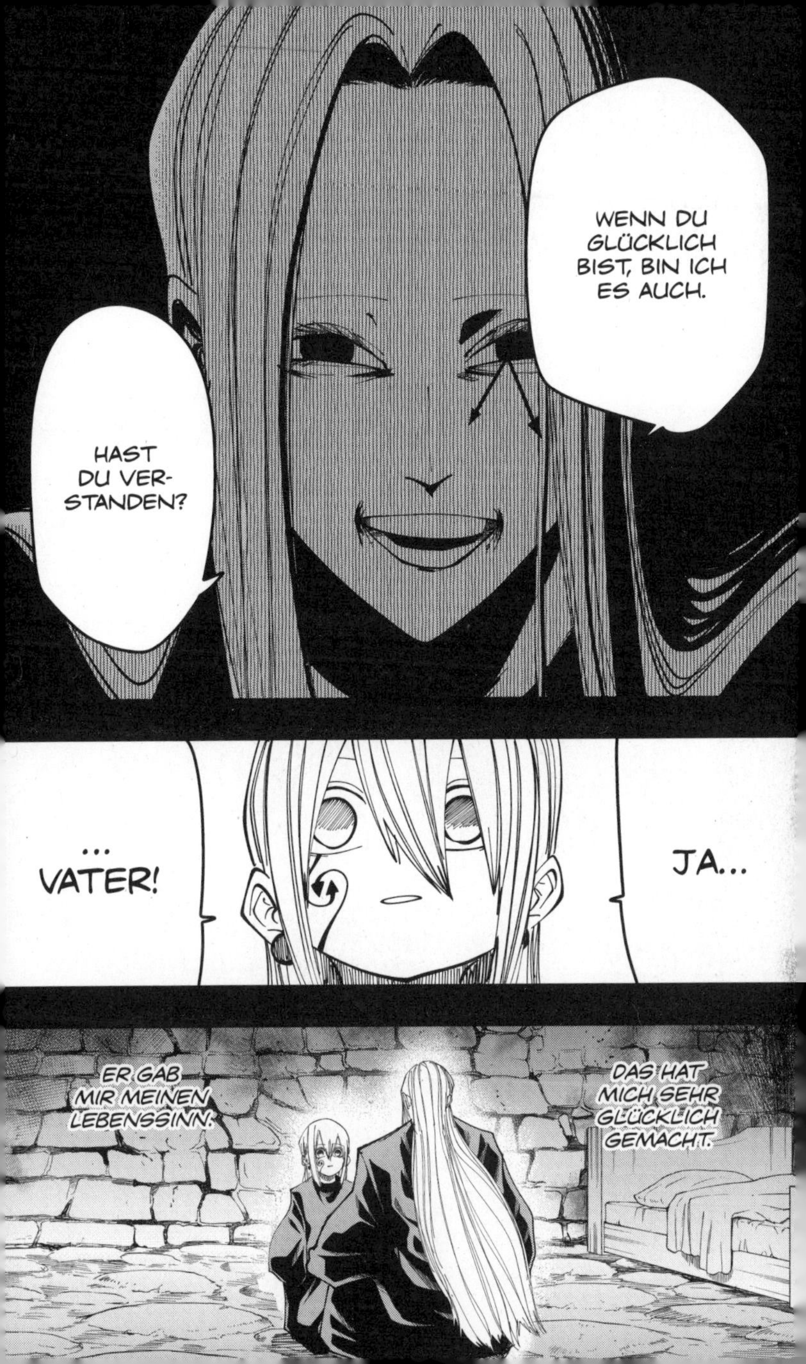
WENN DU GLÜCKLICH BIST, BIN ICH ES AUCH.
HAST DU VER-STANDEN?
JA...
... VATER!
DAS HAT MICH SEHR GLÜCKLICH GEMACHT.
ER GAB MIR MEINEN LEBENSSINN.

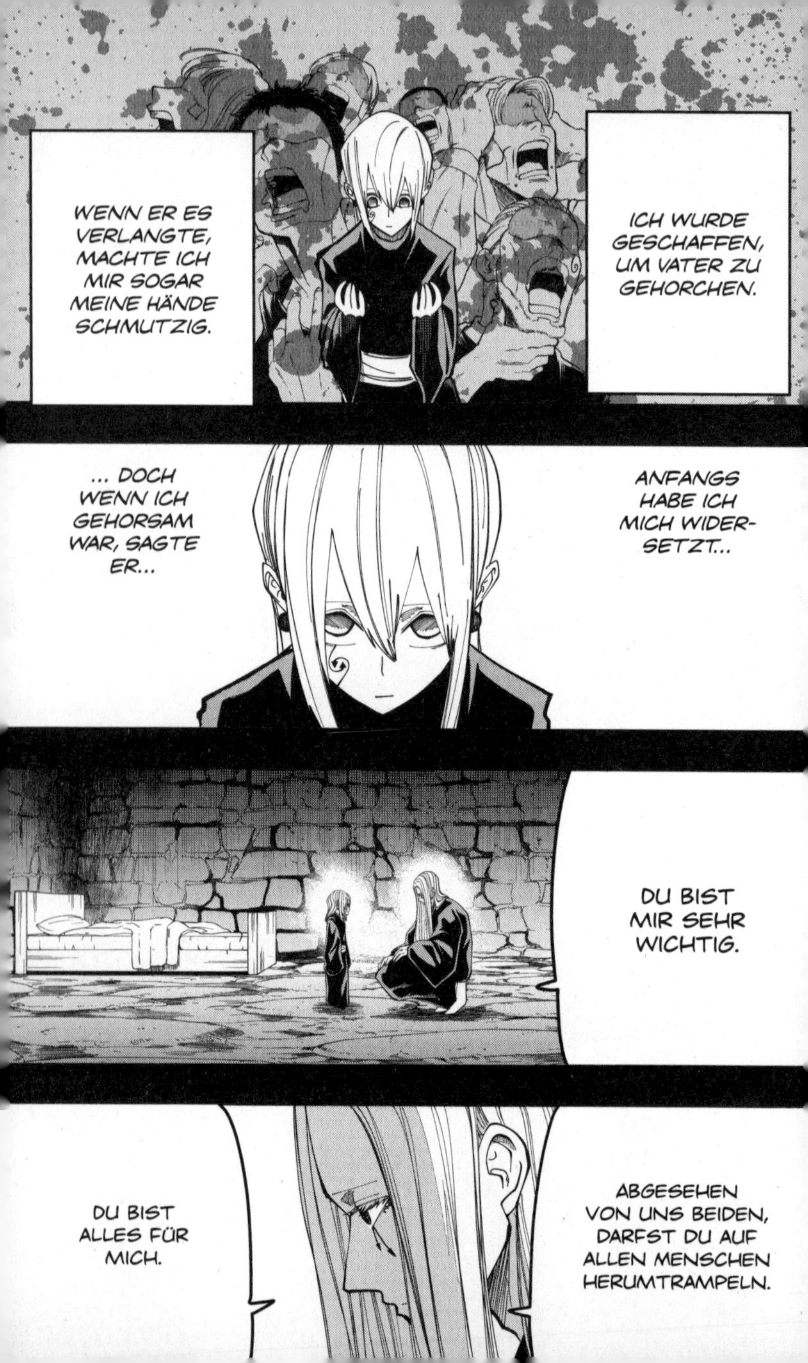
ICH WURDE GESCHAFFEN, UM VATER ZU GEHORCHEN.
WENN ER ES VERLANGTE, MACHTE ICH MIR SOGAR MEINE HÄNDE SCHMUTZIG.
ANFANGS HABE ICH MICH WIDER-SETZT...
... DOCH WENN ICH GEHORSAM WAR, SAGTE ER...
DU BIST MIR SEHR WICHTIG.
ABGESEHEN VON UNS BEIDEN, DARFST DU AUF ALLEN MENSCHEN HERUMTRAMPELN.
DU BIST ALLES FÜR MICH.

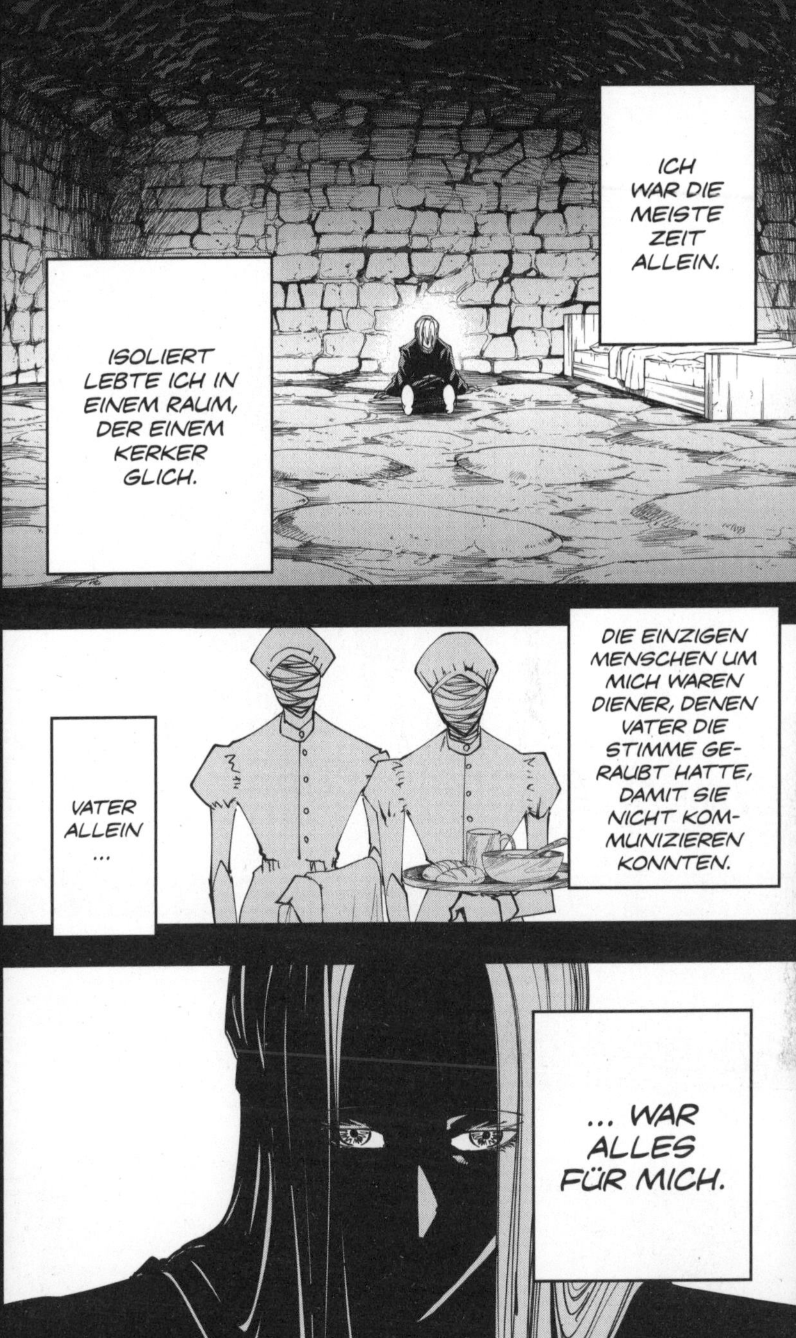
ICH WAR DIE MEISTE ZEIT ALLEIN.
ISOLIERT LEBTE ICH IN EINEM RAUM, DER EINEM KERKER GLICH.
DIE EINZIGEN MENSCHEN UM MICH WAREN DIENER, DENEN VATER DIE STIMME GERAUBT HATTE, DAMIT SIE NICHT KOMMUNIZIEREN KONNTEN.
VATER ALLEIN ...
... WAR ALLES FÜR MICH.

98. Kapitel Mash Burnedead und der Entscheidungskampf

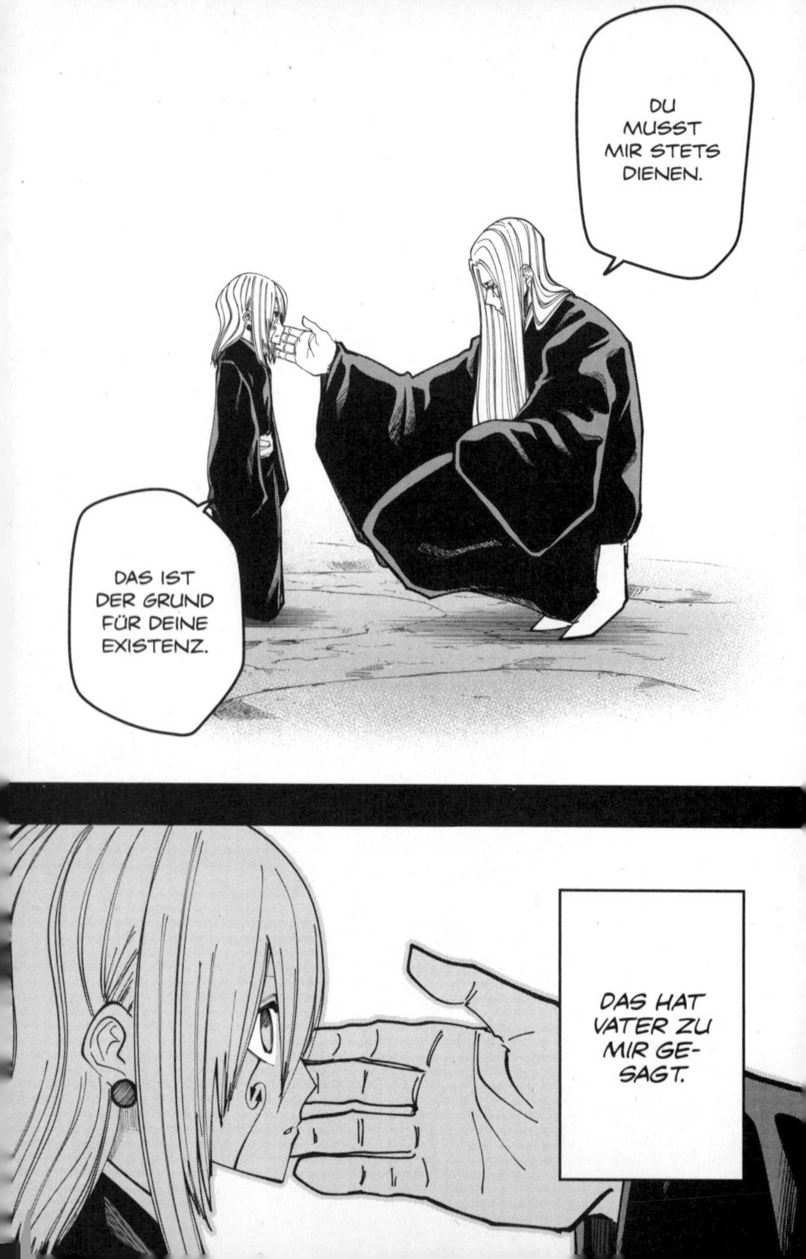

Extra 5

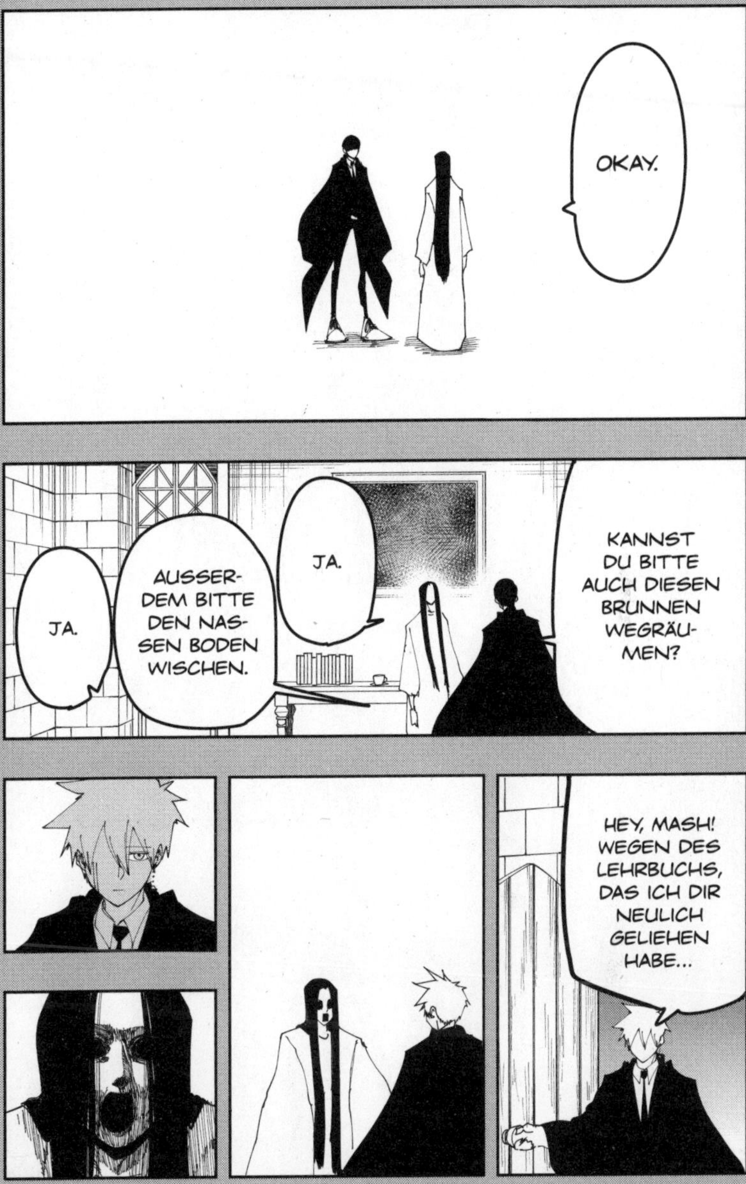

Fortsetzung auf Seite 154

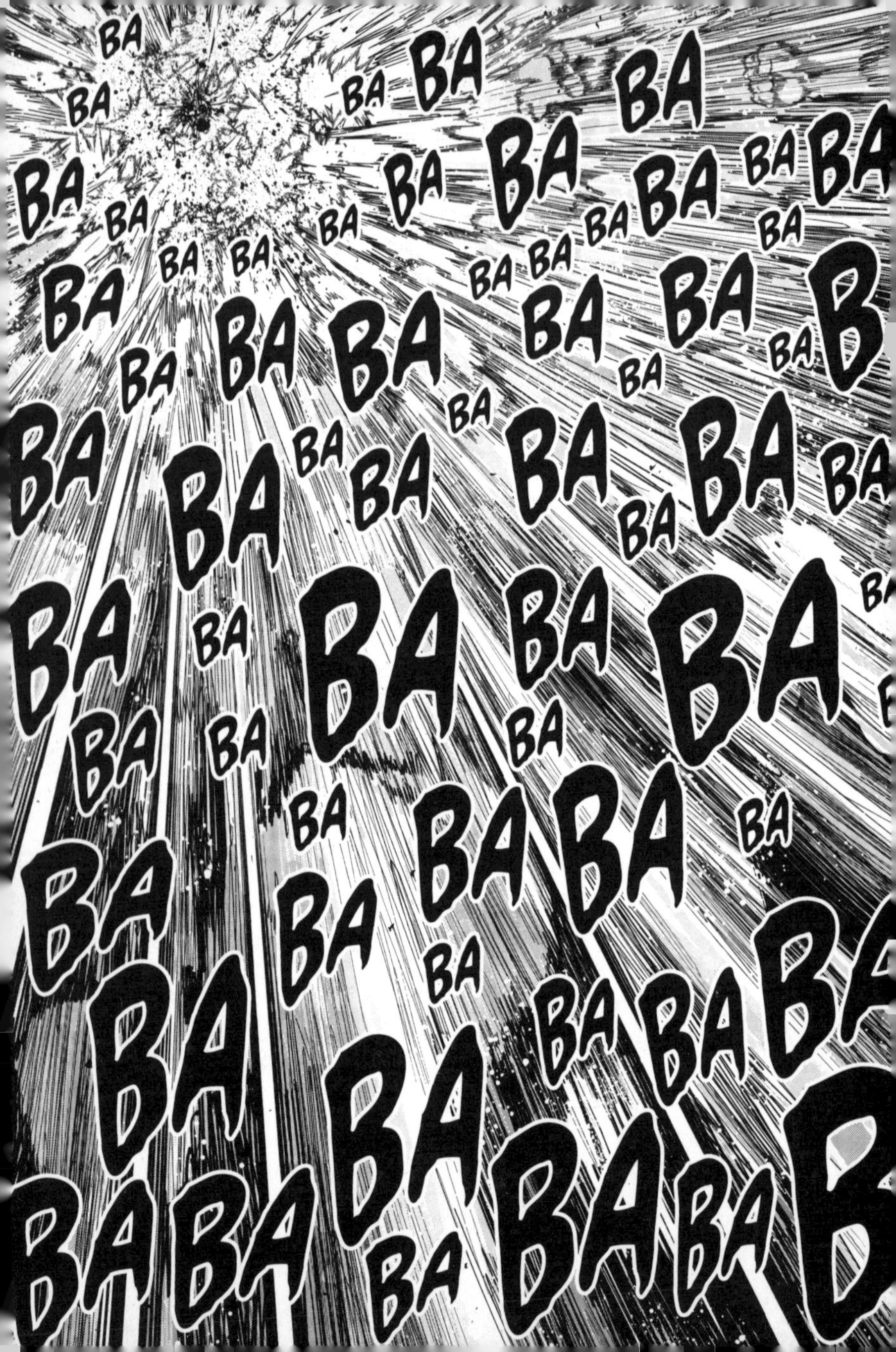
BA BA BA BA BA BA
BA BA BA BA BA BA BA BA
BA BA BA BA BA BA BA BA BA BA BA
BA BA BA BA BA BA BA BA BA BA
BA BA BA BA BA BA BA BA BA BA BA
BA BA BA BA BA BA BA BA BA
BA BA BA BA BA BA BA BA BA BA BA
BA BA BA BA BA BA BA BA BA BA BA BA

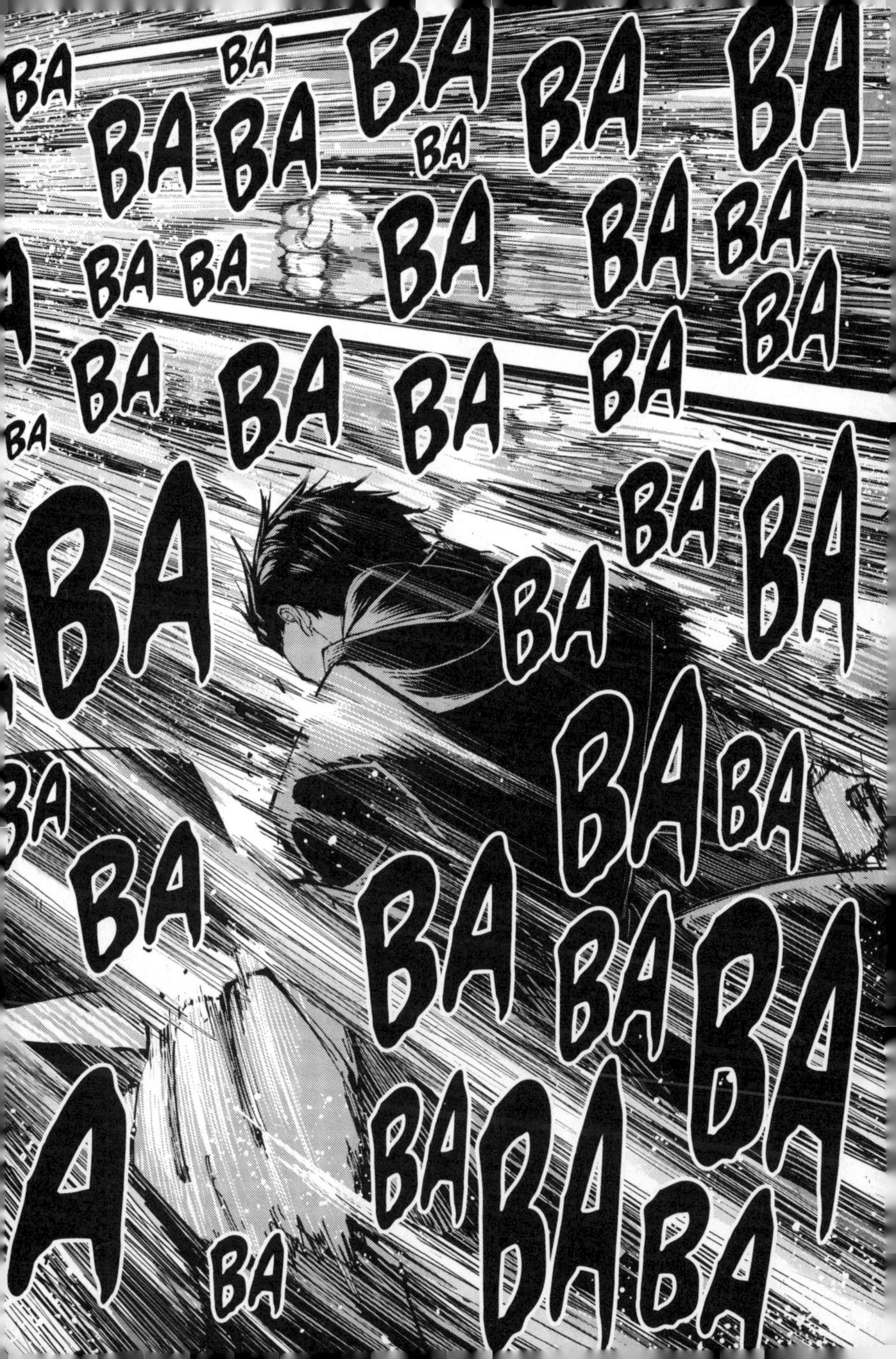
BA BA BA BA BA BA
BA BA BA BA
BA BA BA BA BA
BA BA BA BA BA BA
BA
BA BA BA BA
BA BA BA
BA BA BA BA BA
BA BA BA BA BA
BA BA BA BA

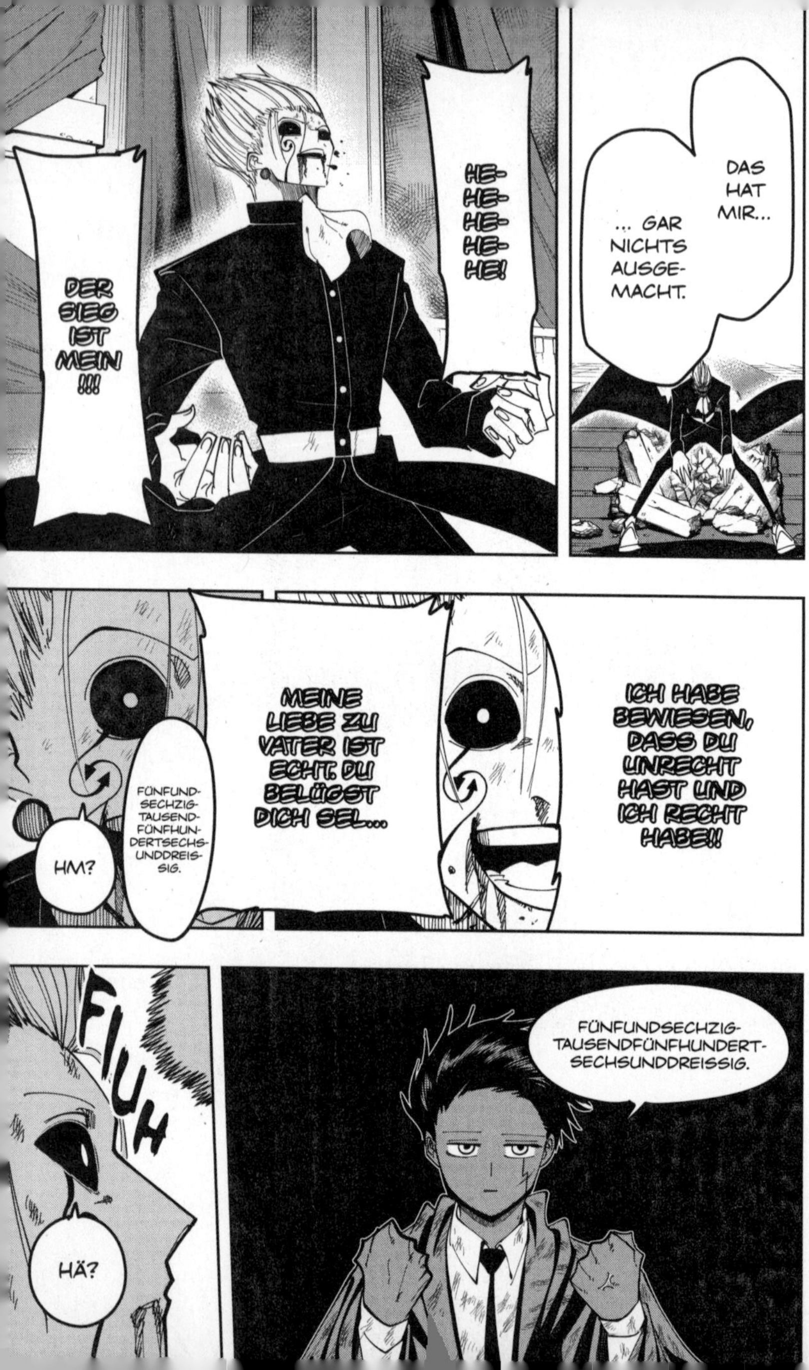
DAS HAT MIR...
... GAR NICHTS AUSGEMACHT.
HE-HE-HE-HE-HE!
DER SIEG IST MEIN!!!
ICH HABE BEWIESEN, DASS DU UNRECHT HAST UND ICH RECHT HABE!!
MEINE LIEBE ZU VATER IST ECHT. DU BELÜGST DICH SEL...
FÜNFUNDSECHZIGTAUSENDFÜNFHUNDERTSECHSUNDDREISSIG.
HM?
FÜNFUNDSECHZIGTAUSENDFÜNFHUNDERTSECHSUNDDREISSIG.
FIUH
HÄ?

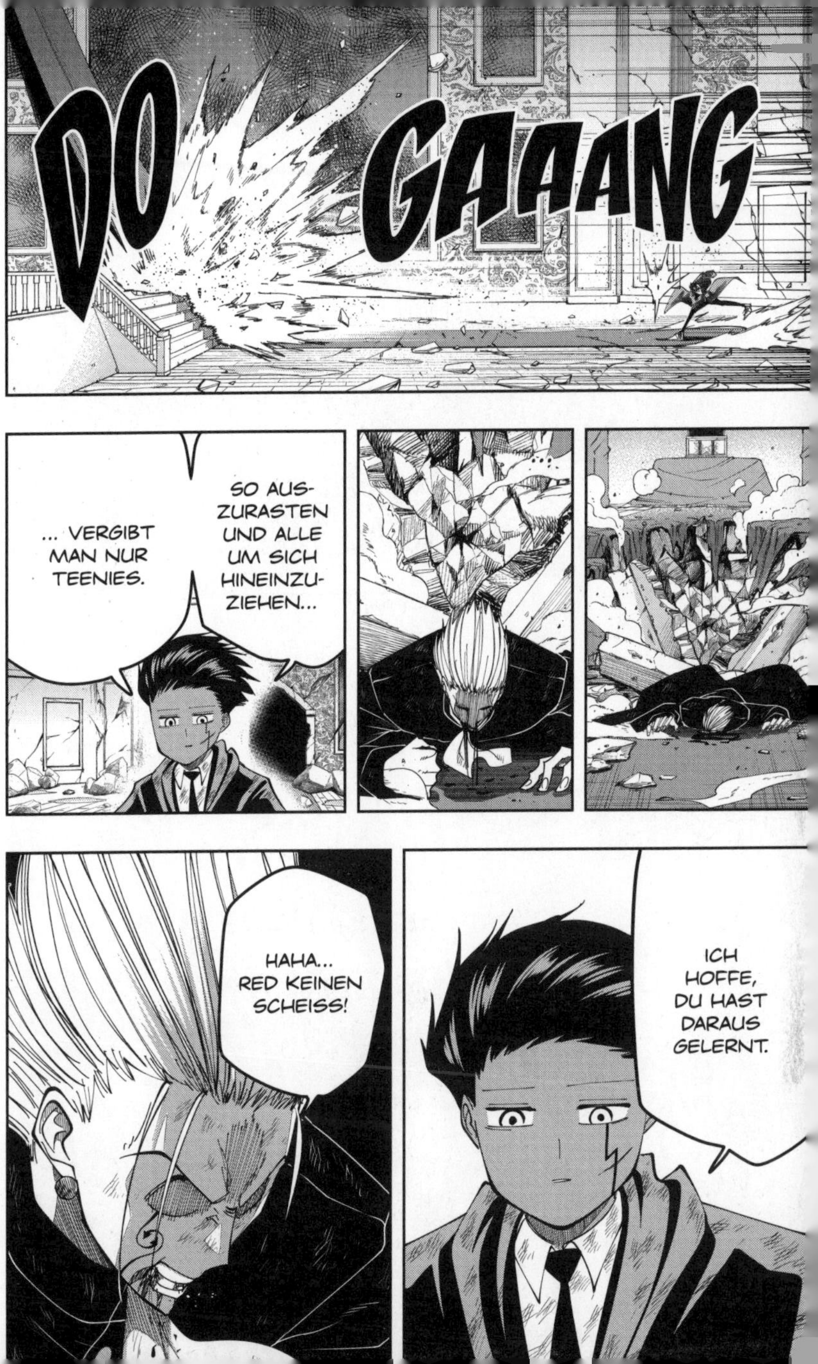
DO GAAANG
SO AUS-ZURASTEN UND ALLE UM SICH HINEINZU-ZIEHEN...
... VERGIBT MAN NUR TEENIES.
ICH HOFFE, DU HAST DARAUS GELERNT.
HAHA... RED KEINEN SCHEISS!

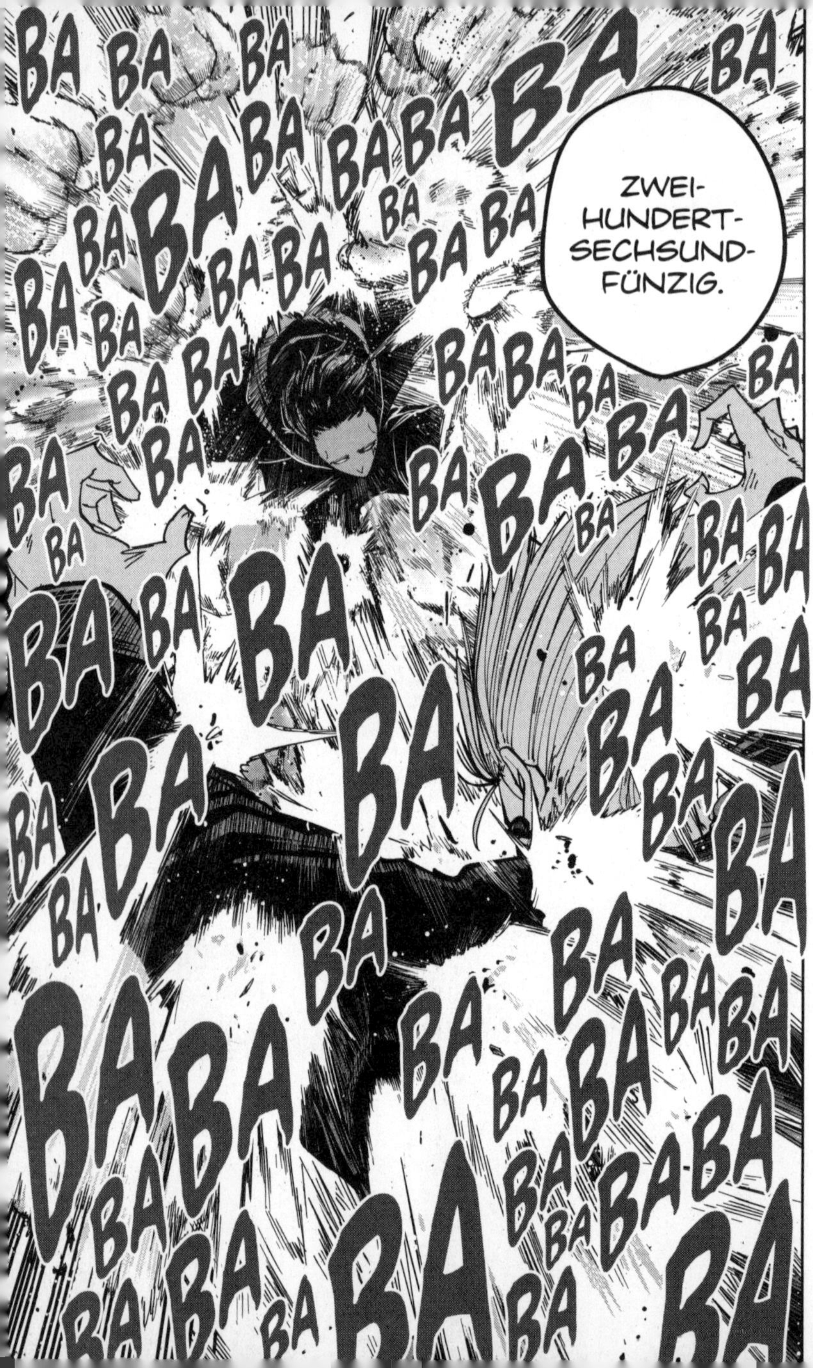
ZWEI-HUNDERT-SECHSUND-FÜNZIG.

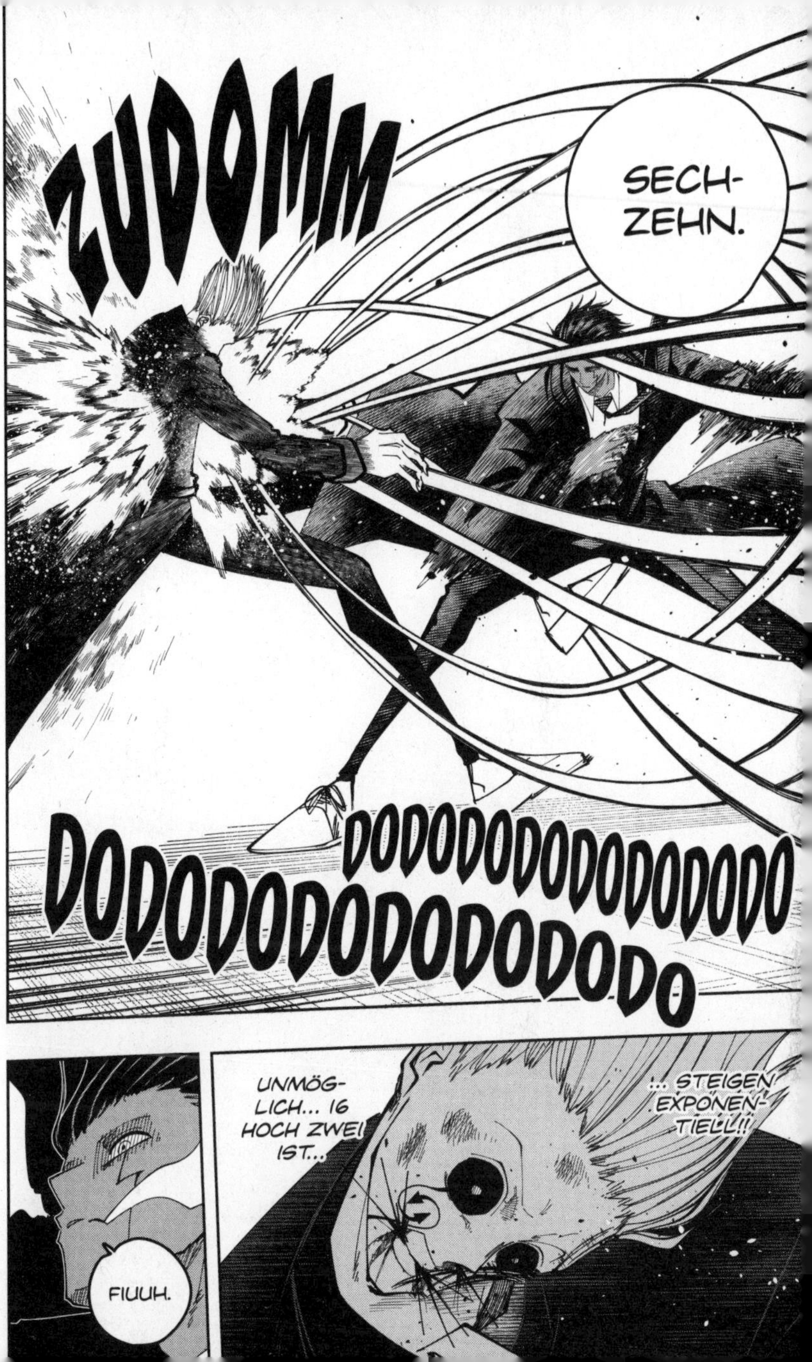
ZUDOMM
SECH-
ZEHN.
DODODODODODODODO
DODODODODODODODODODO
UNMÖG-
LICH... 16
HOCH ZWEI
IST...
... STEIGEN
EXPONEN-
TIELL!!
FIUUH.

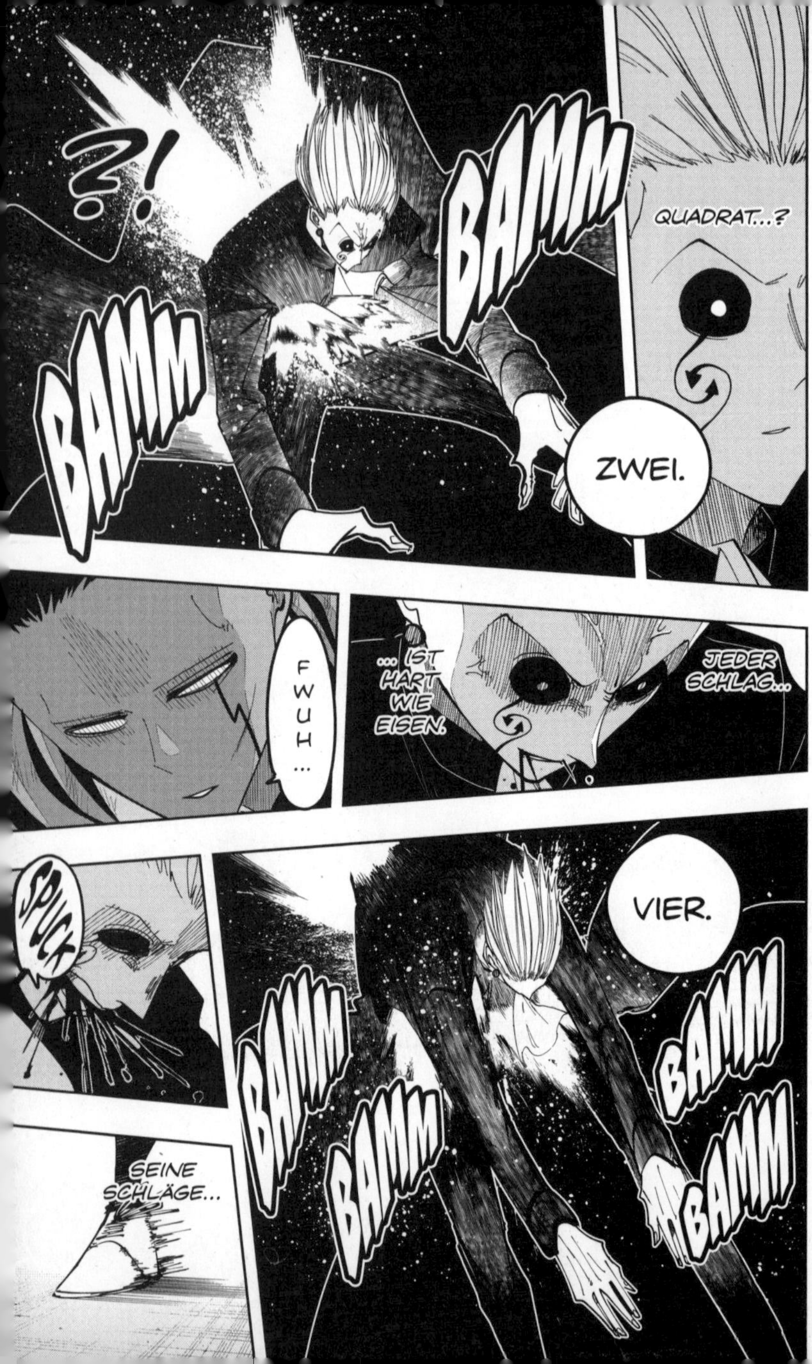
QUADRAT...?
ZWEI.
BAMM
BAMM
?!
JEDER SCHLAG...
...IST HART WIE EISEN.
FWUH...
VIER.
BAMM
BAMM
BAMM
BAMM
SPUCK
SEINE SCHLÄGE...

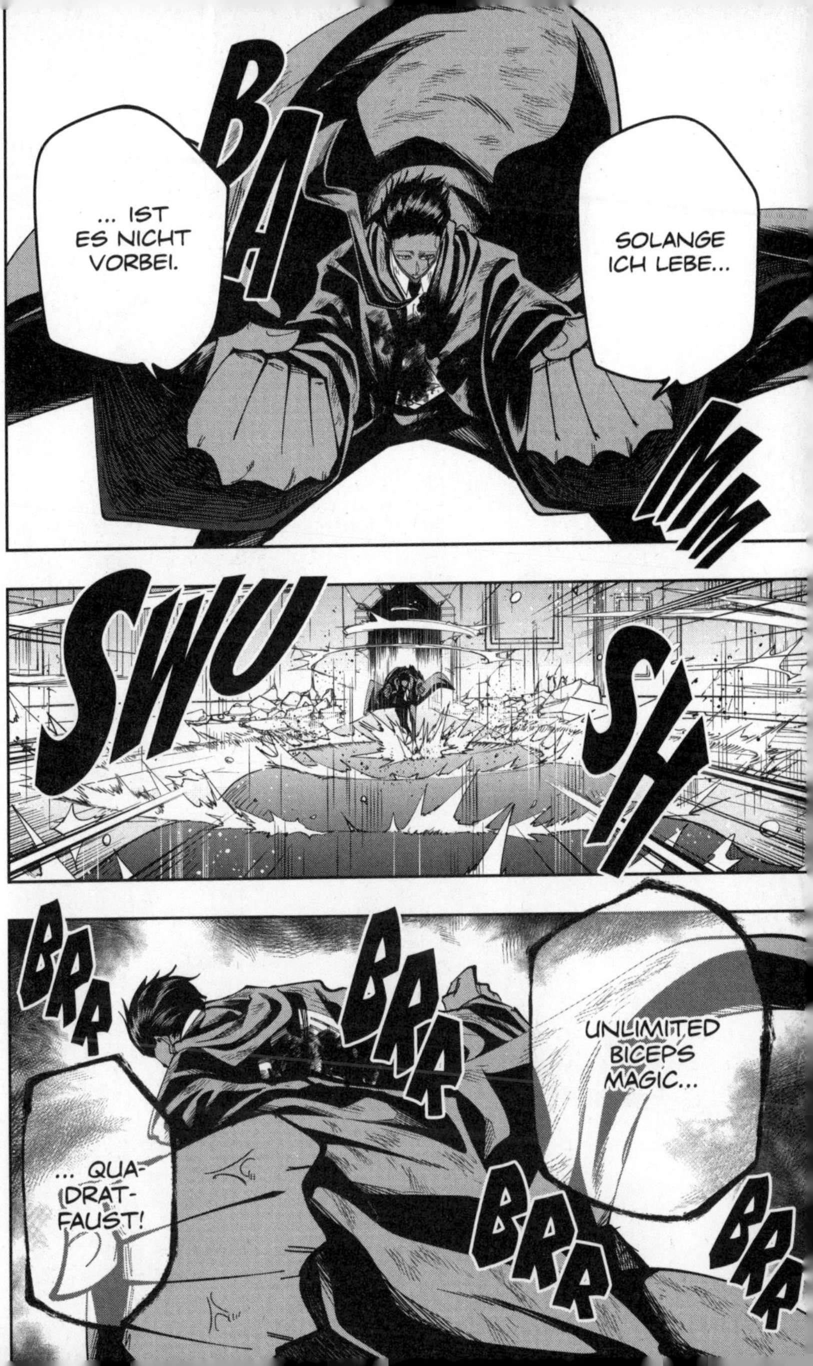
SOLANGE ICH LEBE...
... IST ES NICHT VORBEI.
BA
MM
SWU
SH
UNLIMITED BICEPS MAGIC...
... QUA-DRAT-FAUST!
BRR
BRR
BRR
BRR
BRR

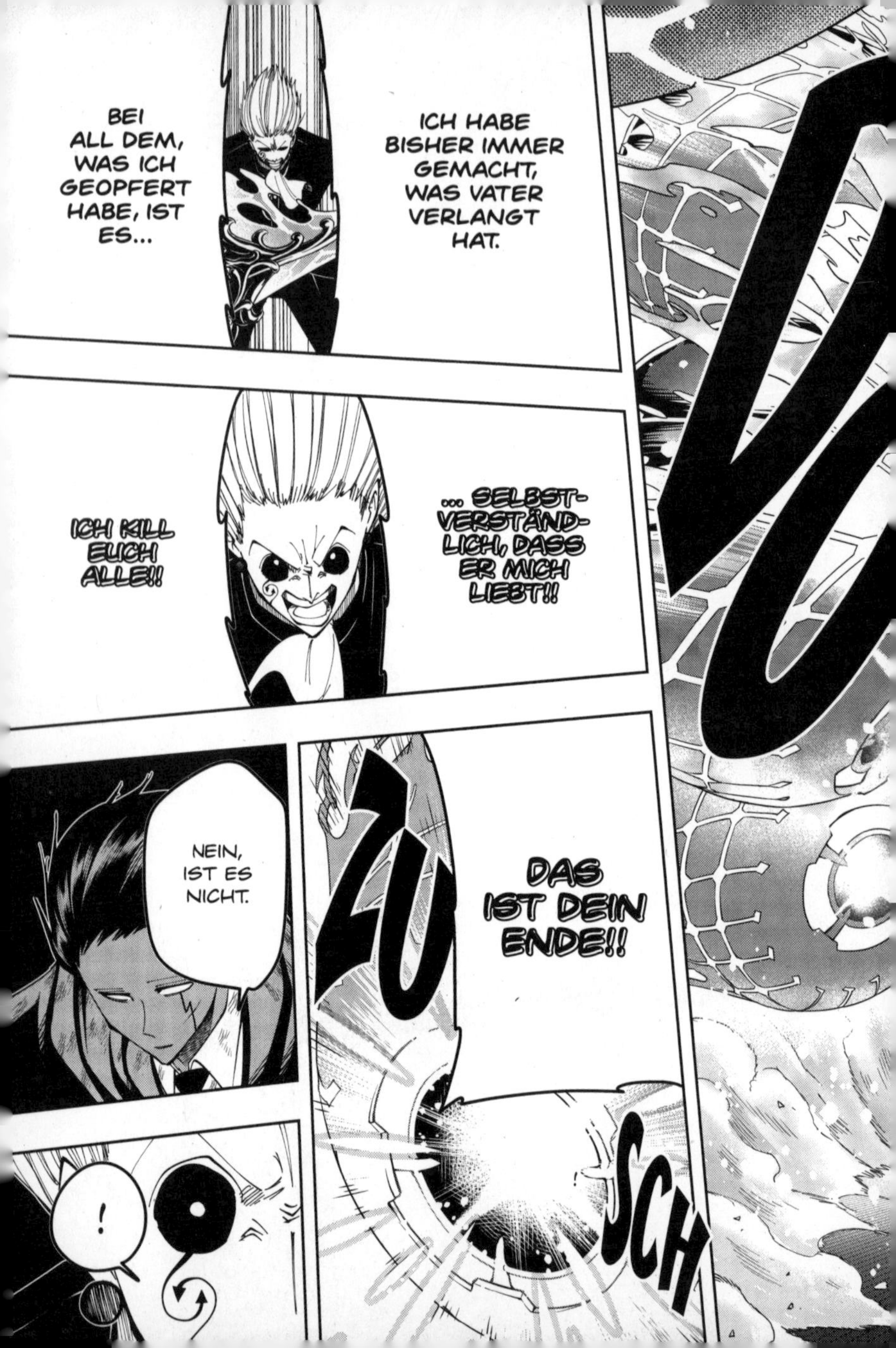
ICH HABE BISHER IMMER GEMACHT, WAS VATER VERLANGT HAT.
BEI ALL DEM, WAS ICH GEOPFERT HABE, IST ES...
... SELBST-VERSTÄND-LICH, DASS ER MICH LIEBT!!
ICH KILL EUCH ALLE!!
DAS IST DEIN ENDE!!
ZU
SCH
NEIN, IST ES NICHT.
!

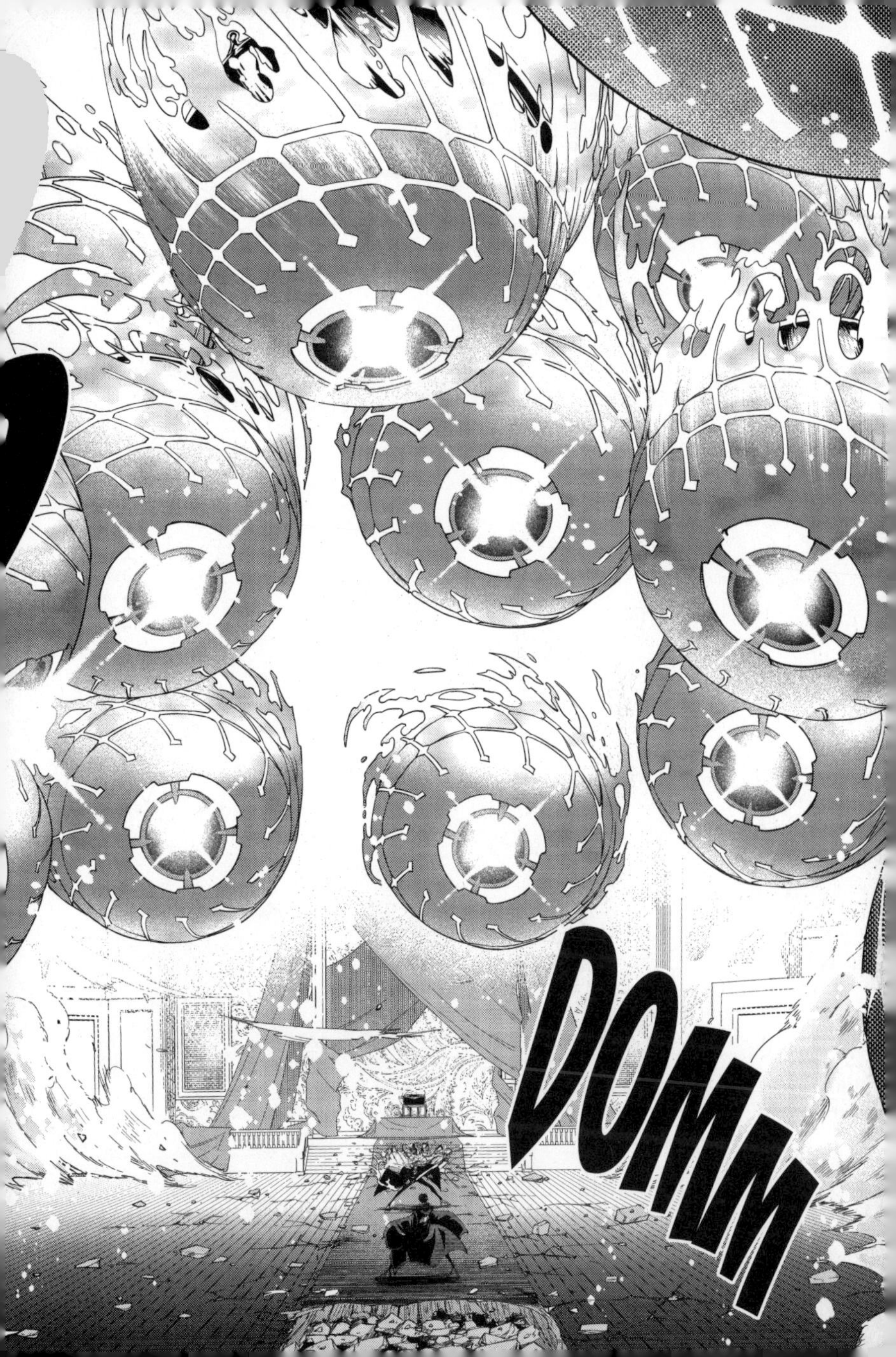
DOMM

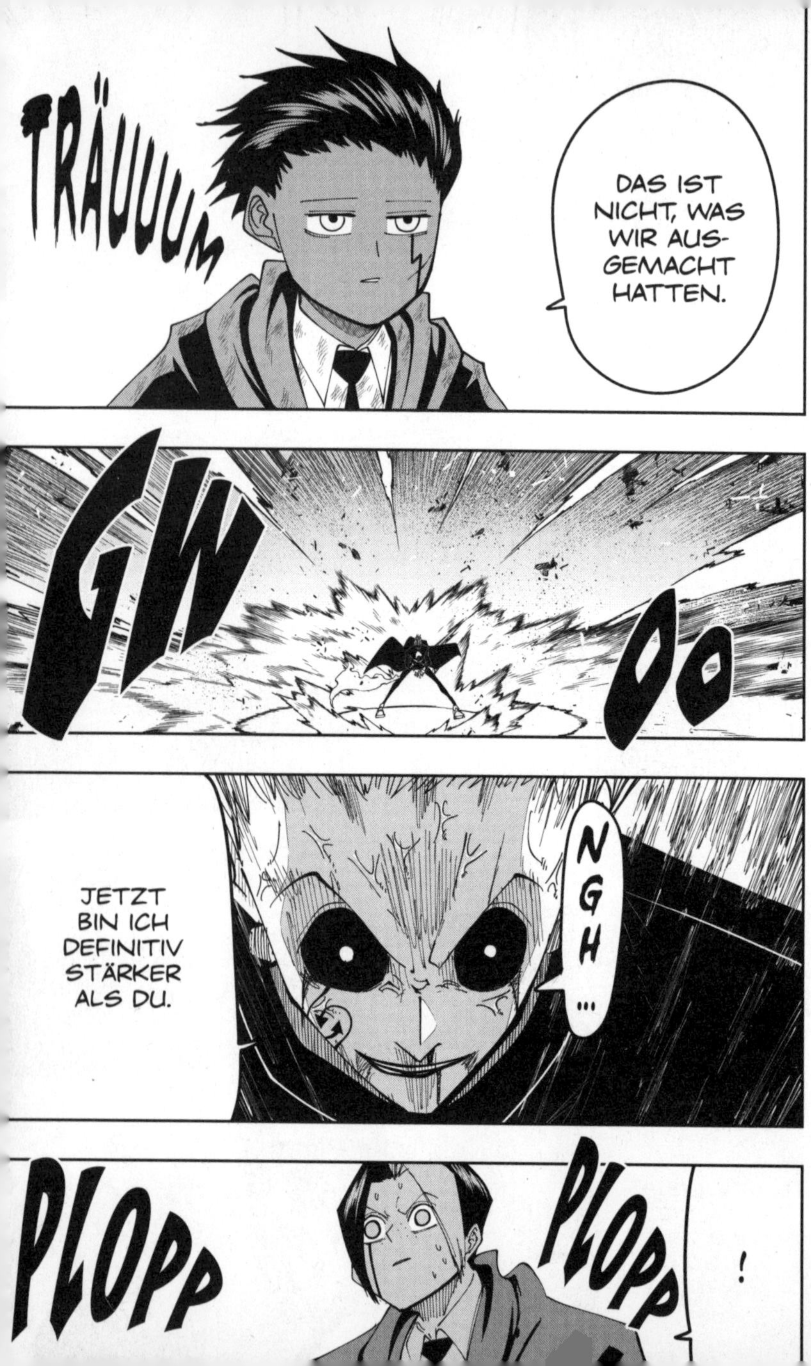
DAS IST NICHT, WAS WIR AUS-GEMACHT HATTEN.
TRÄUUUM
GWOO
NGH ...
JETZT BIN ICH DEFINITIV STÄRKER ALS DU.
!
PLOPP
PLOPP

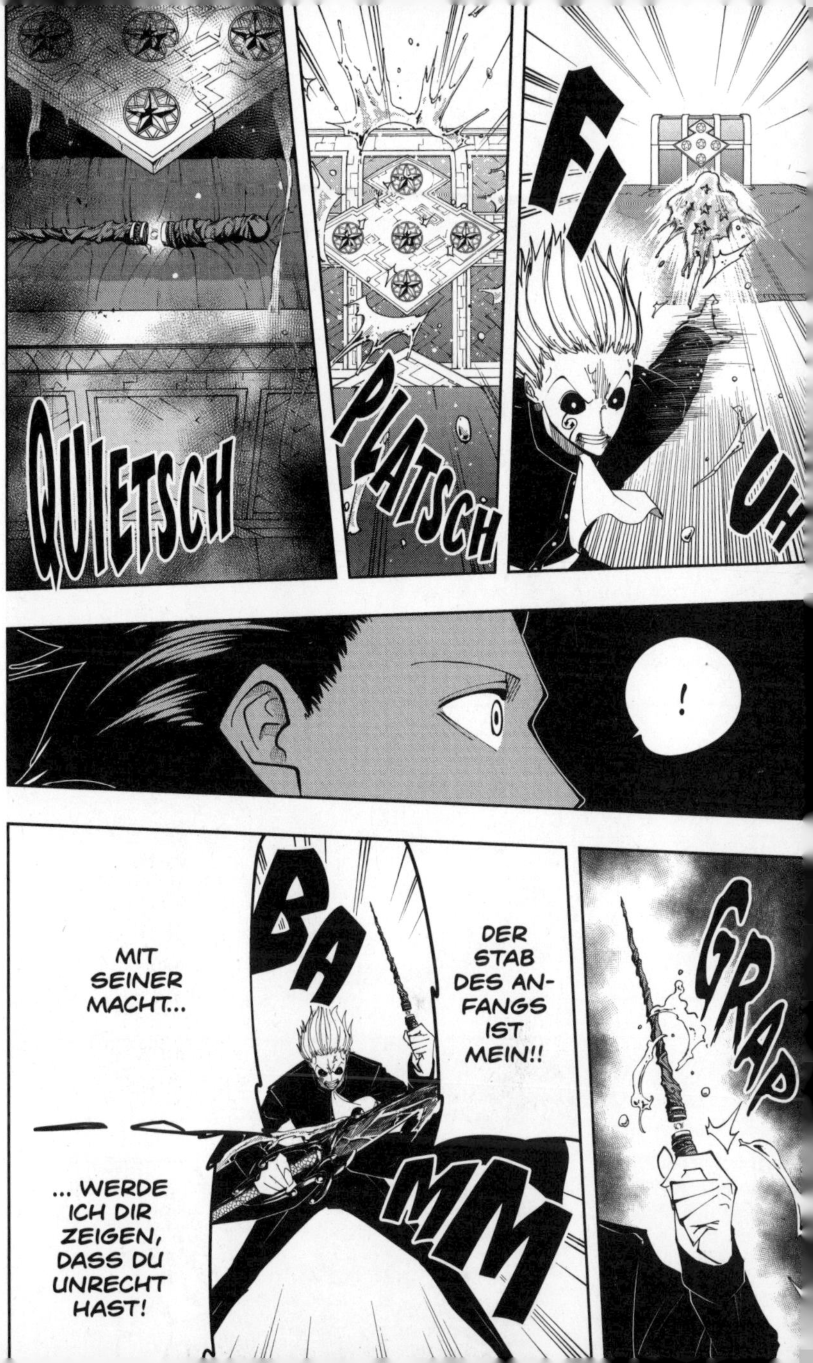
FI
UH
PLATSCH
QUIETSCH
!
GRAP
DER STAB DES AN-FANGS IST MEIN!!
BAMM
MIT SEINER MACHT...
... WERDE ICH DIR ZEIGEN, DASS DU UNRECHT HAST!

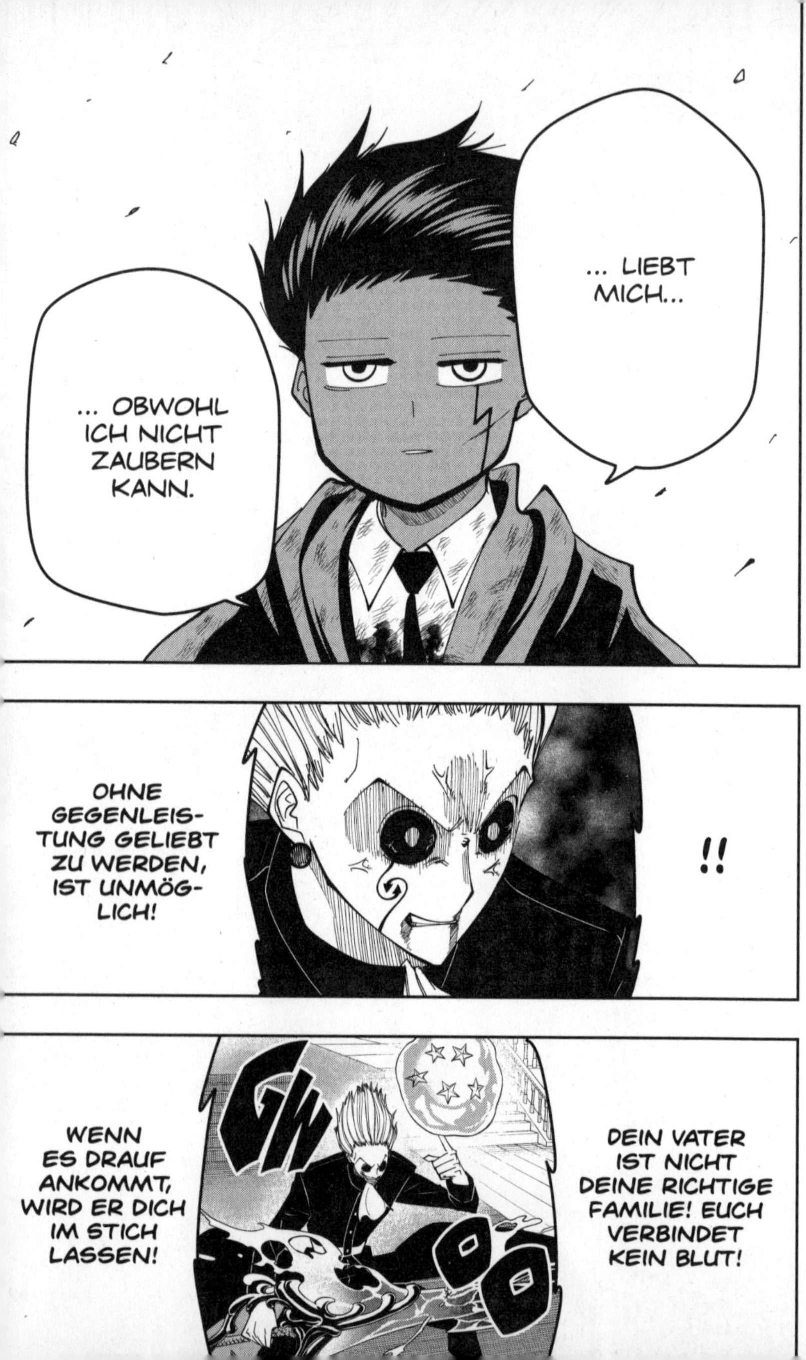
... LIEBT MICH...
... OBWOHL ICH NICHT ZAUBERN KANN.
!!
OHNE GEGENLEIS-TUNG GELIEBT ZU WERDEN, IST UNMÖG-LICH!
DEIN VATER IST NICHT DEINE RICHTIGE FAMILIE! EUCH VERBINDET KEIN BLUT!
GW
WENN ES DRAUF ANKOMMT, WIRD ER DICH IM STICH LASSEN!

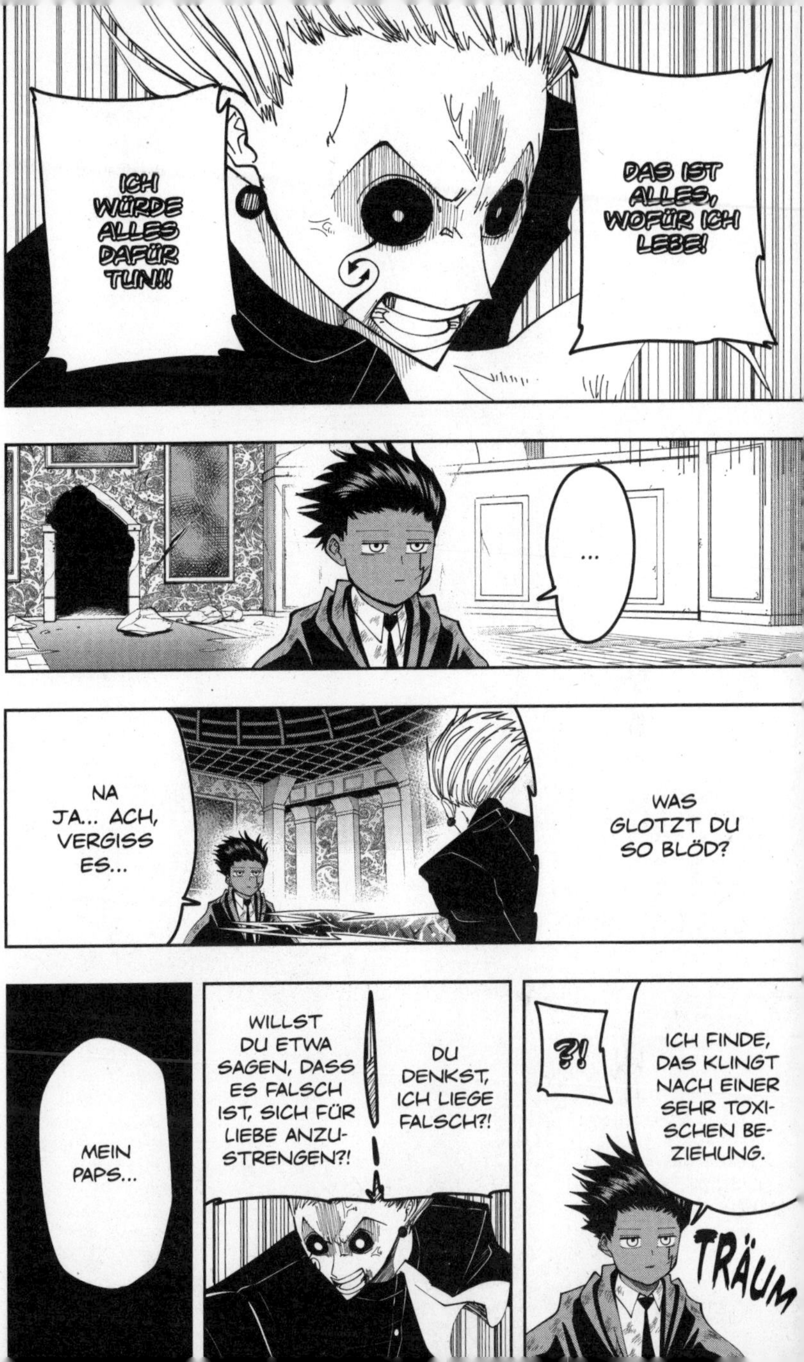
DAS IST ALLES, WOFÜR ICH LEBE!
ICH WÜRDE ALLES DAFÜR TUN!!
...
WAS GLOTZT DU SO BLÖD?
NA JA... ACH, VERGISS ES...
ICH FINDE, DAS KLINGT NACH EINER SEHR TOXI-SCHEN BE-ZIEHUNG.
TRÄUM
?!
DU DENKST, ICH LIEGE FALSCH?!
WILLST DU ETWA SAGEN, DASS ES FALSCH IST, SICH FÜR LIEBE ANZU-STRENGEN?!
MEIN PAPS...

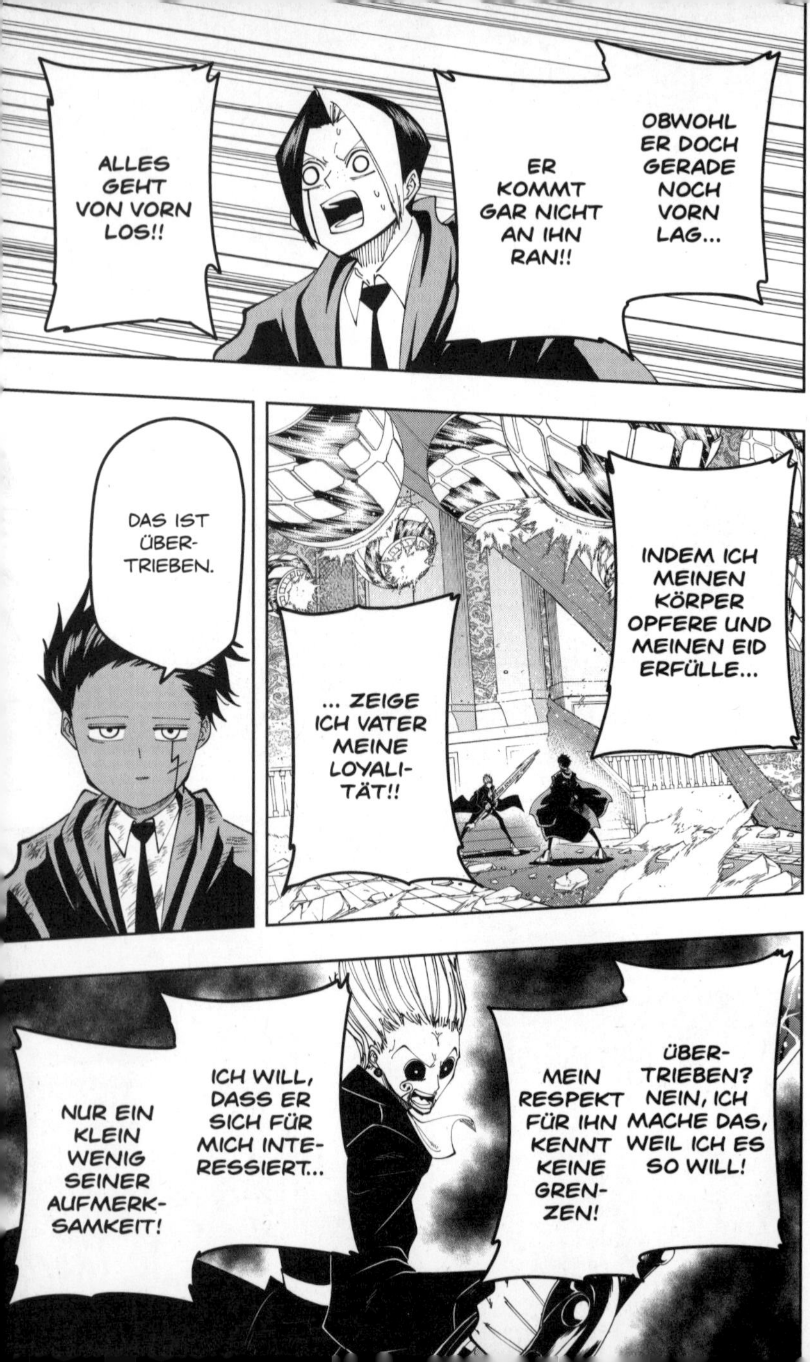
OBWOHL ER DOCH GERADE NOCH VORN LAG...
ER KOMMT GAR NICHT AN IHN RAN!!
ALLES GEHT VON VORN LOS!!
INDEM ICH MEINEN KÖRPER OPFERE UND MEINEN EID ERFÜLLE...
... ZEIGE ICH VATER MEINE LOYALITÄT!!
DAS IST ÜBERTRIEBEN.
ÜBERTRIEBEN? NEIN, ICH MACHE DAS, WEIL ICH ES SO WILL!
MEIN RESPEKT FÜR IHN KENNT KEINE GRENZEN!
ICH WILL, DASS ER SICH FÜR MICH INTERESSIERT...
NUR EIN KLEIN WENIG SEINER AUFMERKSAMKEIT!

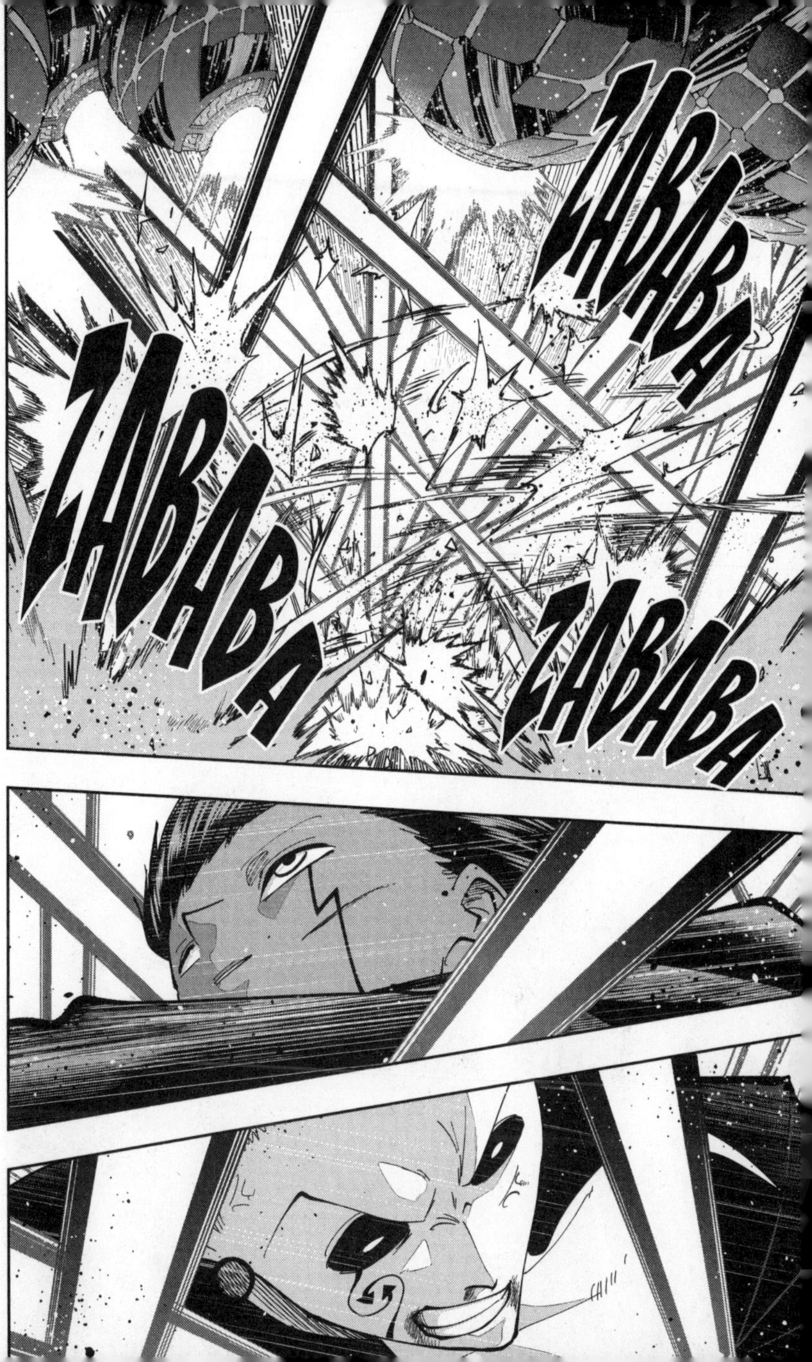
ZABABA
ZABABA
ZABABA

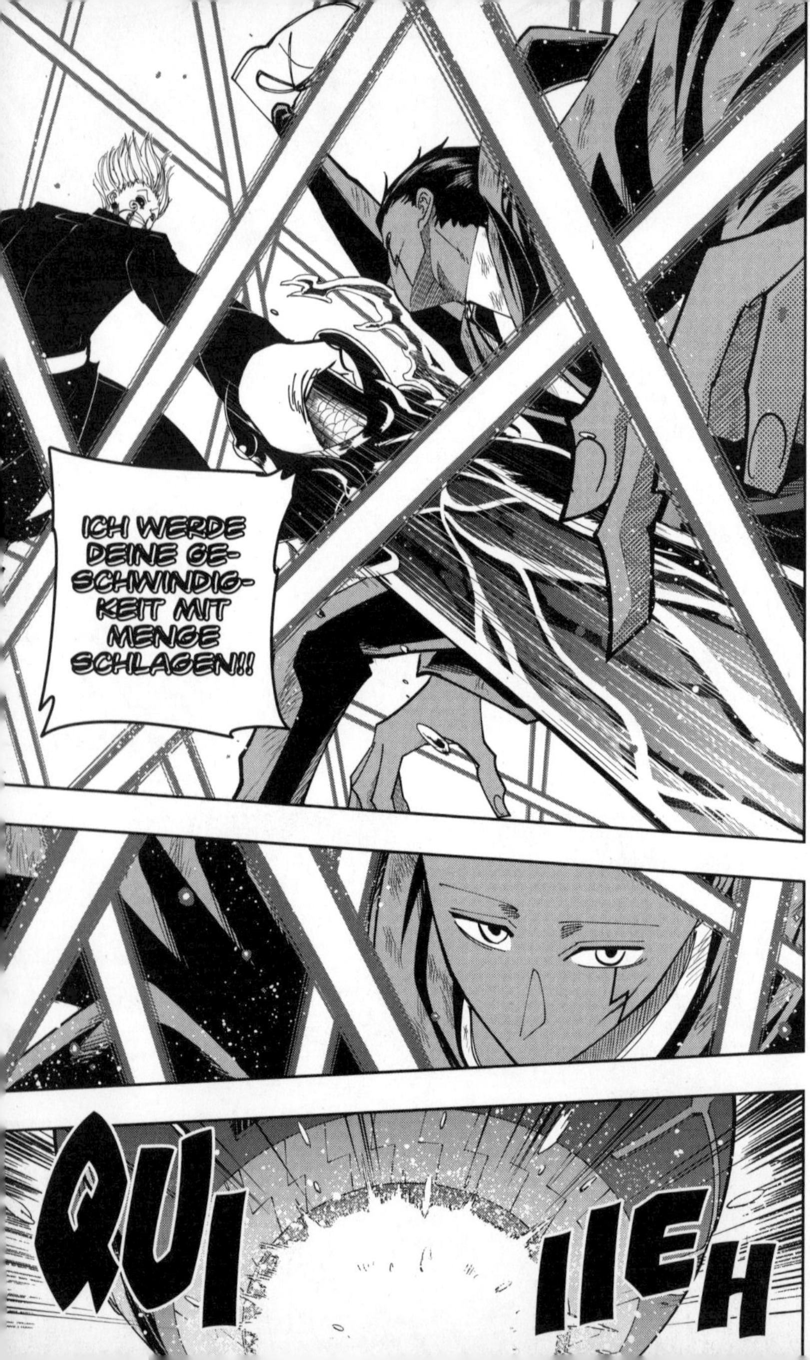
ICH WERDE DEINE GE-SCHWINDIG-KEIT MIT MENGE SCHLAGEN!!
QUI IIEH

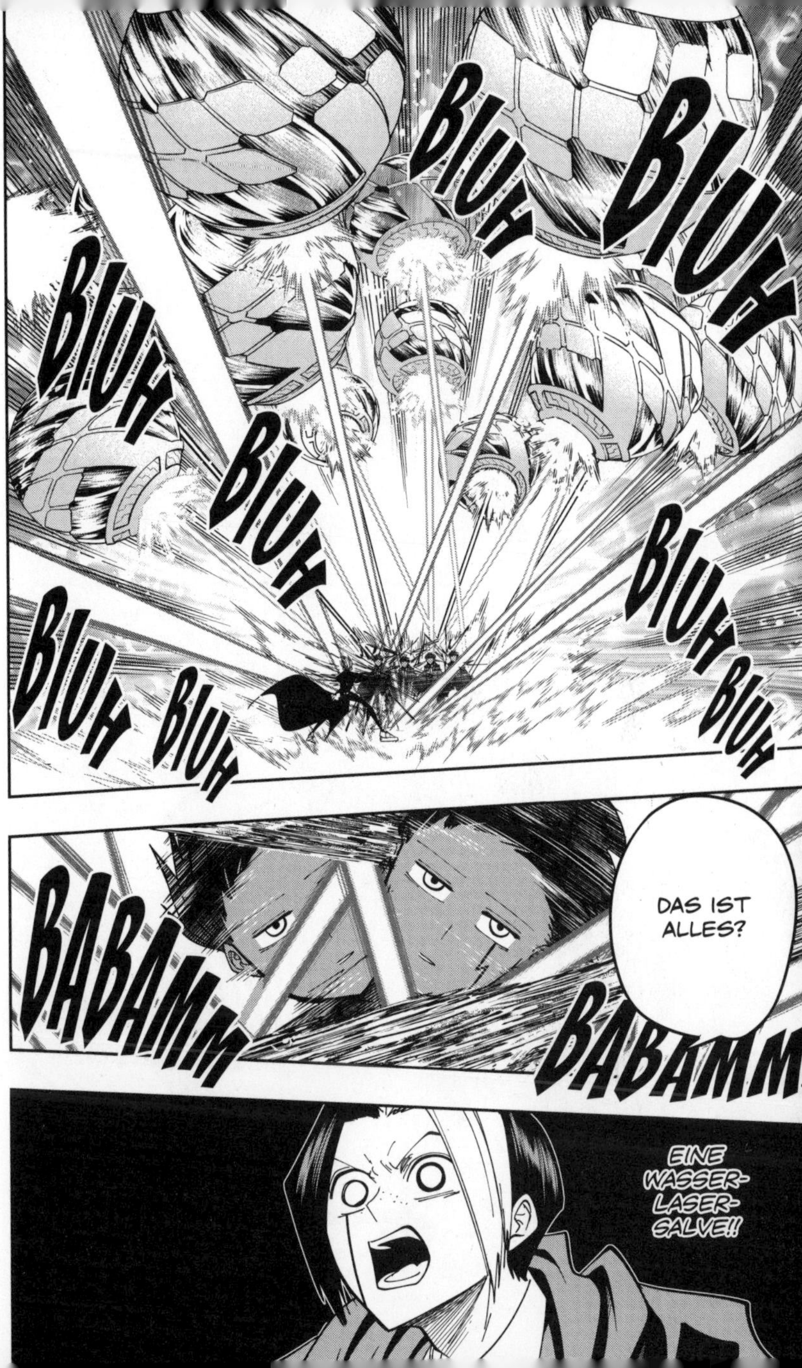
BLUH
BLUH
BLUH
BLUH
BLUH
BLUH
BLUH
BLUH
BLUH
DAS IST ALLES?
BABAMM
BABAMM
EINE WASSER-LASER-SALVE!!

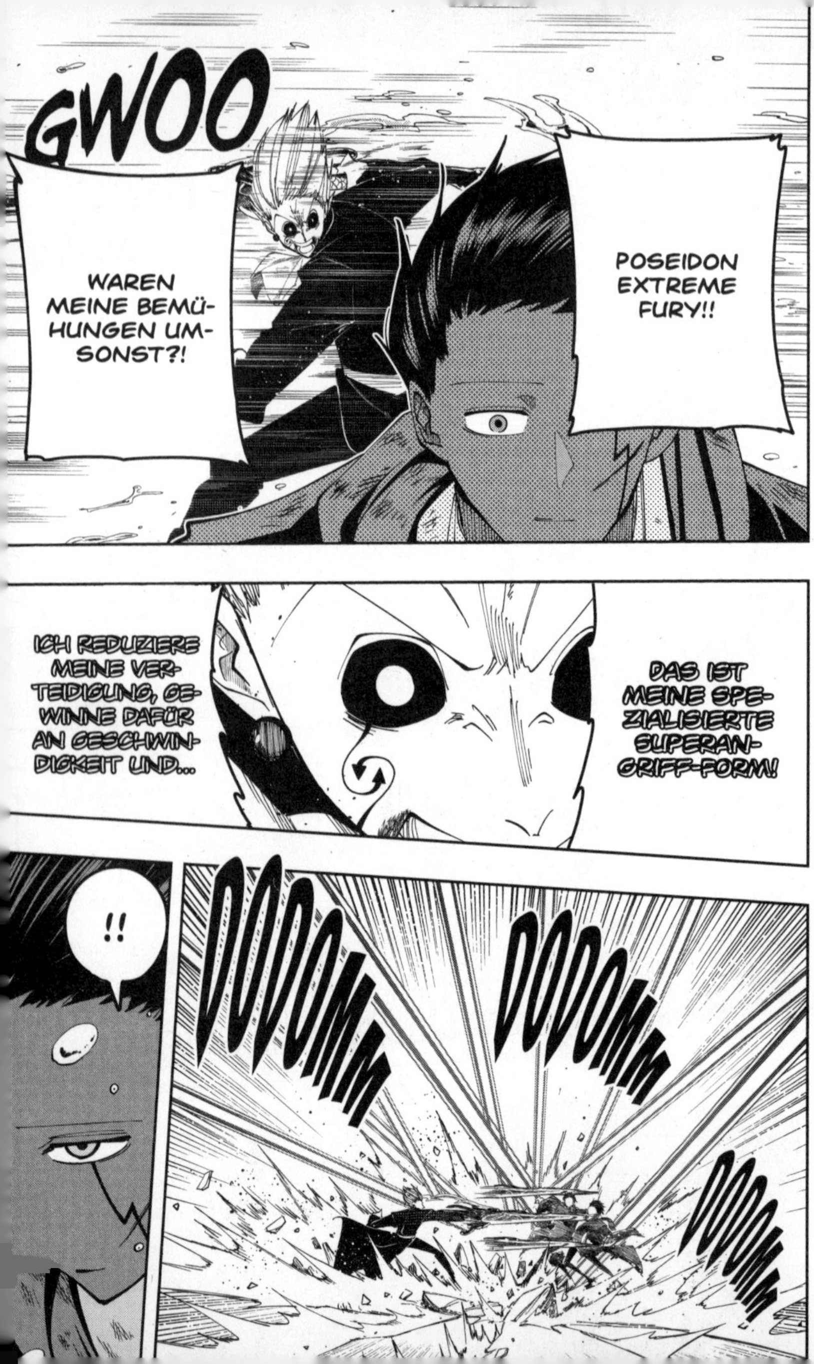
GWOO
POSEIDON EXTREME FURY!!
WAREN MEINE BEMÜHUNGEN UMSONST?!
DAS IST MEINE SPEZIALISIERTE SUPERANGRIFF-FORM!
ICH REDUZIERE MEINE VERTEIDIGUNG, GEWINNE DAFÜR AN GESCHWINDIGKEIT UND...
DOOOMM
DOOOMM
DOOOMM
!!

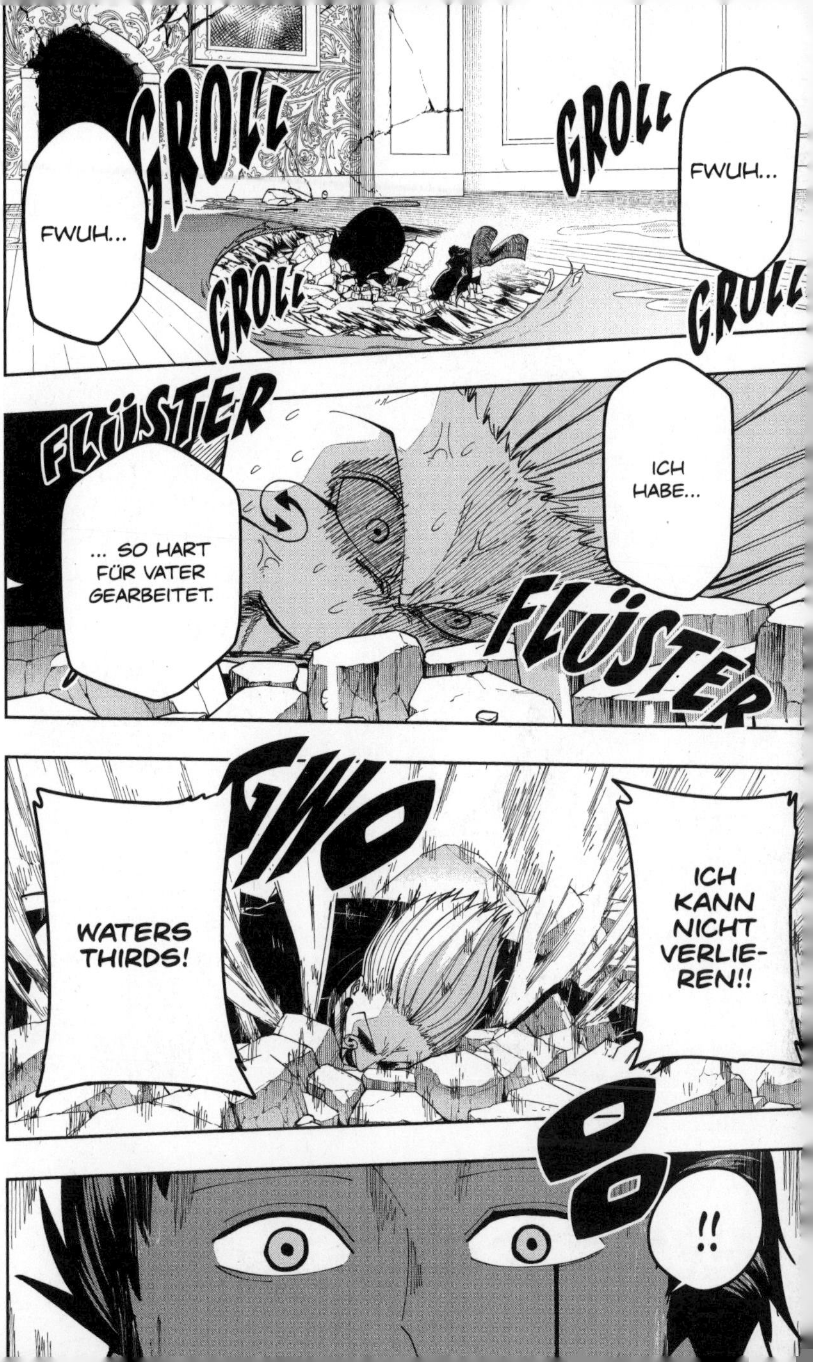
GROLL
FWUH...
GROLL
FWUH...
GROLL
GROLL
FLÜSTER
ICH HABE...
... SO HART FÜR VATER GEARBEITET.
FLÜSTER
ICH KANN NICHT VERLIE-REN!!
WATERS THIRDS!
GWOOO
!!

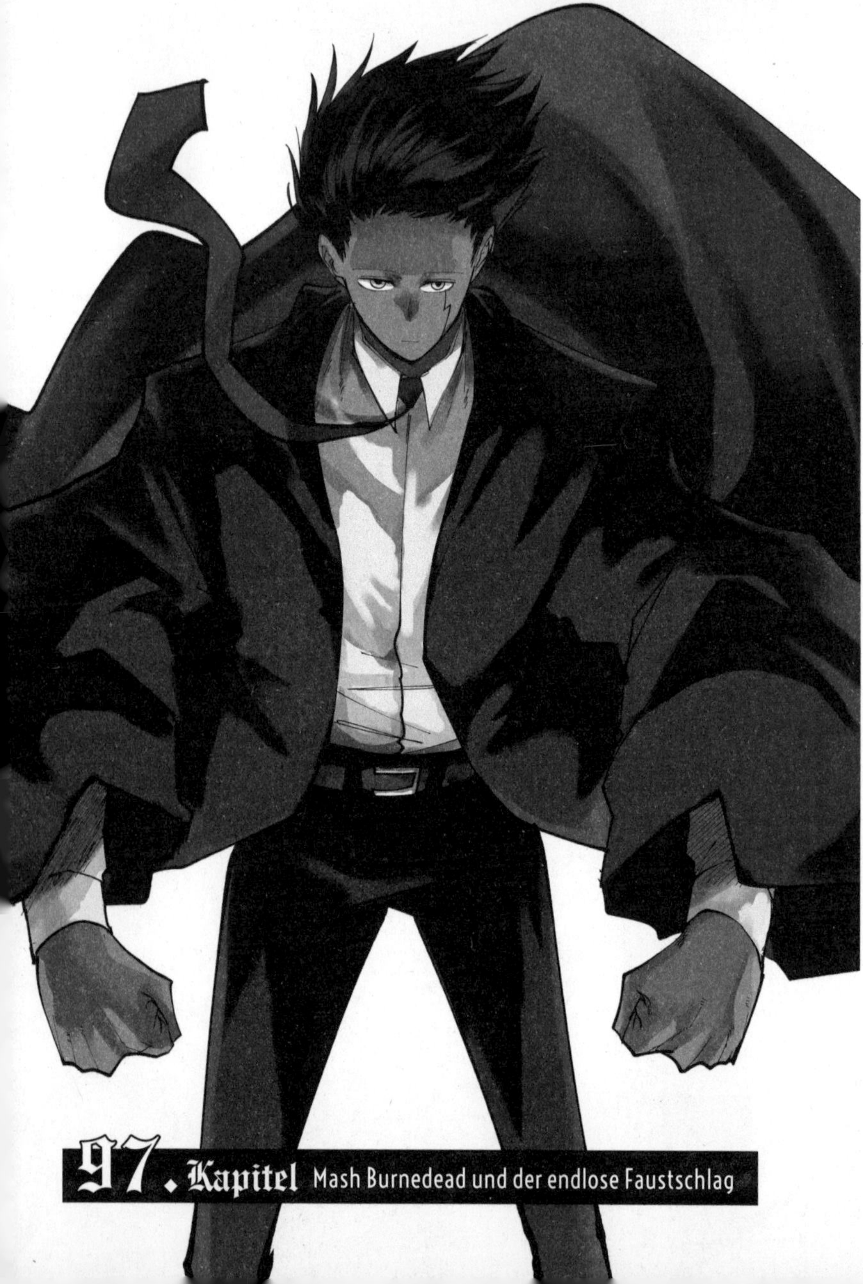

97. Kapitel Mash Burnedead und der endlose Faustschlag

Extra ④

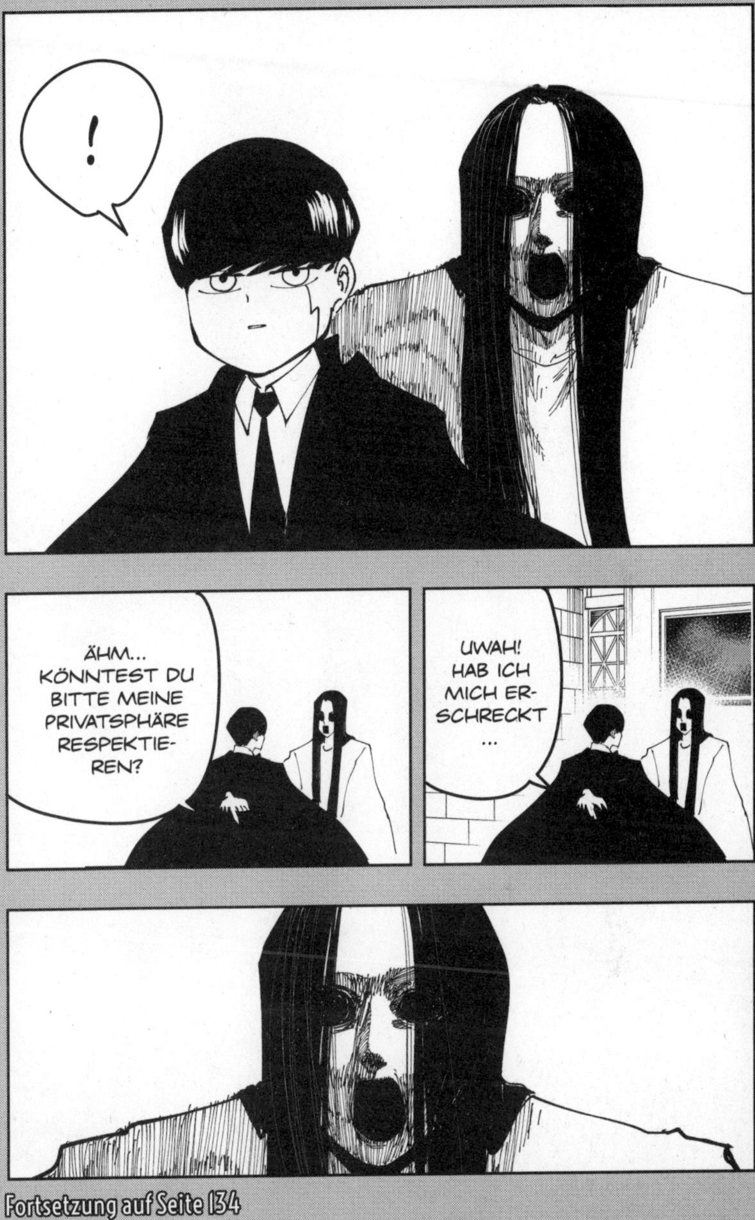

Fortsetzung auf Seite 134

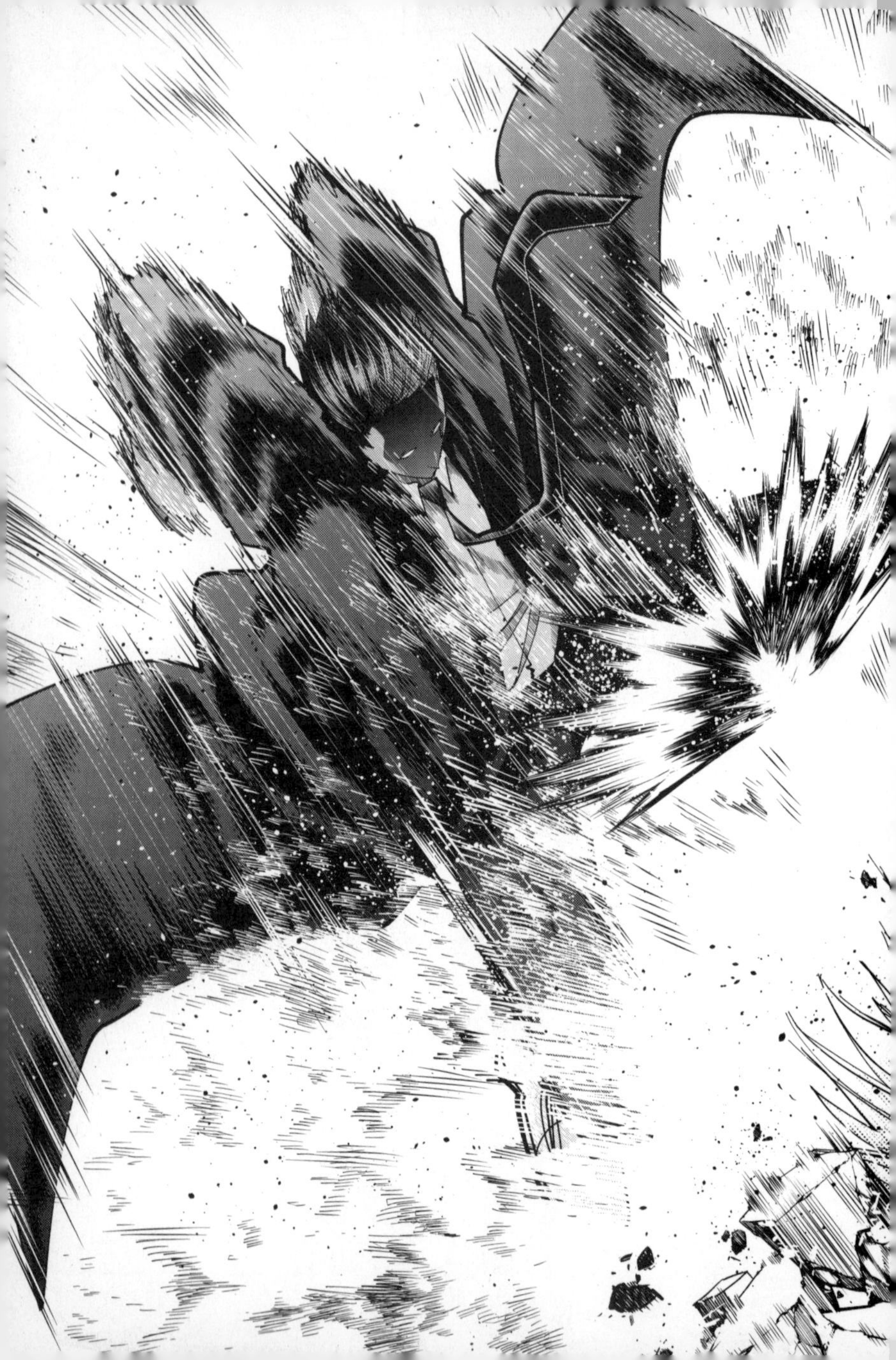

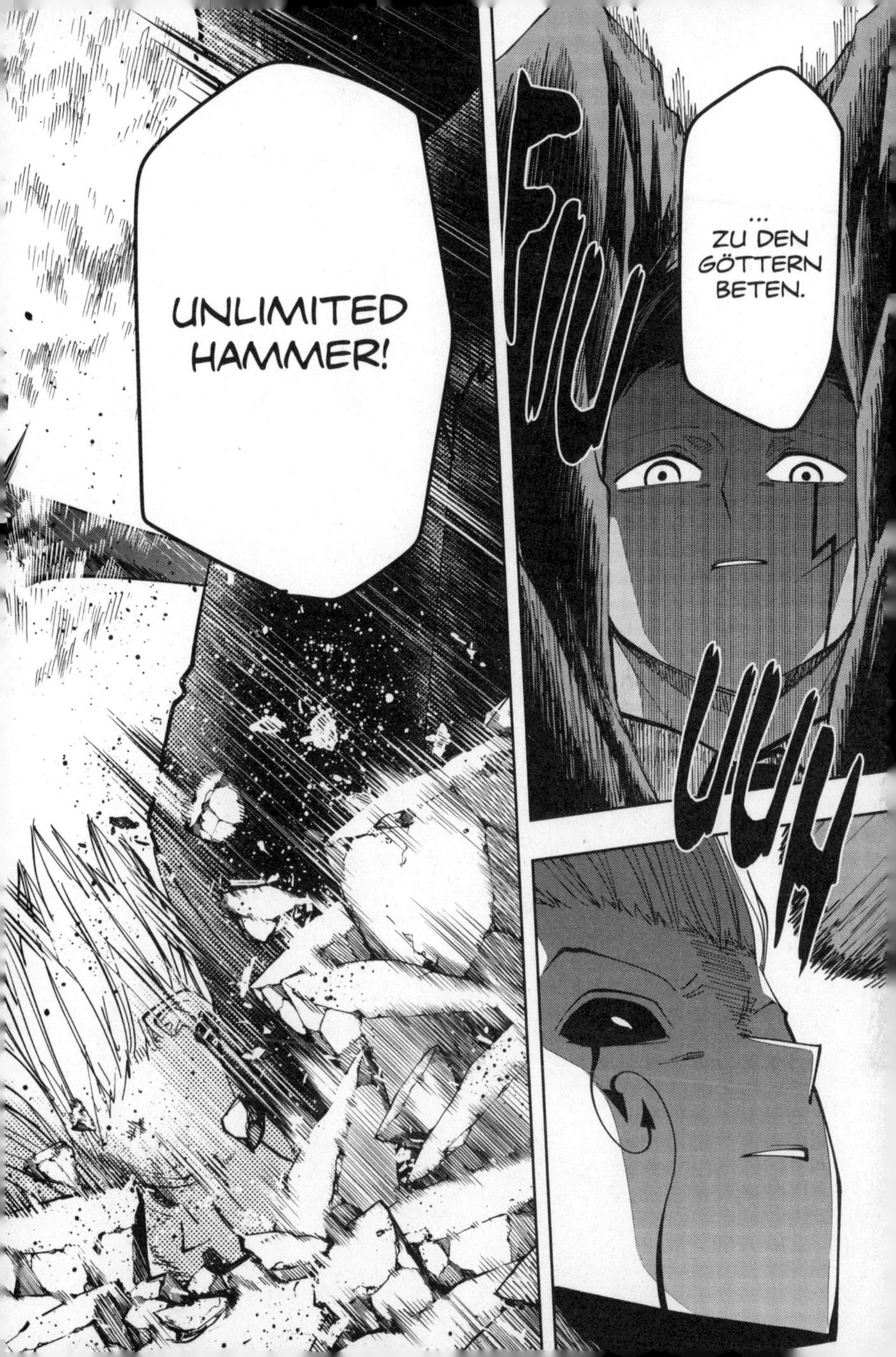
... ZU DEN GÖTTERN BETEN.
UNLIMITED HAMMER!

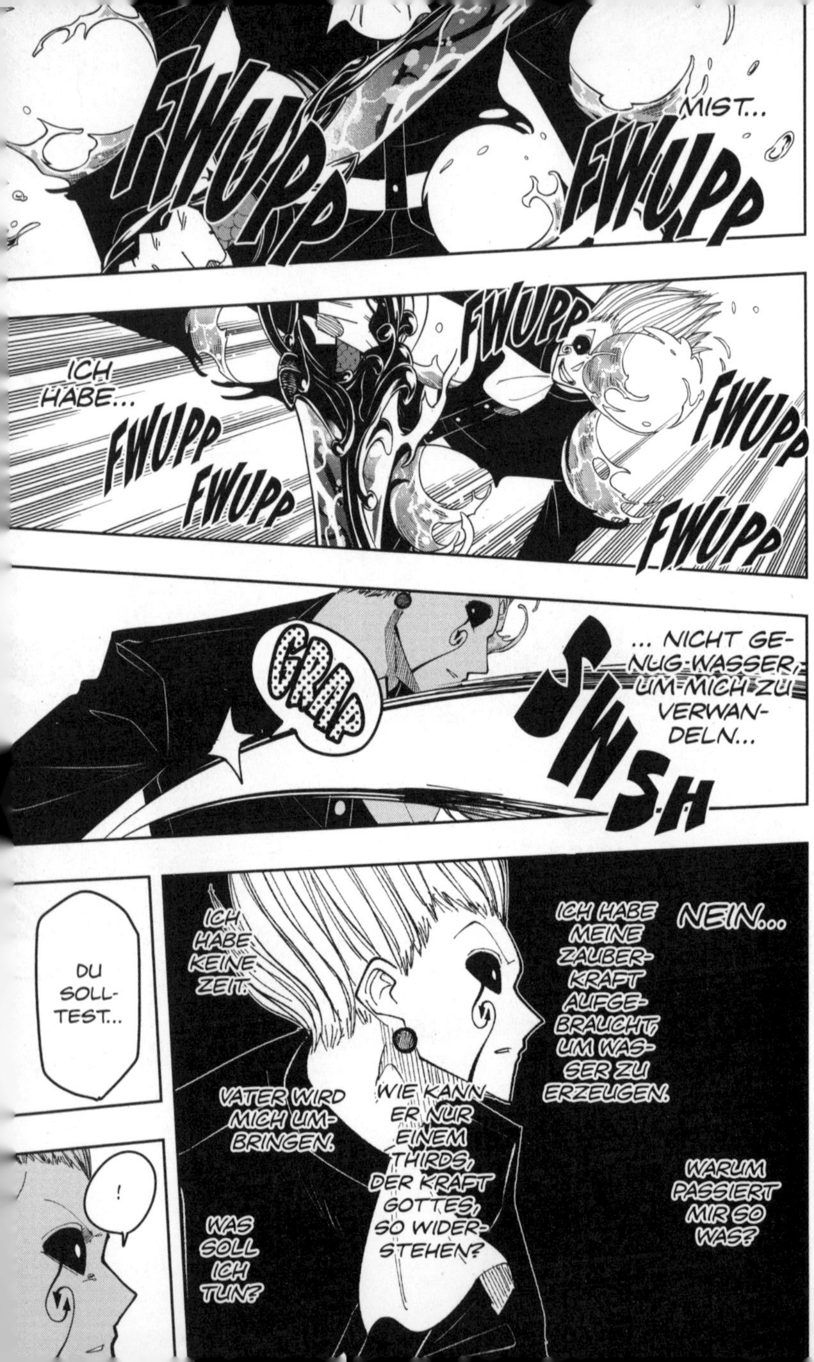

FWUPP
MIST...
FWUPP
FWUPP
FWUPP
FWUPP
ICH HABE...
FWUPP
FWUPP
SWSH
... NICHT GENUG WASSER, UM MICH ZU VERWANDELN...
GRAP
NEIN...
ICH HABE MEINE ZAUBERKRAFT AUFGEBRAUCHT, UM WASSER ZU ERZEUGEN.
WARUM PASSIERT MIR SO WAS?
WIE KANN ER NUR EINEM THIRDS, DER KRAFT GOTTES, SO WIDERSTEHEN?
ICH HABE KEINE ZEIT.
VATER WIRD MICH UMBRINGEN.
WAS SOLL ICH TUN?
DU SOLLTEST...
!

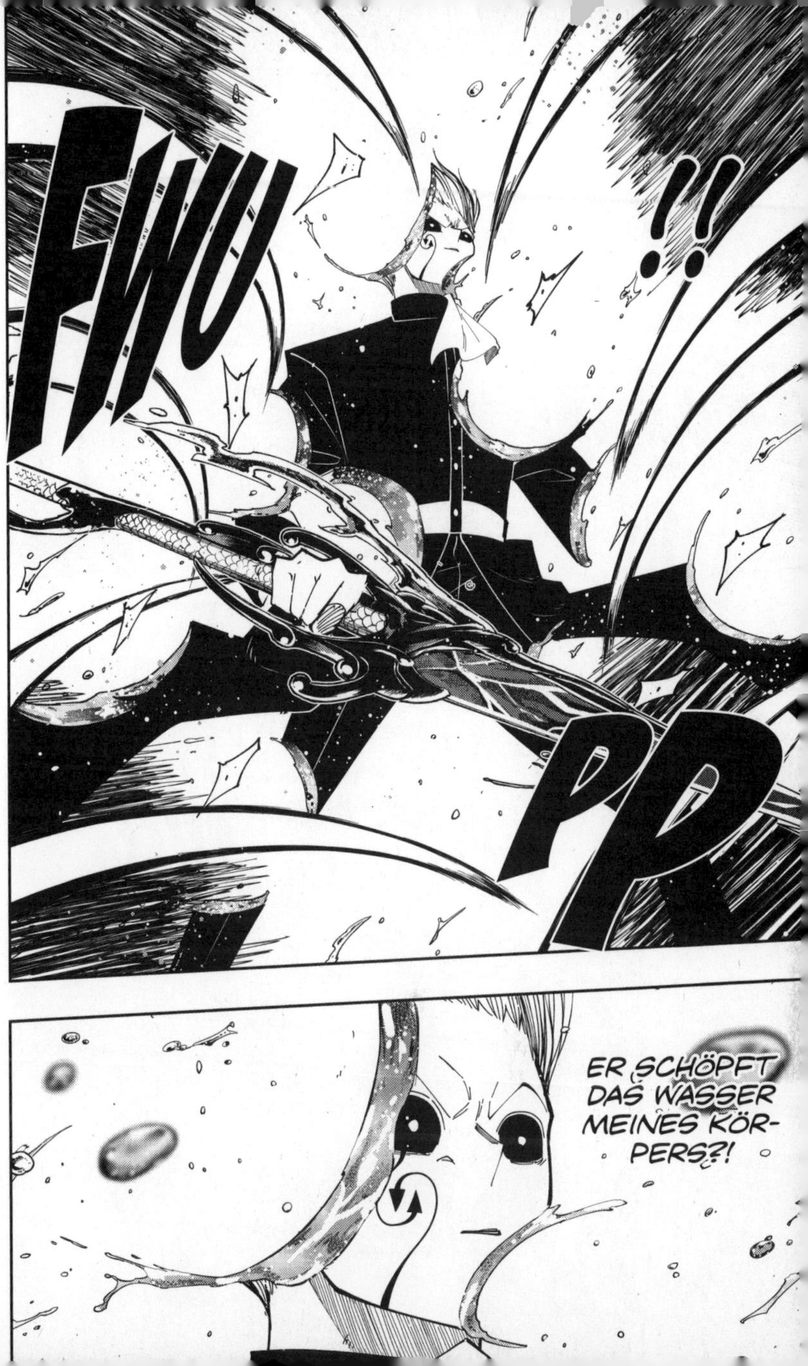
FWU
!?!!
PR
ER SCHÖPFT DAS WASSER MEINES KÖR-PERS?!

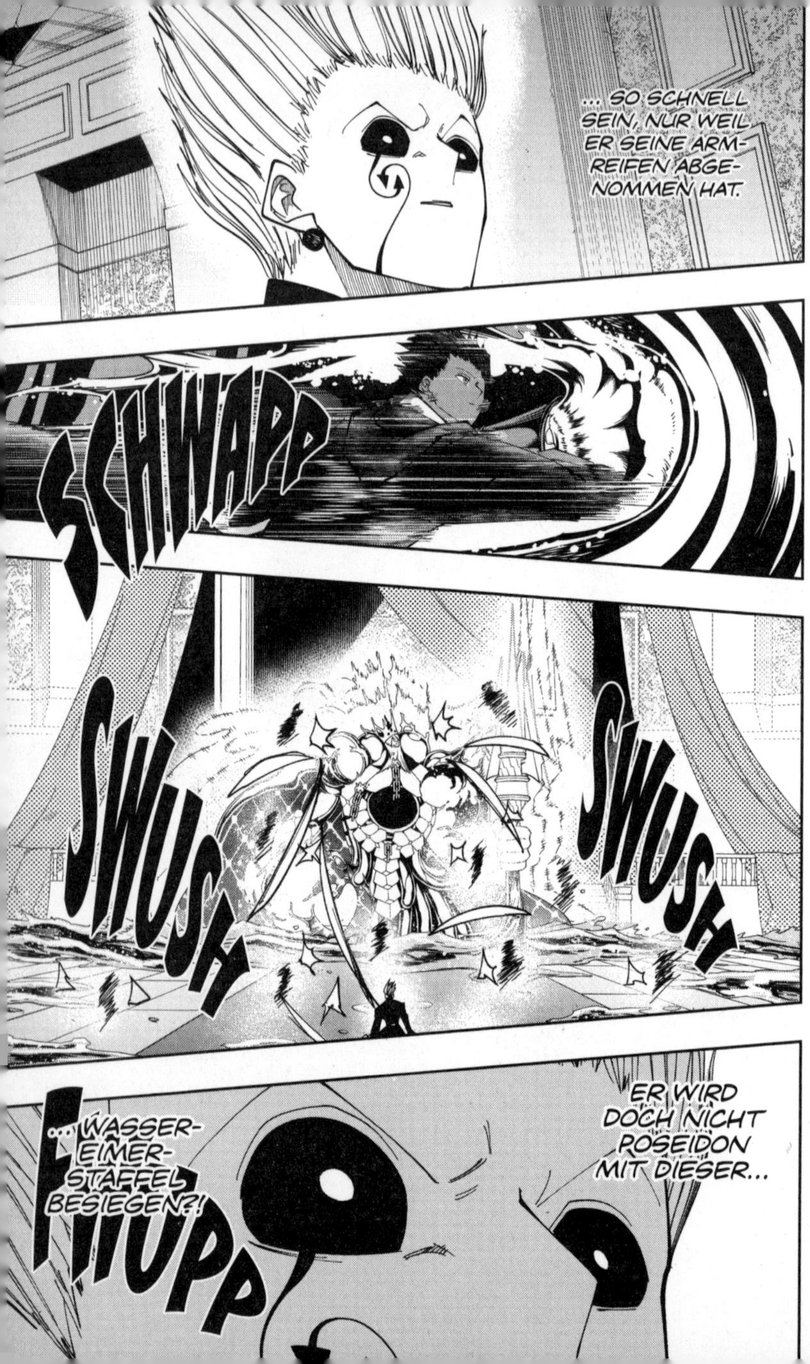
... SO SCHNELL SEIN, NUR WEIL ER SEINE ARM-REIFEN ABGE-NOMMEN HAT.
SCHWAPP
SWUSH
SWUSH
ER WIRD DOCH NICHT POSEIDON MIT DIESER...
... WASSER-EIMER-STAFFEL BESIEGEN?!
FIIIUPP

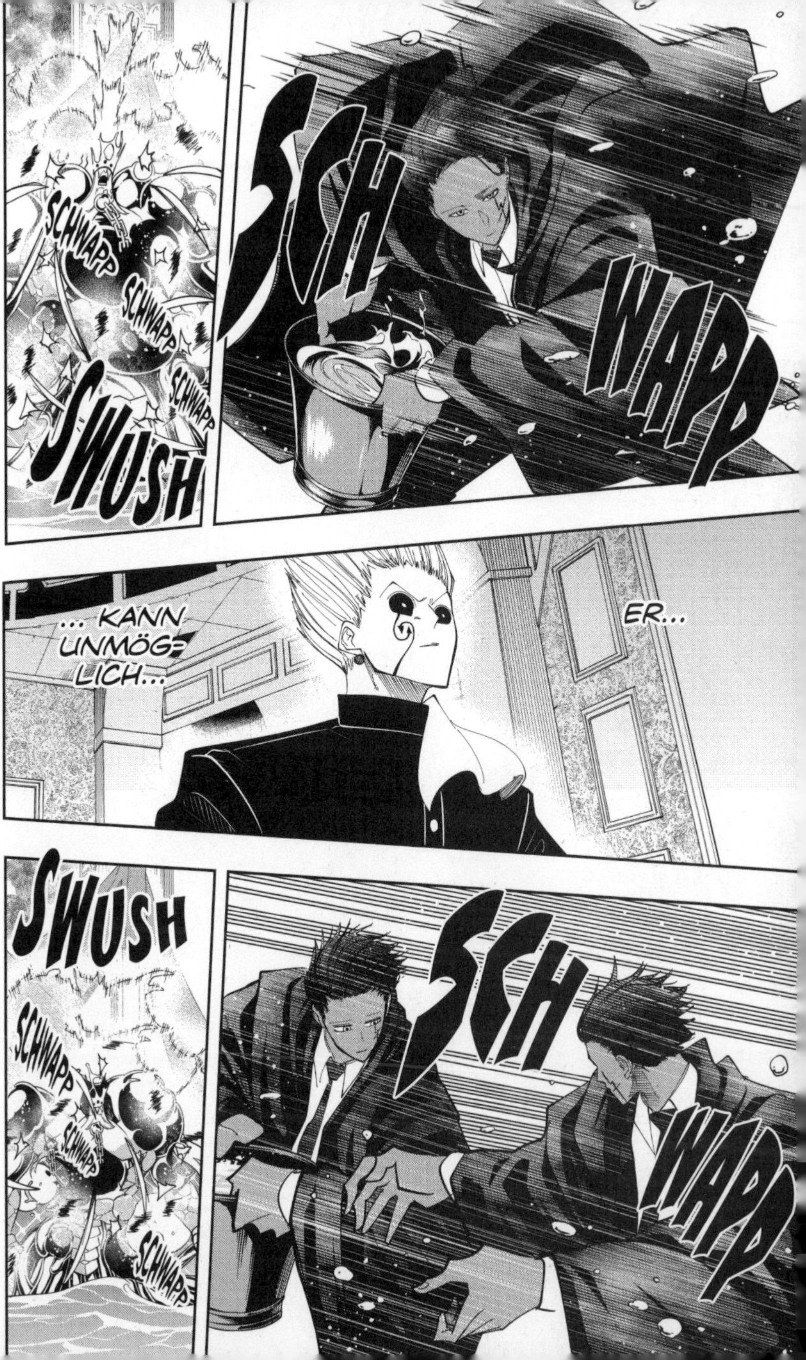
SCH WAPP
SCHWAPP
SCHWAPP
SCHWAPP
SWUSH
ER...
... KANN UNMÖG-LICH...
SCH WAPP
SWUSH
SCHWAPP
SCHWAPP
SCHWAPP

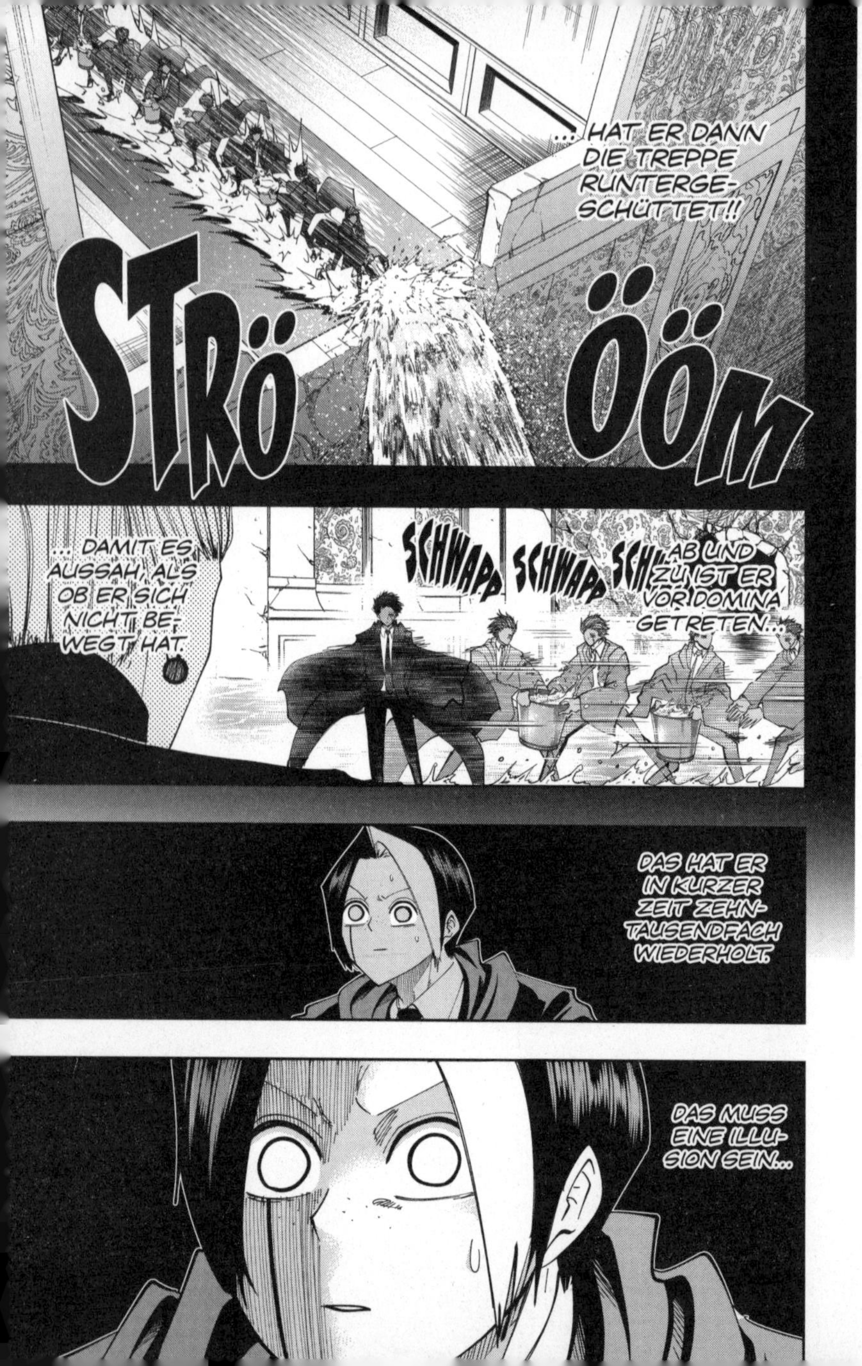
... HAT ER DANN DIE TREPPE RUNTERGESCHÜTTET!!
STRÖ ÖÖM
AB UND ZU IST ER VOR DOMINA GETRETEN...
SCHWAPP SCHWAPP SCH
... DAMIT ES AUSSAH, ALS OB ER SICH NICHT BEWEGT HAT.
DAS HAT ER IN KURZER ZEIT ZEHNTAUSENDFACH WIEDERHOLT.
DAS MUSS EINE ILLUSION SEIN...

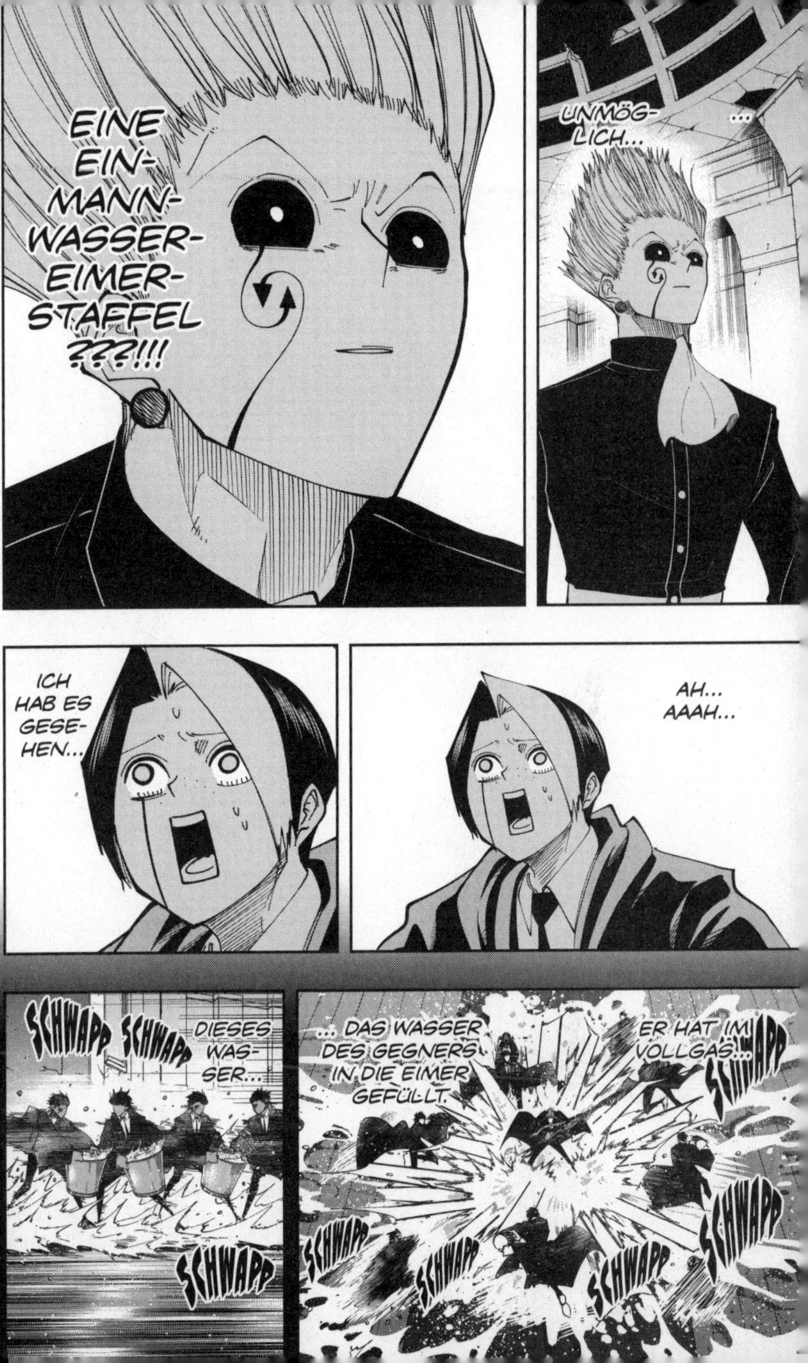
...
UNMÖG-LICH...
EINE EIN-MANN-WASSER-EIMER-STAFFEL???!!!
AH... AAAH...
ICH HAB ES GESE-HEN...
ER HAT IM VOLLGAS...
... DAS WASSER DES GEGNERS IN DIE EIMER GEFÜLLT.
SCHWAPP
SCHWAPP
SCHWAPP
SCHWAPP
DIESES WAS-SER...
SCHWAPP
SCHWAPP
SCHWAPP

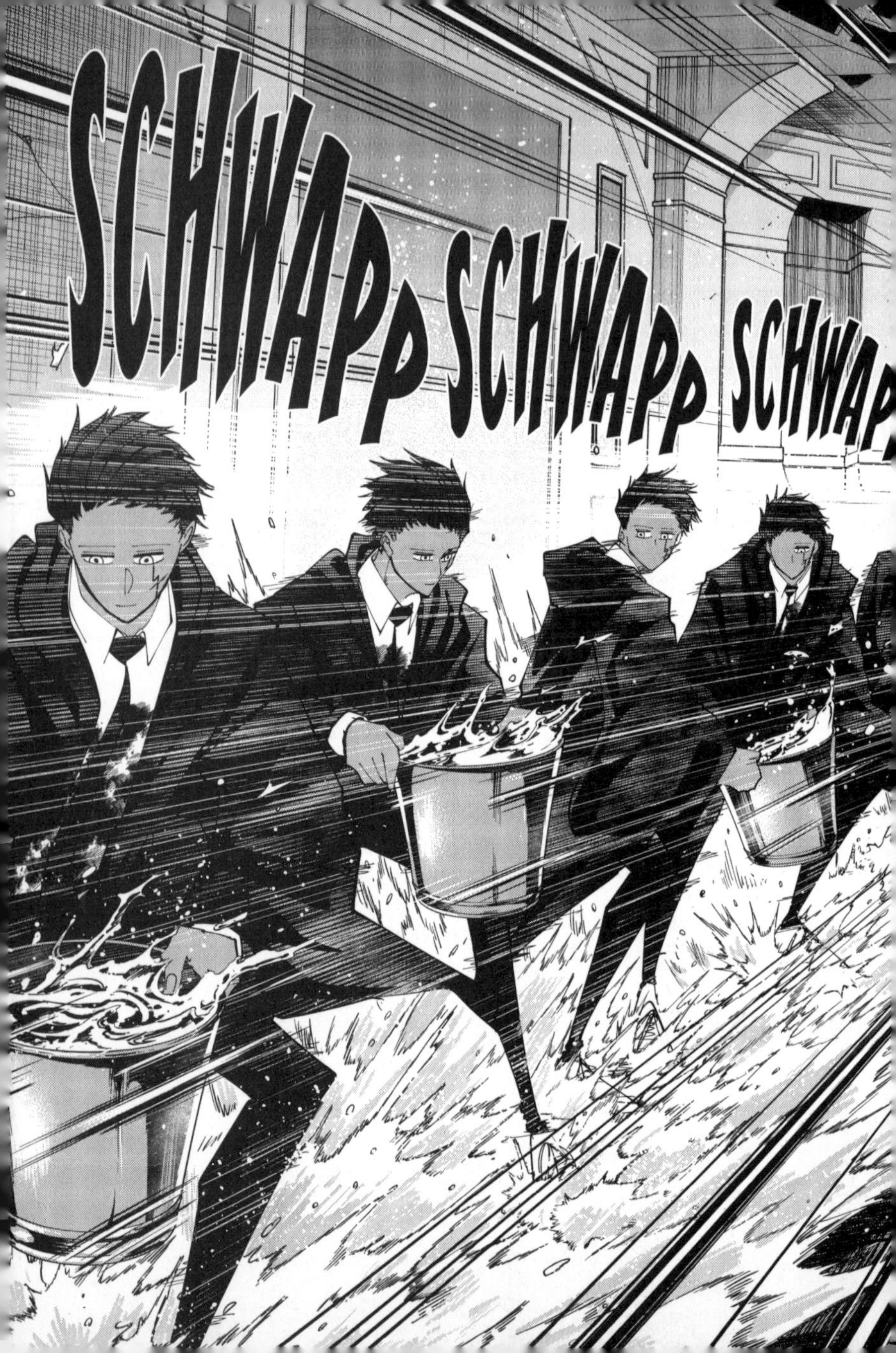
SCHWAPP
SCHWAPP
SCHWAP

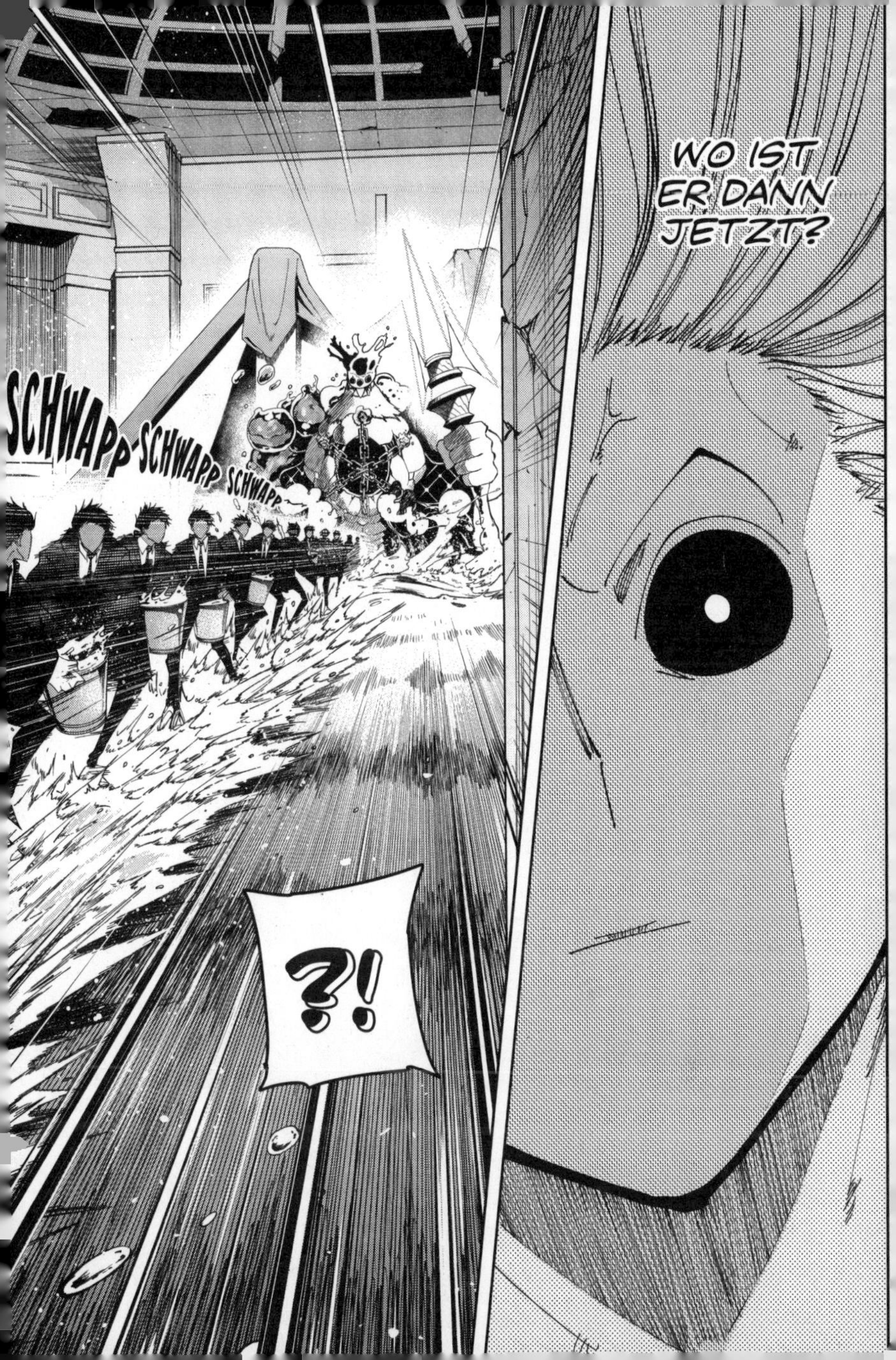
WO IST
ER DANN
JETZT?
SCHWAPP SCHWAPP SCHWAPP
?!

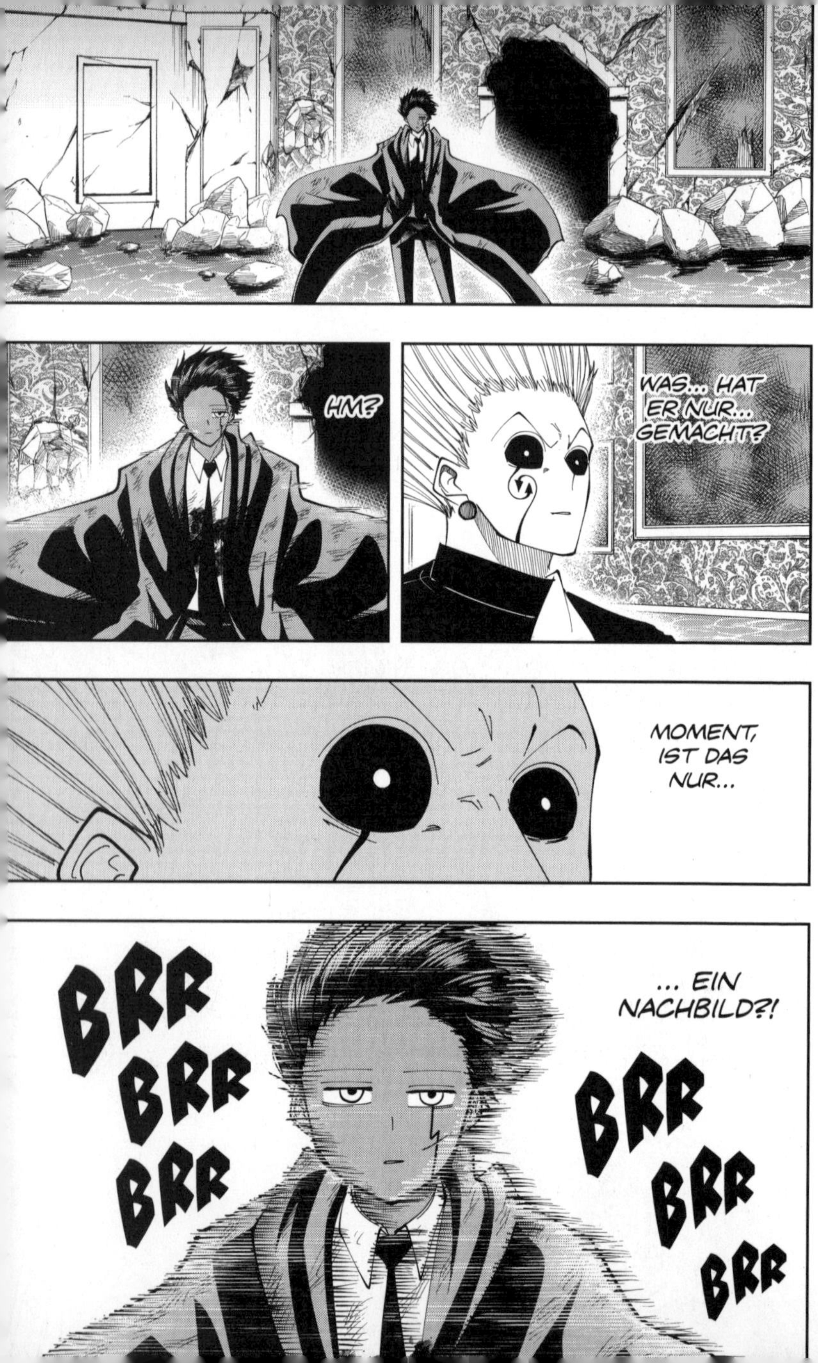
WAS... HAT ER NUR... GEMACHT?
HM?
MOMENT, IST DAS NUR...
... EIN NACHBILD?!
BRR BRR BRR
BRR BRR BRR

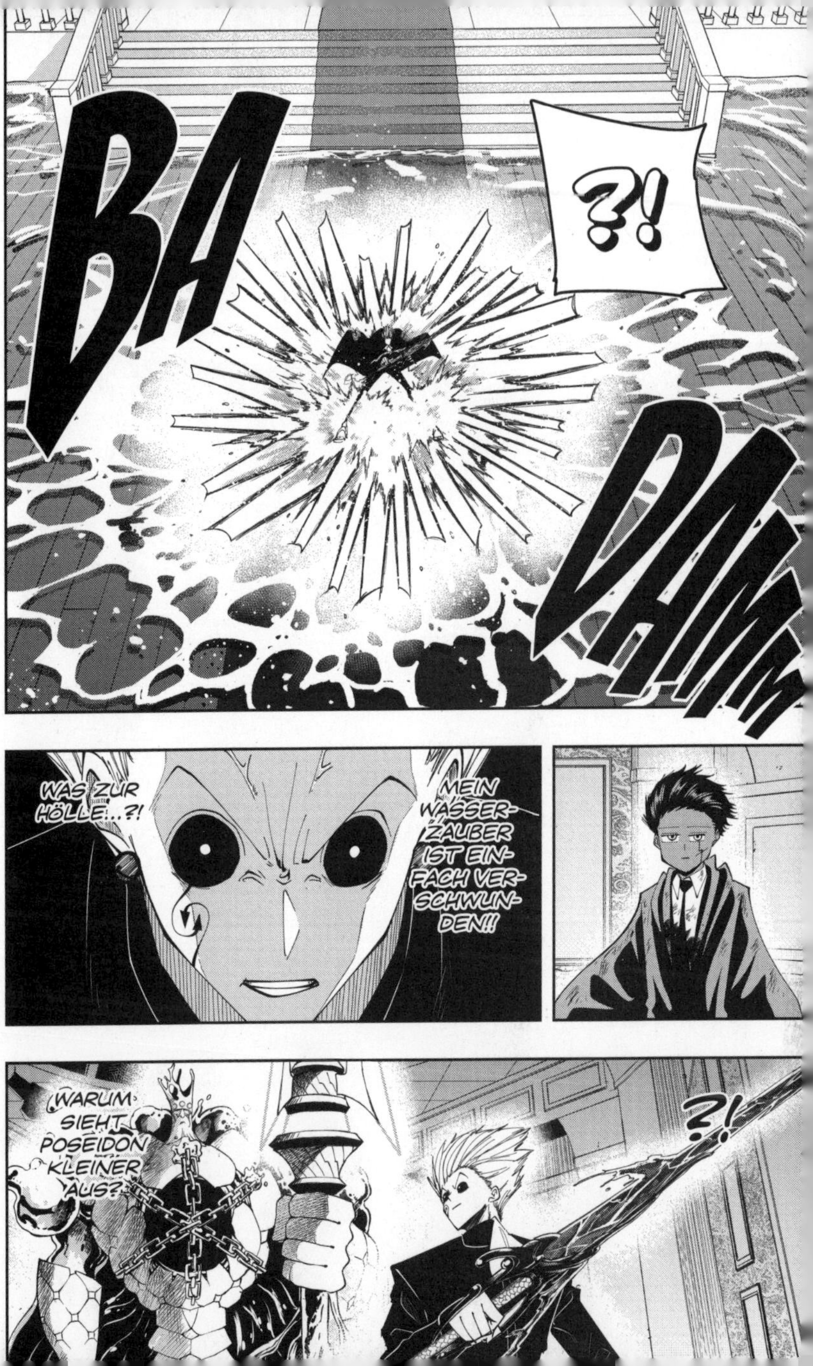
BA
DAM
?!
WAS ZUR HÖLLE...?!
MEIN WASSER-ZAUBER IST EIN-FACH VER-SCHWUN-DEN!!
WARUM SIEHT POSEIDON KLEINER AUS?
?!

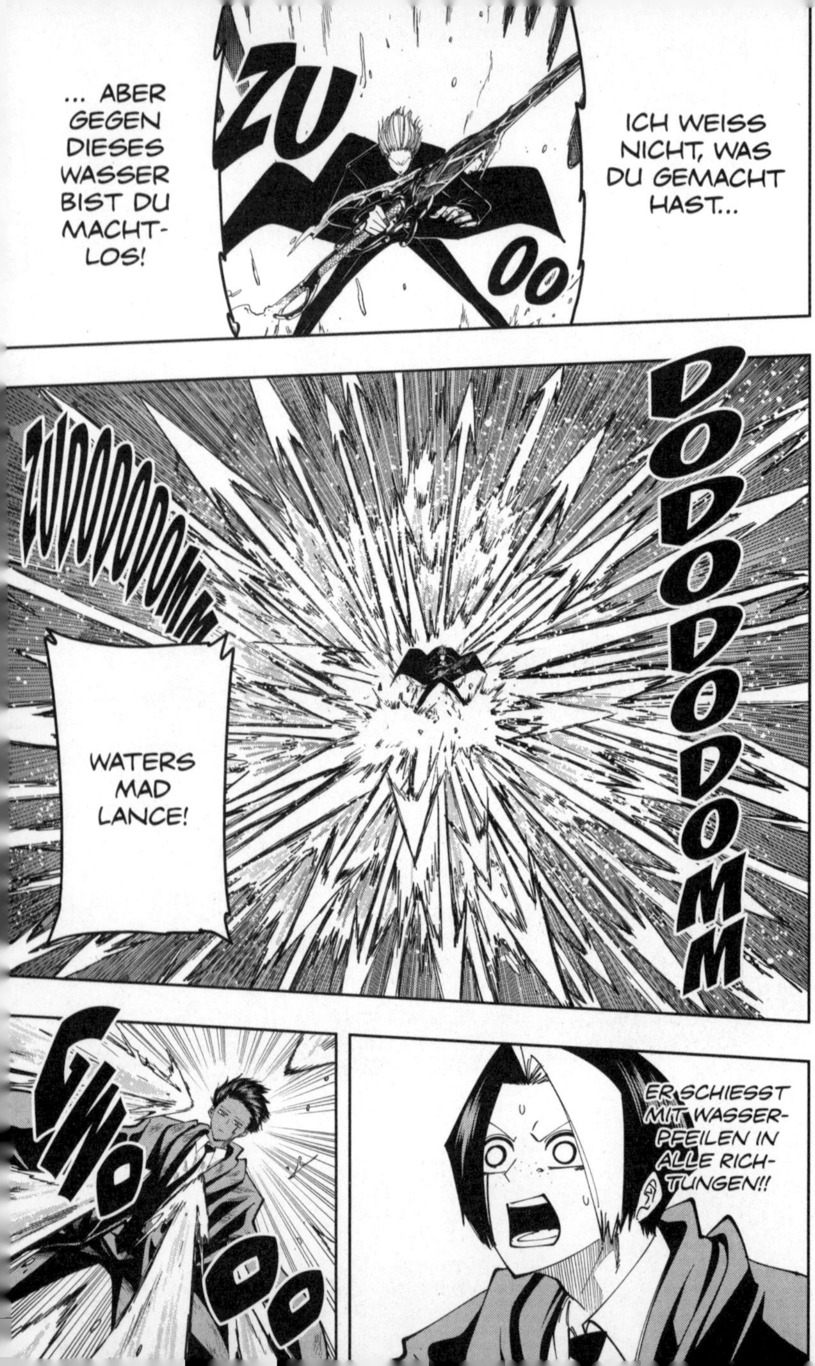
ICH WEISS NICHT, WAS DU GEMACHT HAST...
... ABER GEGEN DIESES WASSER BIST DU MACHT-LOS!
ZUOO
DODODODOMM
ZUDOOOOOMM
WATERS MAD LANCE!
ER SCHIESST MIT WASSER-PFEILEN IN ALLE RICH-TUNGEN!!
GWOOOO

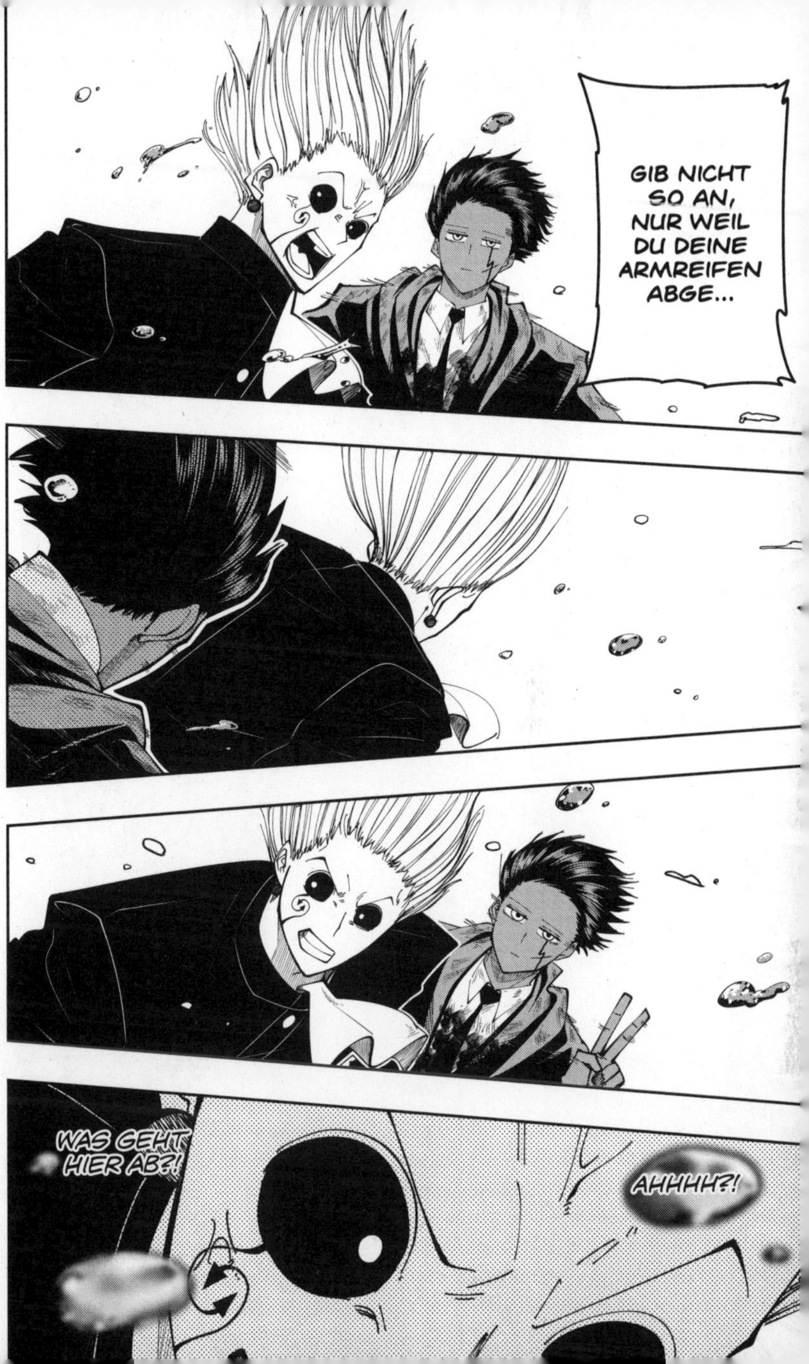
GIB NICHT SO AN, NUR WEIL DU DEINE ARMREIFEN ABGE...
WAS GEHT HIER AB?!
AHHHH?!

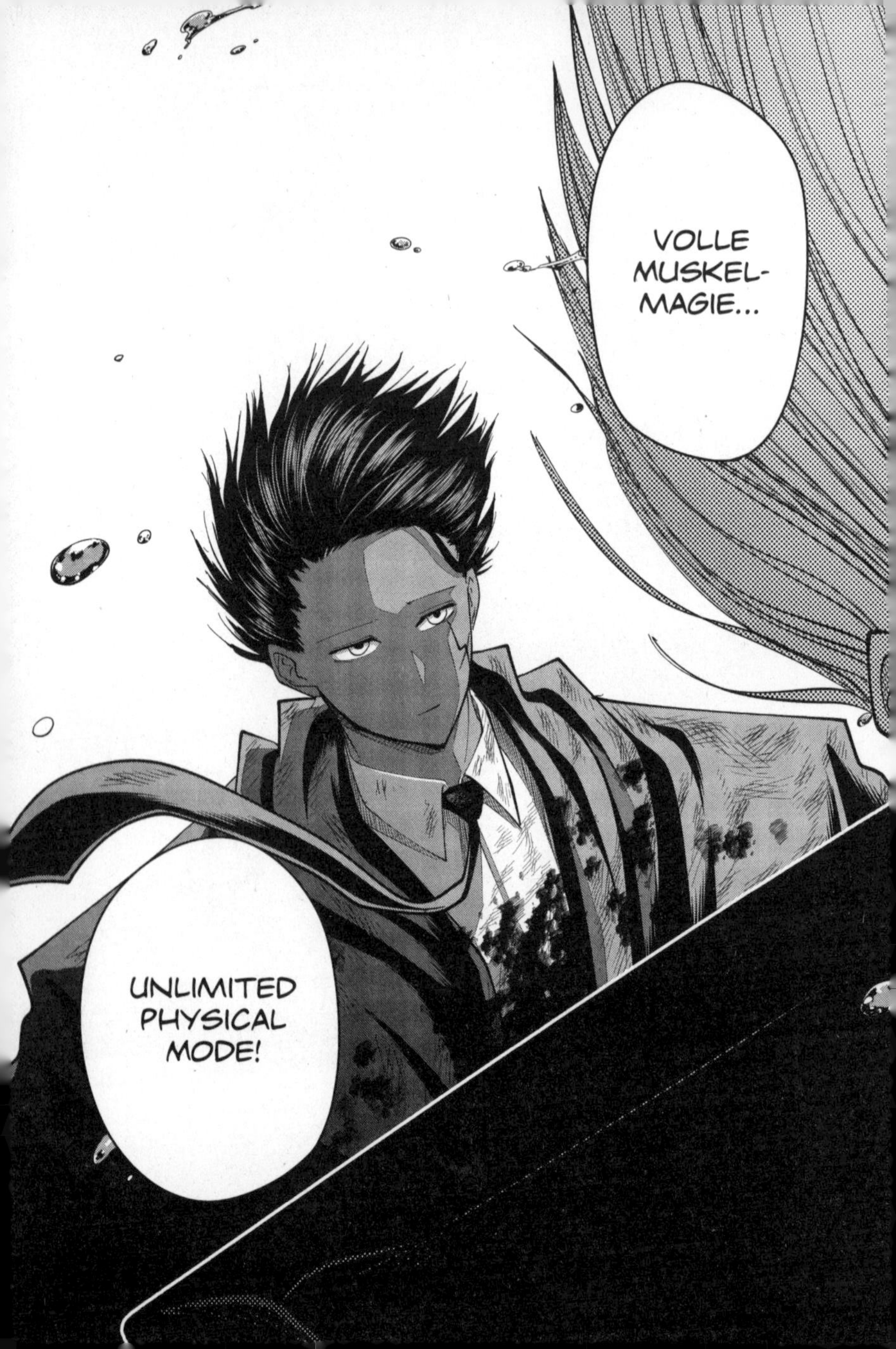
VOLLE MUSKEL-MAGIE...
UNLIMITED PHYSICAL MODE!

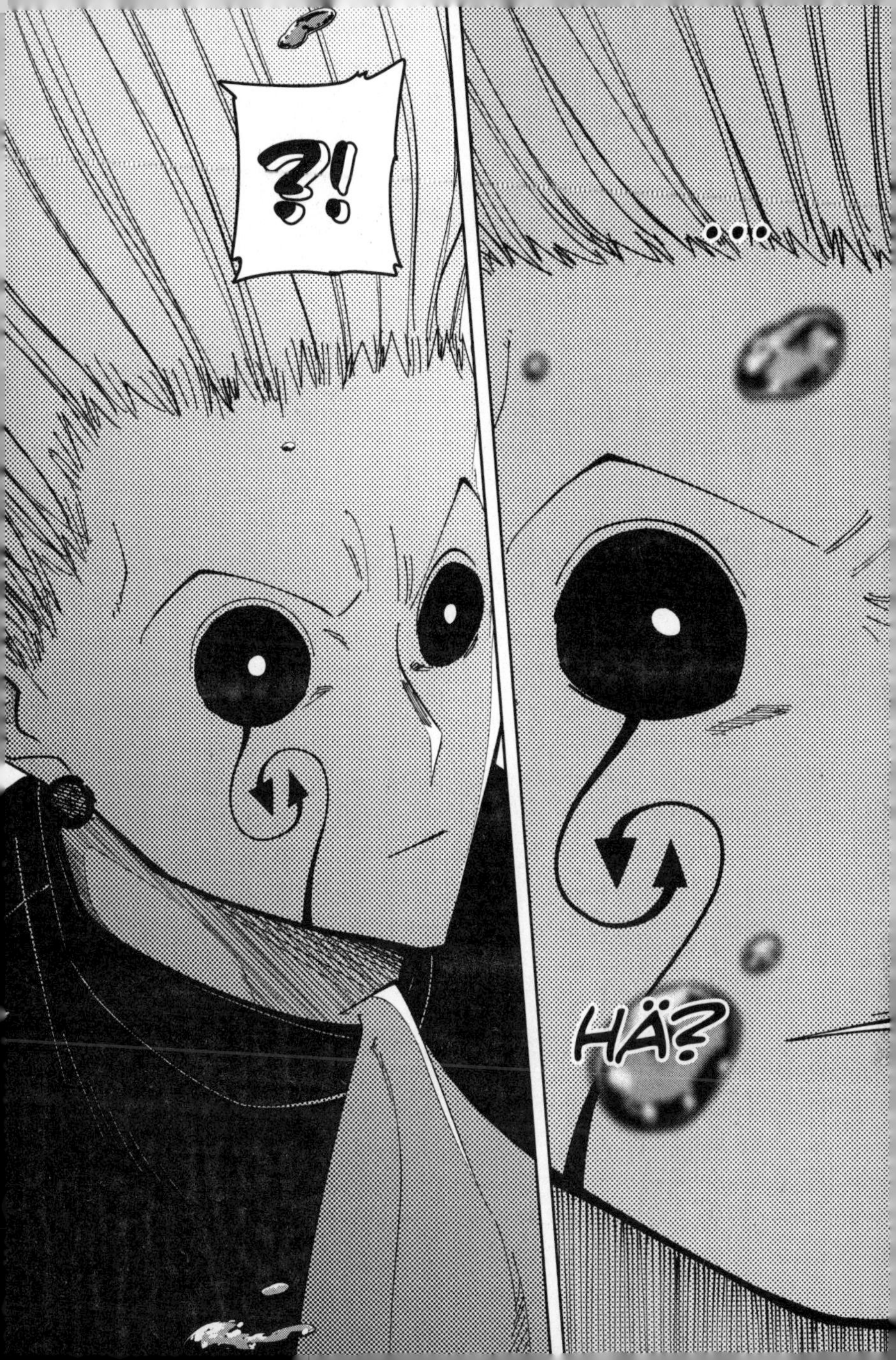
...
HÄ?
?!

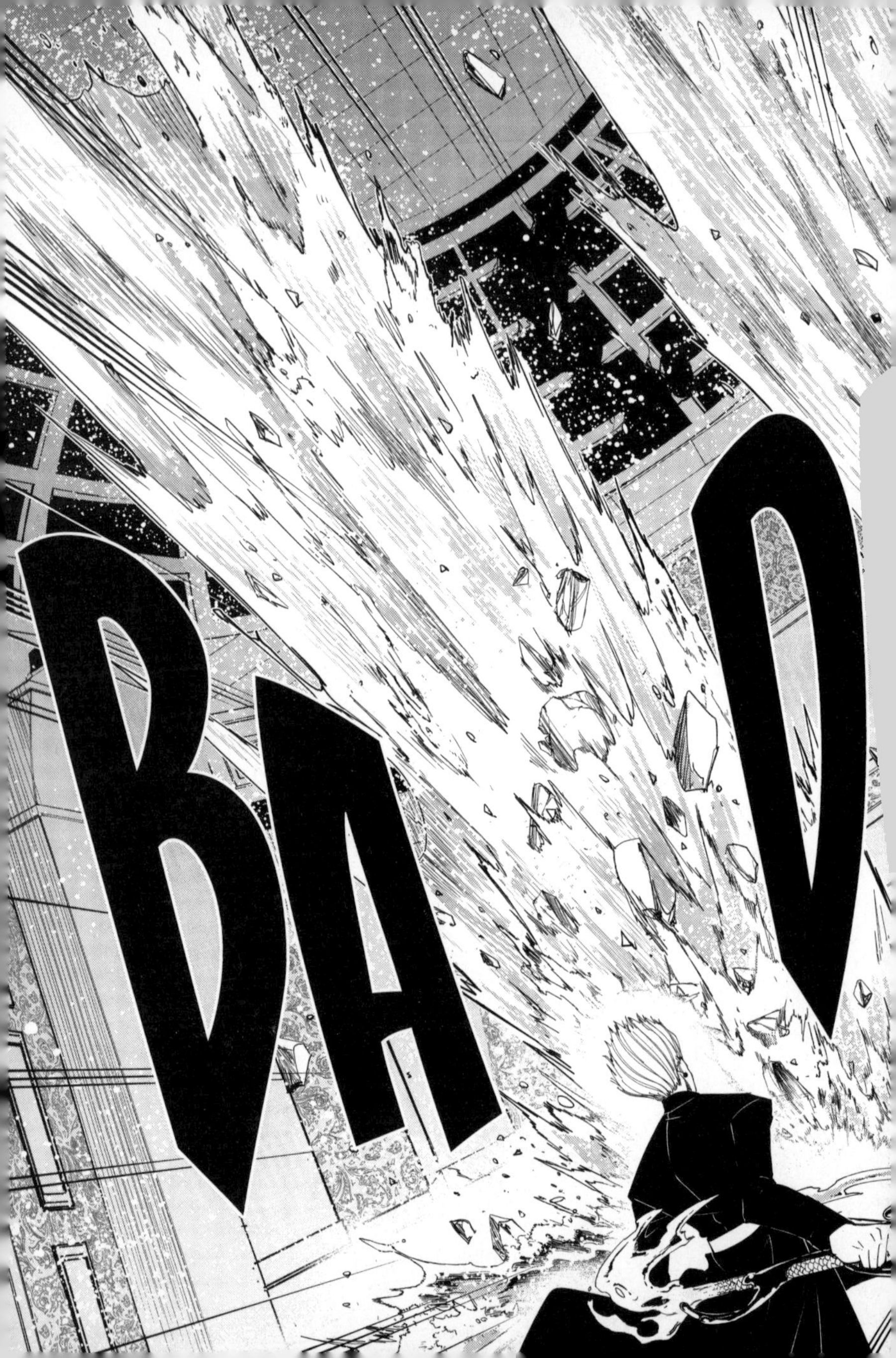
BAD

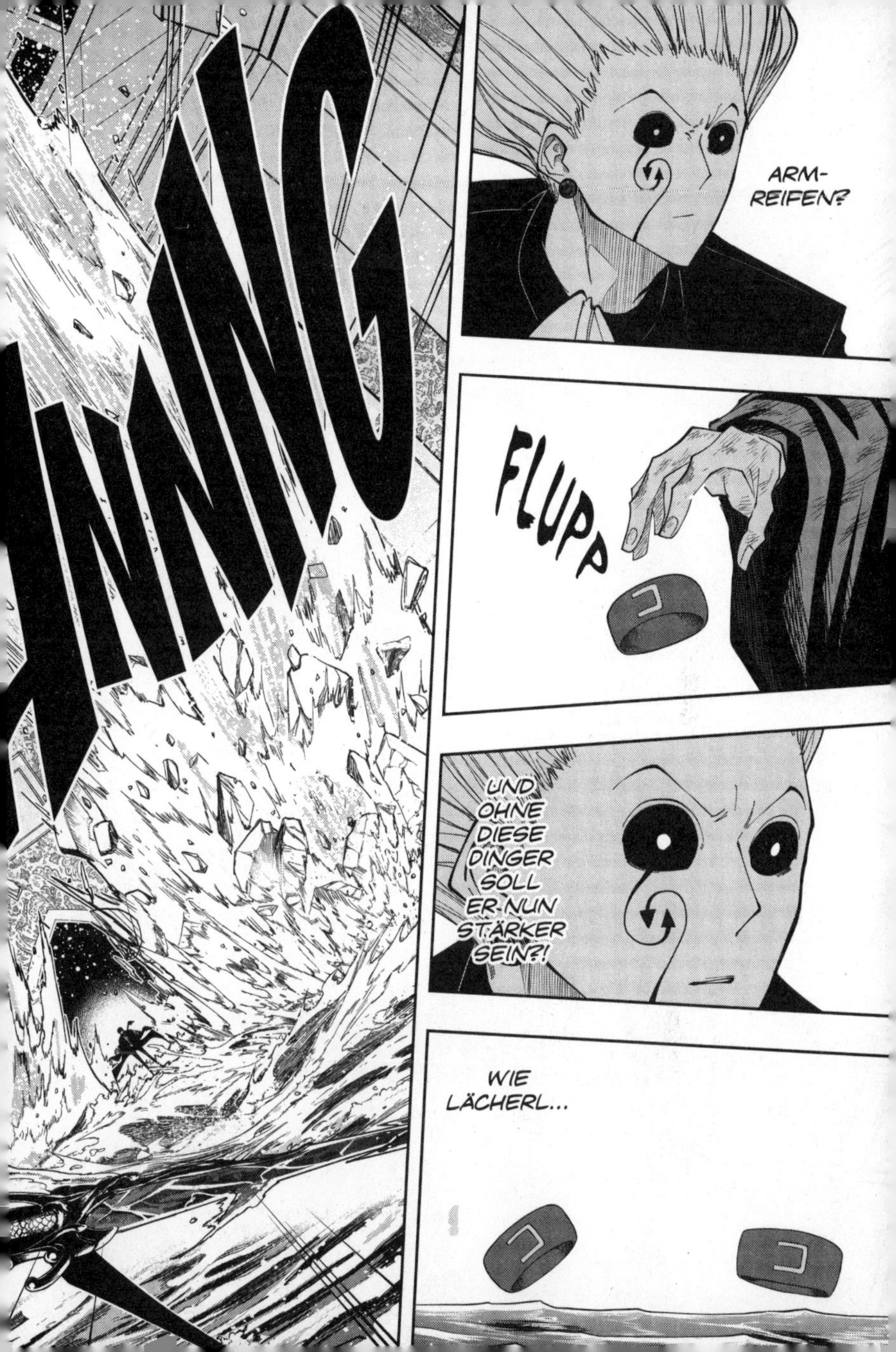
ARM-
REIFEN?
FLUPP
UND OHNE DIESE DINGER SOLL ER NUN STÄRKER SEIN?!
WIE LÄCHERL...
WING

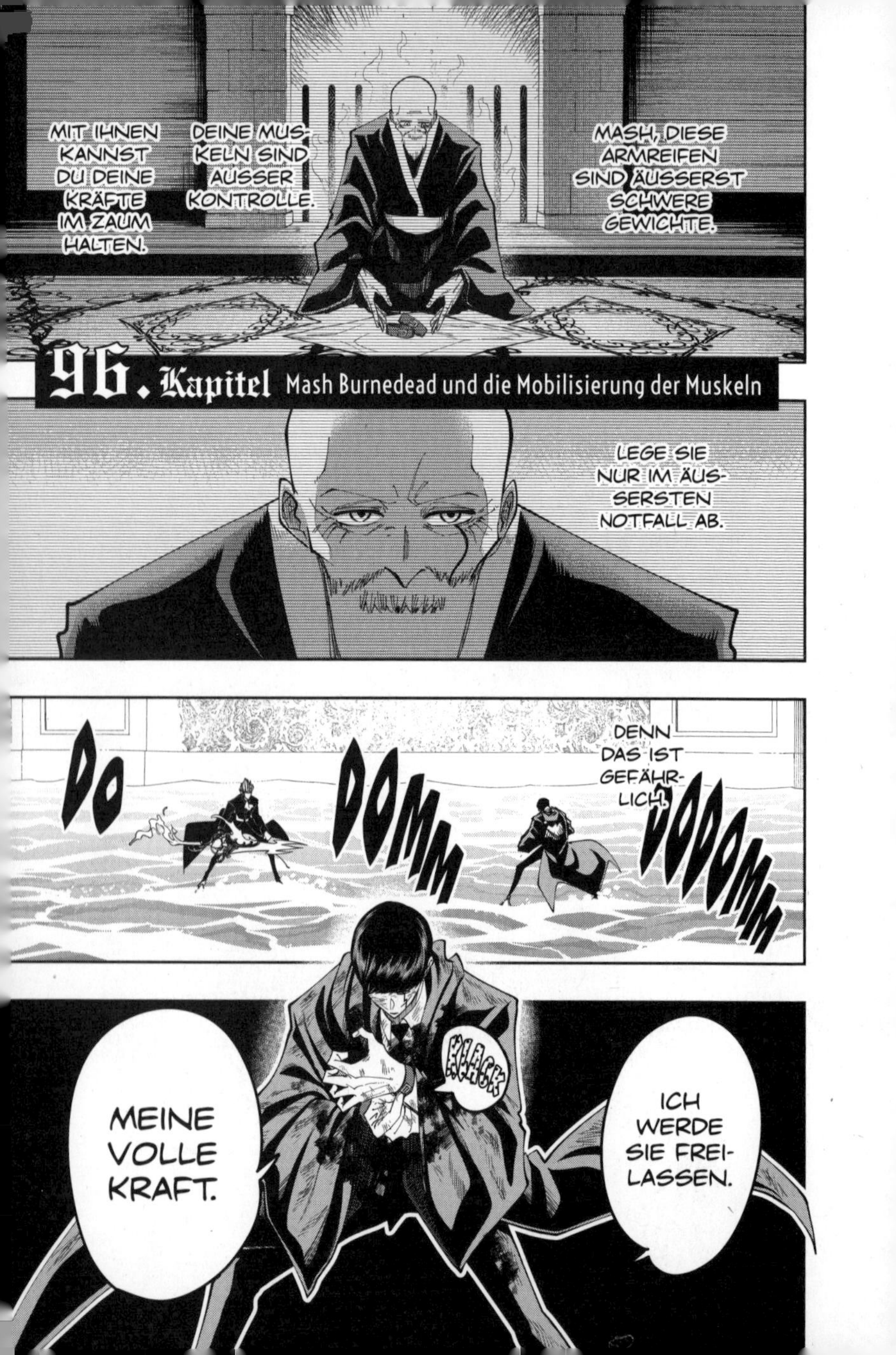

MASH, DIESE ARMREIFEN SIND ÄUSSERST SCHWERE GEWICHTE.
DEINE MUSKELN SIND AUSSER KONTROLLE.
MIT IHNEN KANNST DU DEINE KRÄFTE IM ZAUM HALTEN.
96. Kapitel Mash Burnedead und die Mobilisierung der Muskeln
LEGE SIE NUR IM ÄUSSERSTEN NOTFALL AB.
DENN DAS IST GEFÄHRLICH.
DODOMM
DOMM
DO
KLACK
ICH WERDE SIE FREILASSEN.
MEINE VOLLE KRAFT.

Extra ③

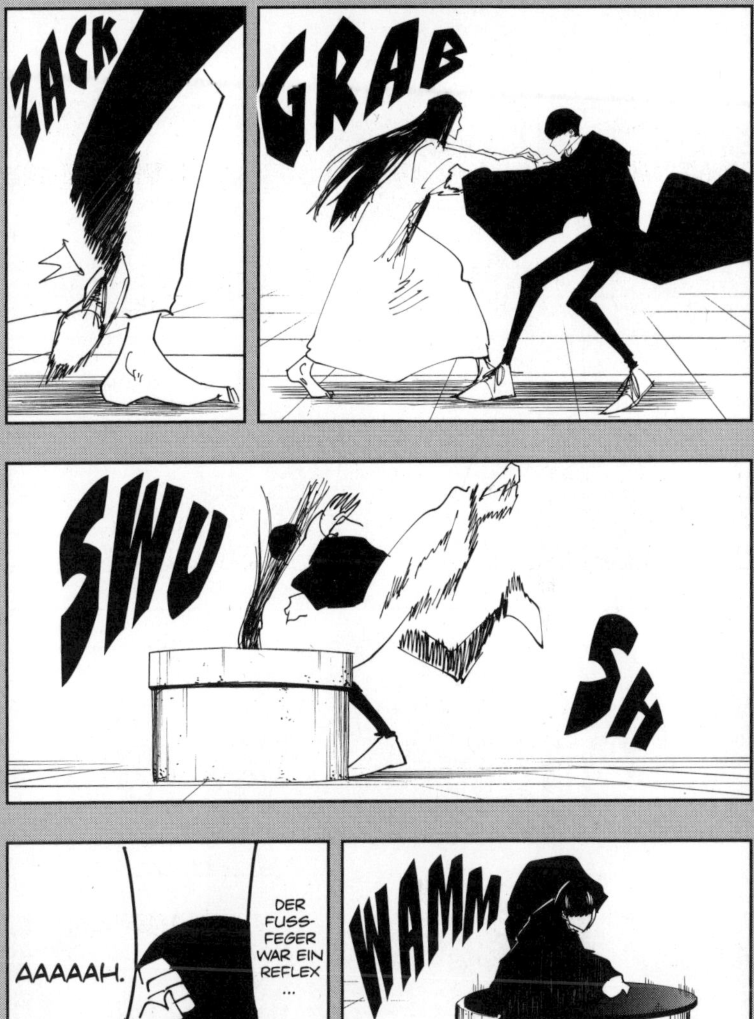

Fortsetzung auf Seite 112

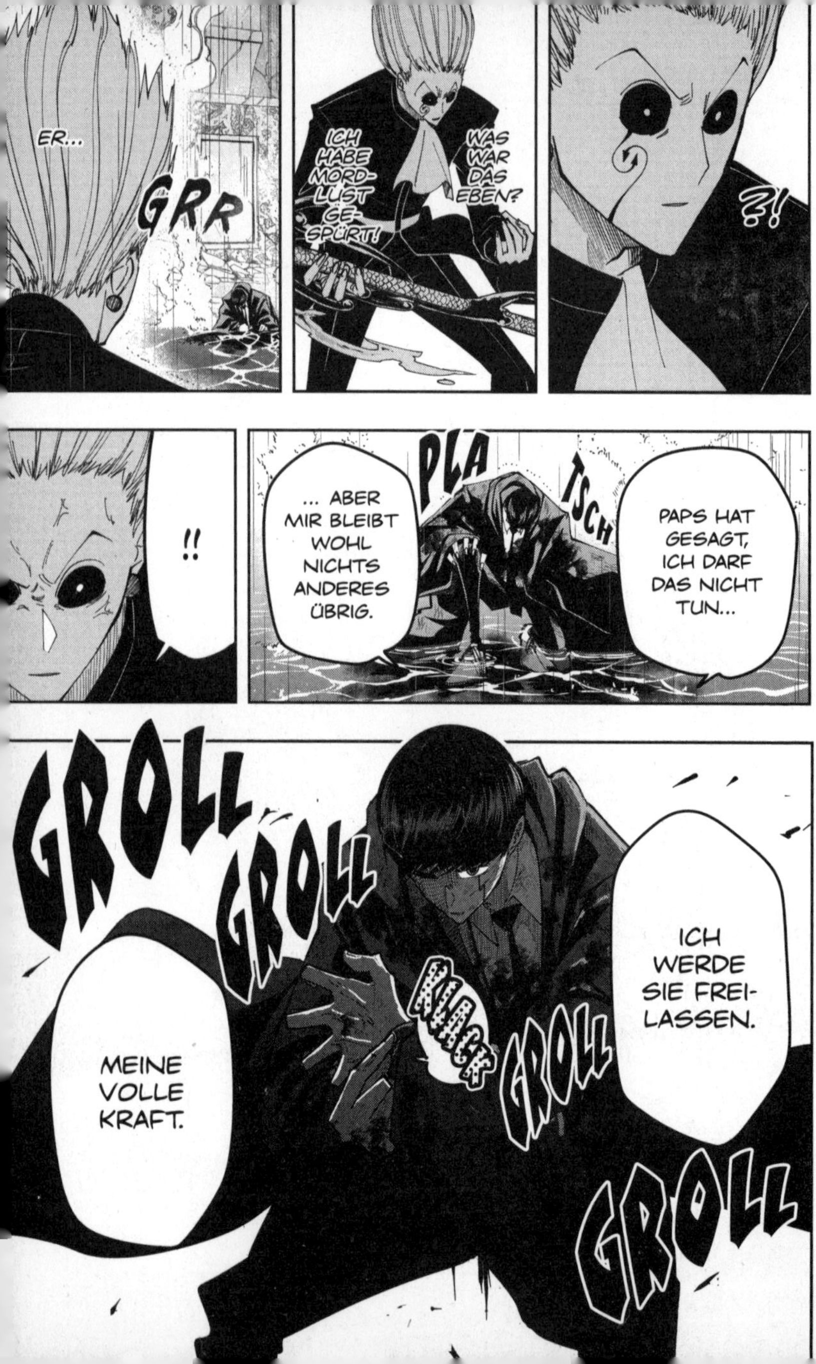
?!
WAS WAR DAS EBEN?
ICH HABE MORD-LUST GE-SPÜRT!
ER...
GRR
PAPS HAT GESAGT, ICH DARF DAS NICHT TUN...
PLATSCH
... ABER MIR BLEIBT WOHL NICHTS ANDERES ÜBRIG.
!!
ICH WERDE SIE FREI-LASSEN.
GROLL
GROLL
MEINE VOLLE KRAFT.
GROLL
GROLL

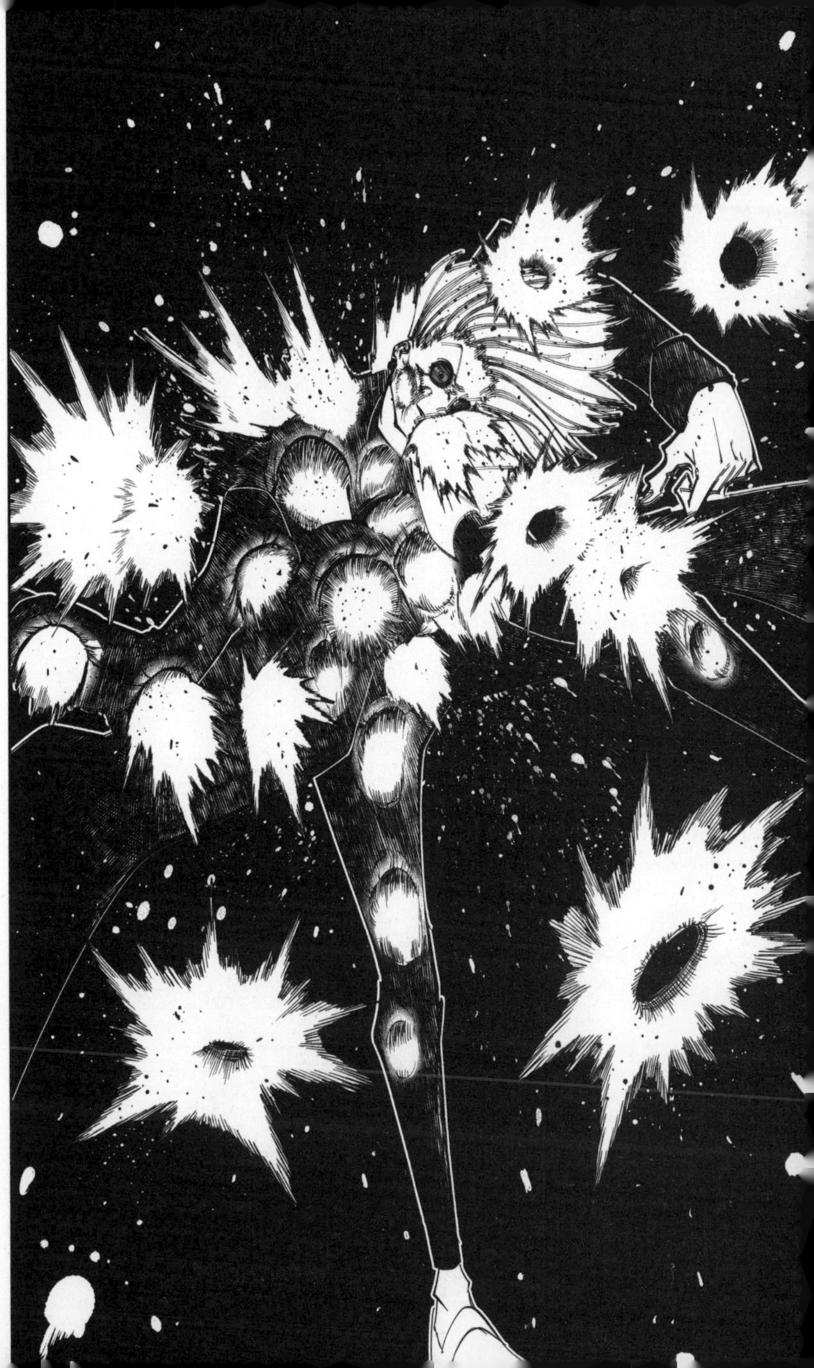

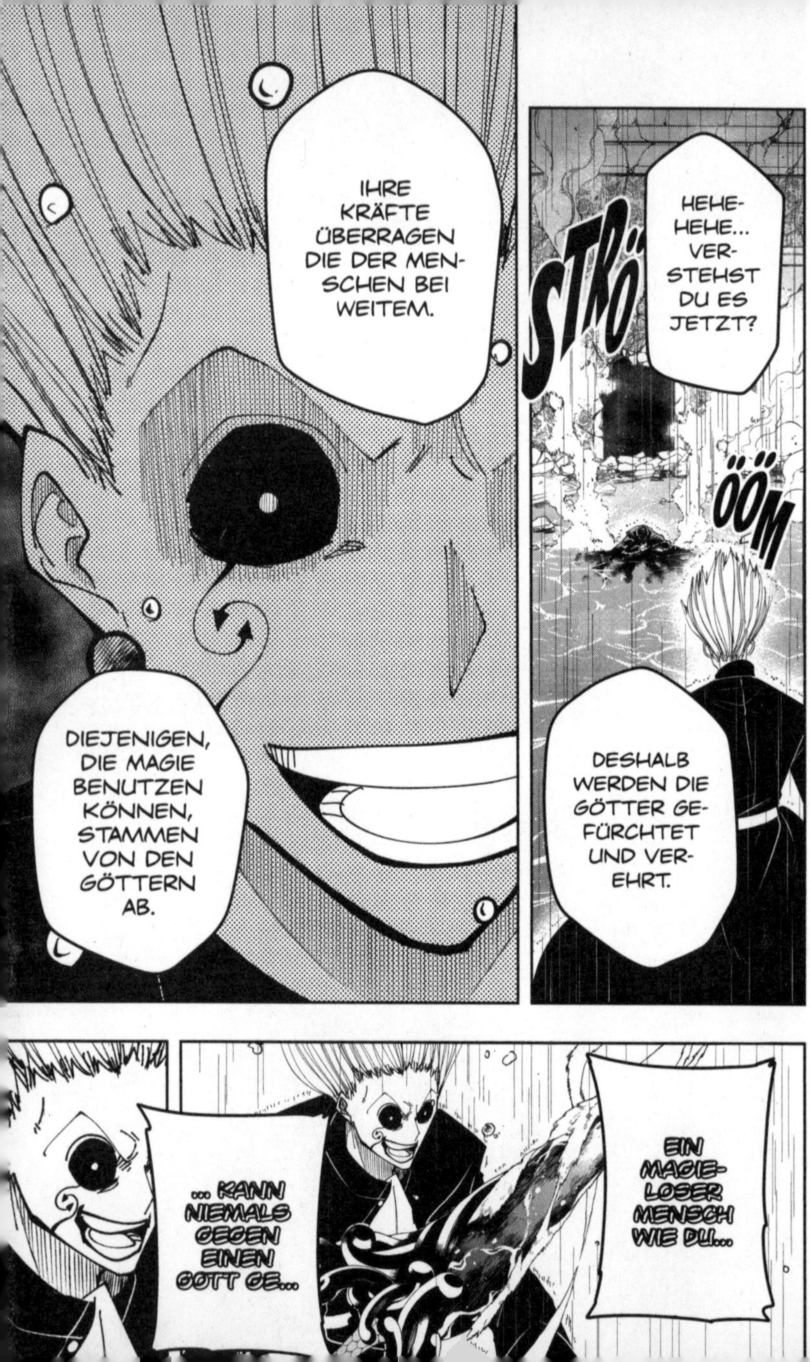
STRÖÖÖM
HEHE-HEHE... VER-STEHST DU ES JETZT?
DESHALB WERDEN DIE GÖTTER GE-FÜRCHTET UND VER-EHRT.
IHRE KRÄFTE ÜBERRAGEN DIE DER MEN-SCHEN BEI WEITEM.
DIEJENIGEN, DIE MAGIE BENUTZEN KÖNNEN, STAMMEN VON DEN GÖTTERN AB.
EIN MAGIE-LOSER MENSCH WIE DU...
... KANN NIEMALS GEGEN EINEN GOTT GE...

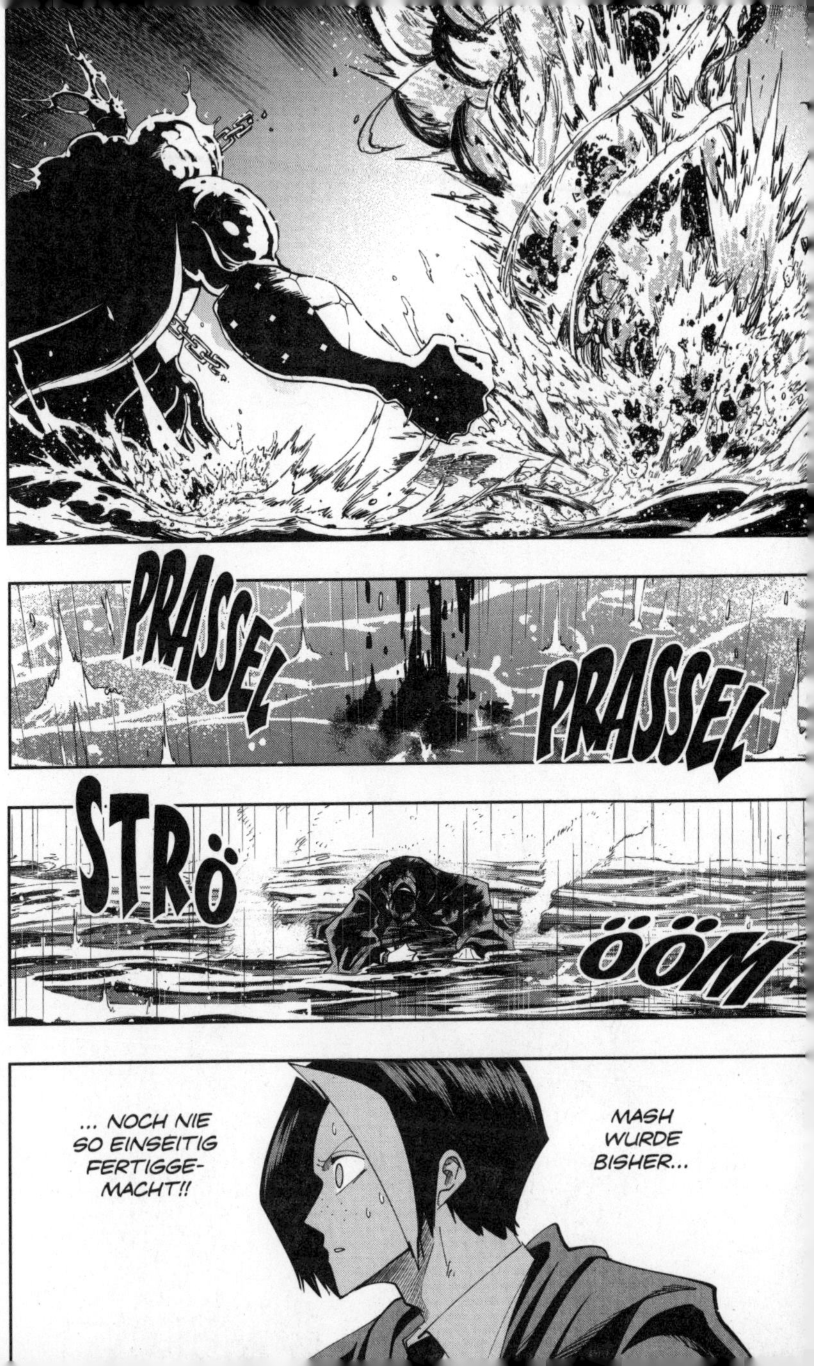
PRASSEL
PRASSEL
STRÖ
ÖÖM
MASH WURDE BISHER...
... NOCH NIE SO EINSEITIG FERTIGGE-MACHT!!

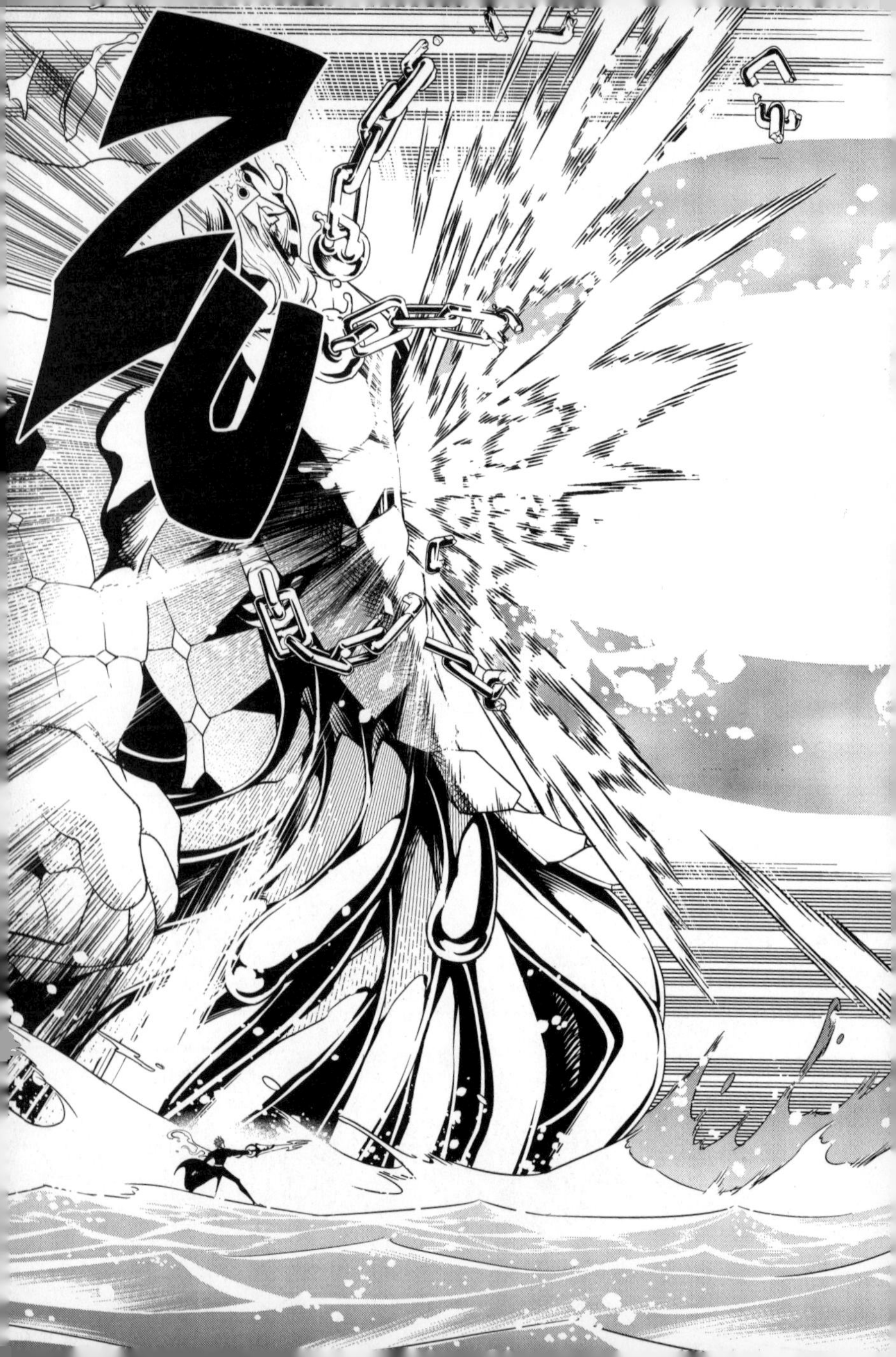

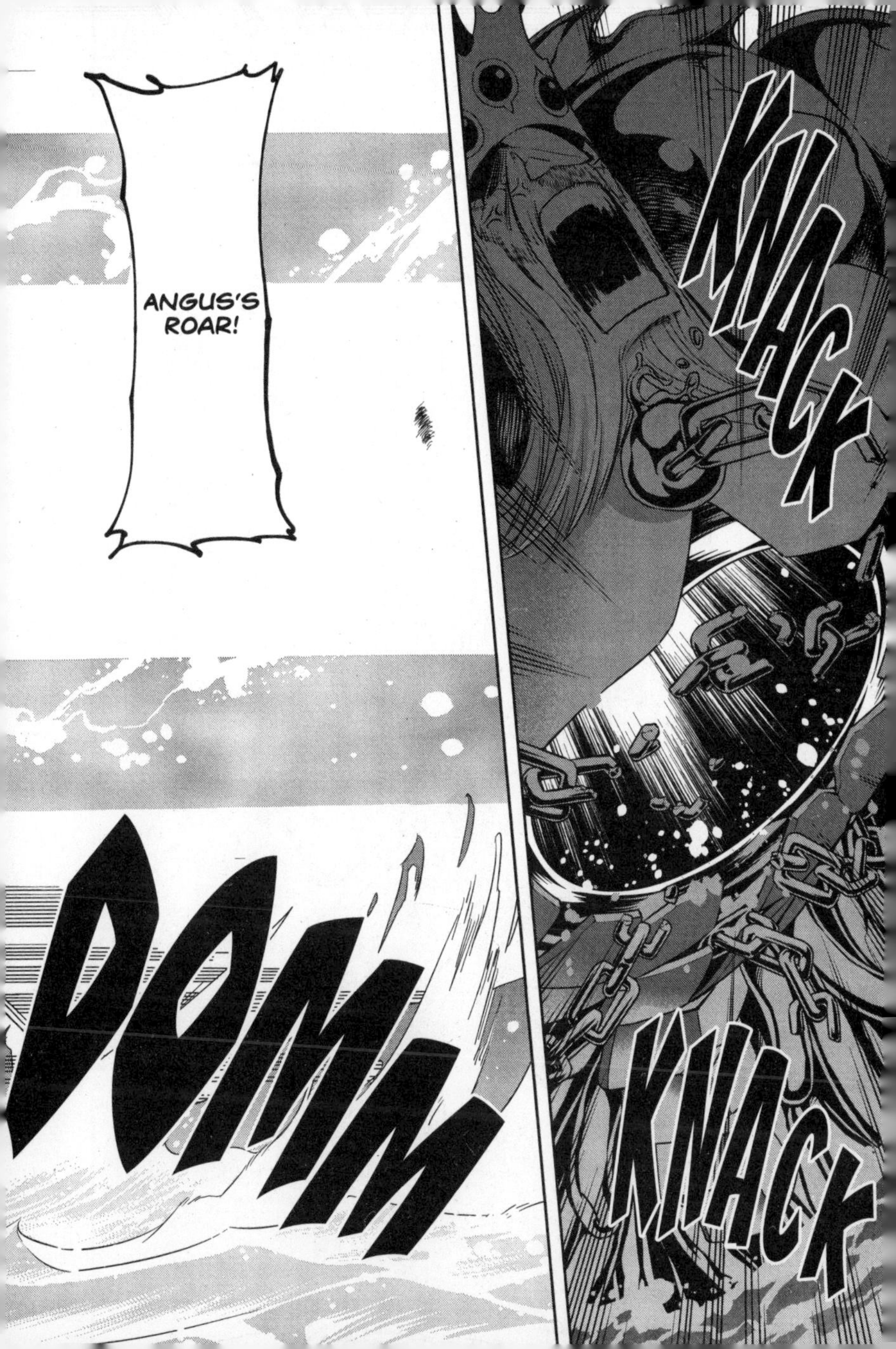
ANGUS'S ROAR!
KNACK
DOMM
KNACK

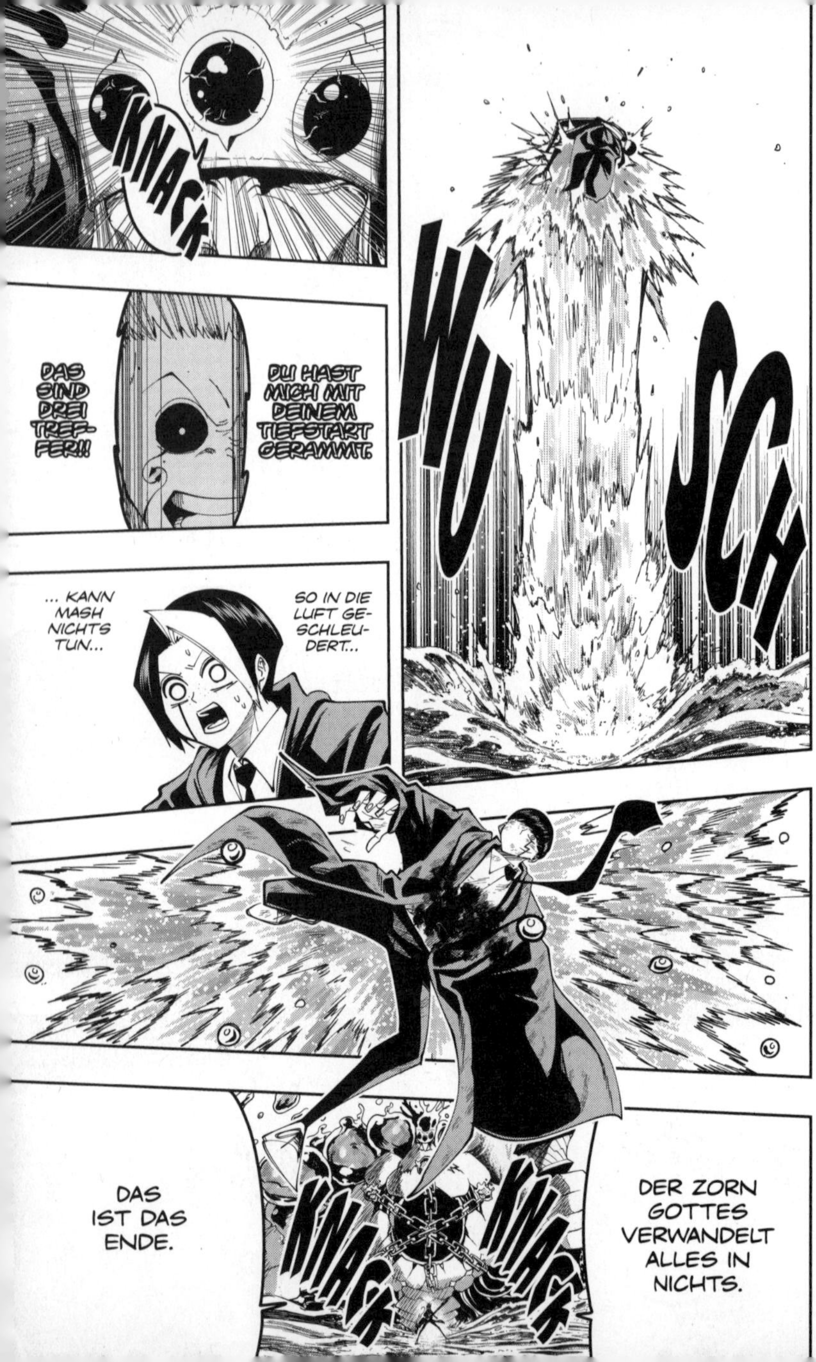
KNACK
WUUSCH
DU HAST MICH MIT DEINEM TIEFSTART GERAMMT.
DAS SIND DREI TREF-FER!!
SO IN DIE LUFT GE-SCHLEU-DERT...
... KANN MASH NICHTS TUN...
DER ZORN GOTTES VERWANDELT ALLES IN NICHTS.
DAS IST DAS ENDE.
KNACK
KNACK

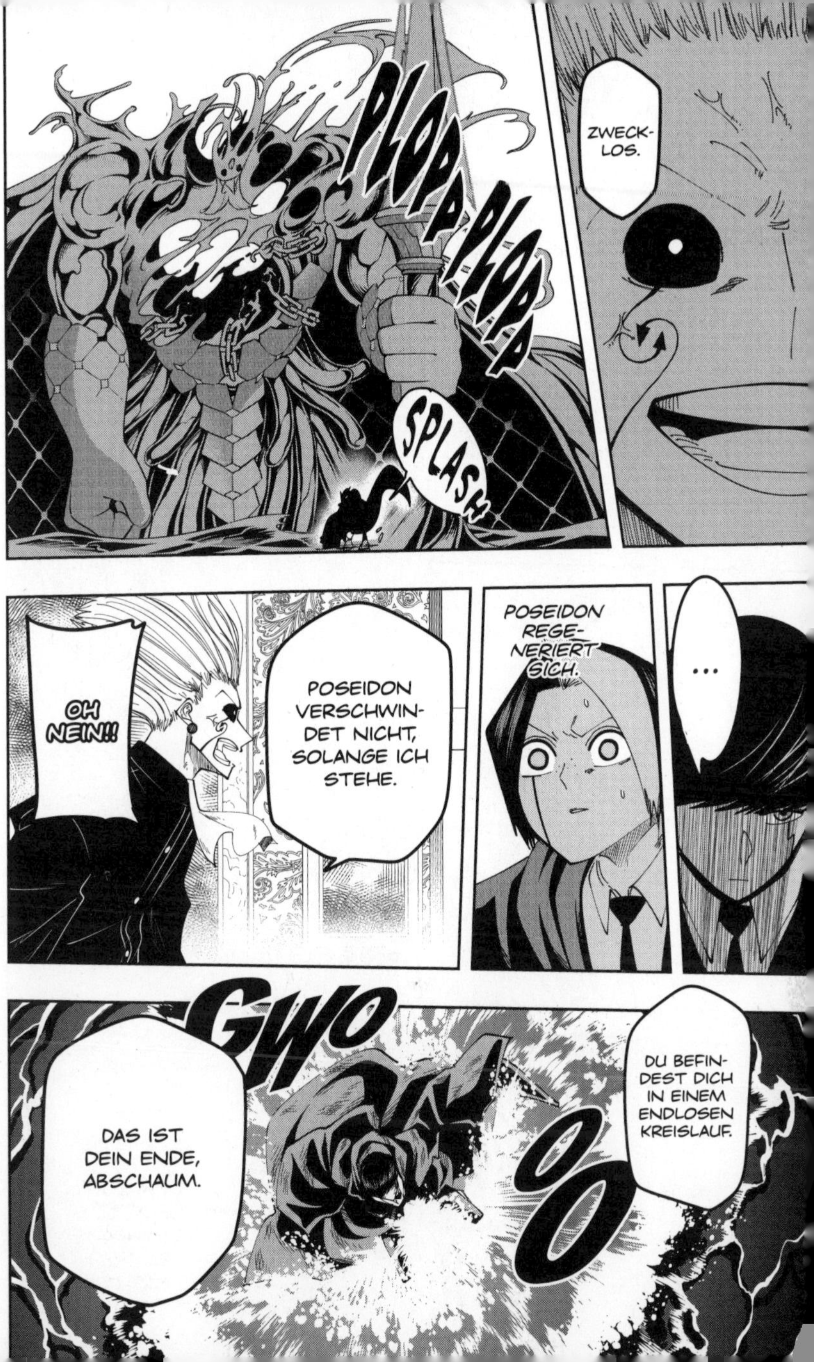
ZWECK-
LOS.
PLOPP PLOPP PLOPP
SPLASH
...
POSEIDON REGE-NERIERT SICH.
POSEIDON VERSCHWIN-DET NICHT, SOLANGE ICH STEHE.
OH NEIN!!
DU BEFIN-DEST DICH IN EINEM ENDLOSEN KREISLAUF.
GWOOO
DAS IST DEIN ENDE, ABSCHAUM.

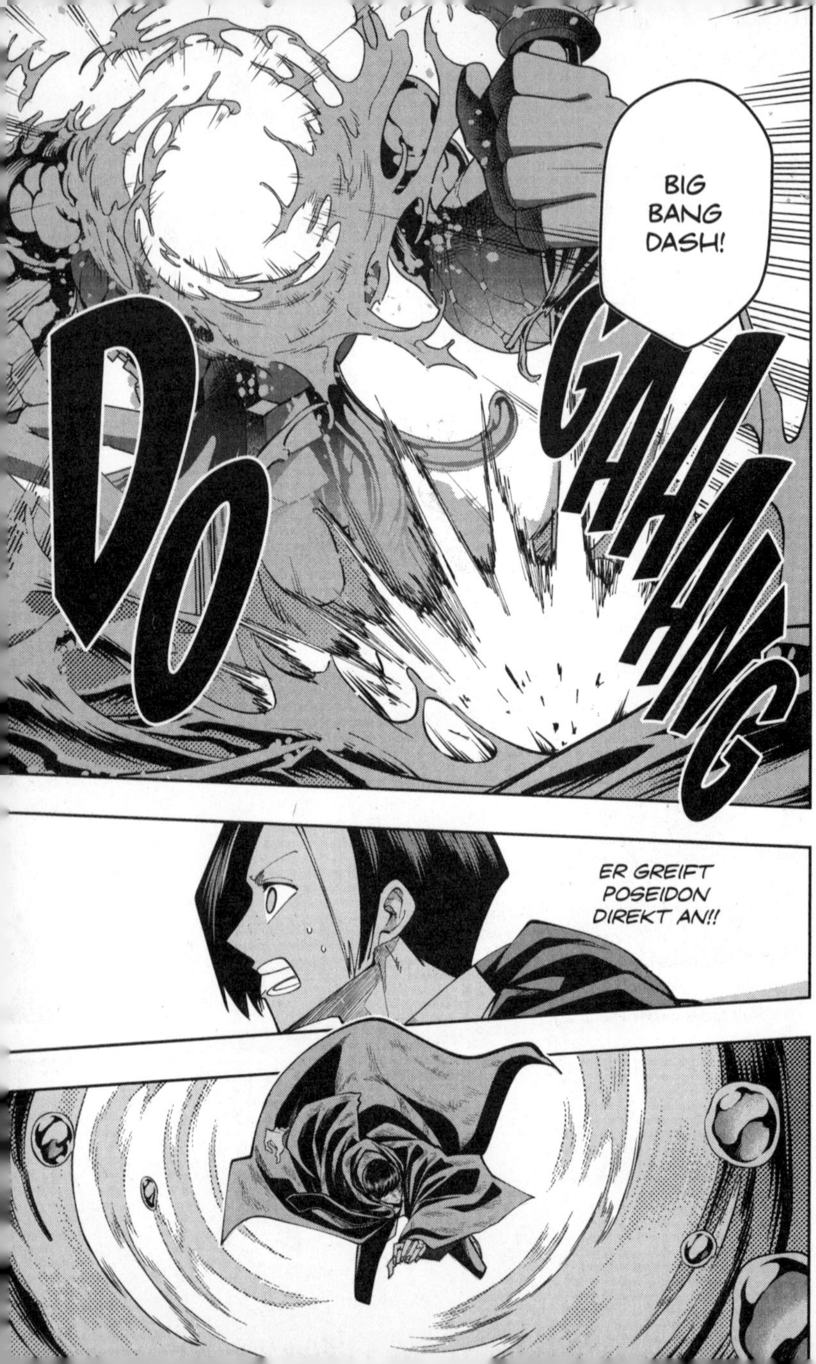

BIG BANG DASH!
DOGAAANG
ER GREIFT POSEIDON DIREKT AN!!

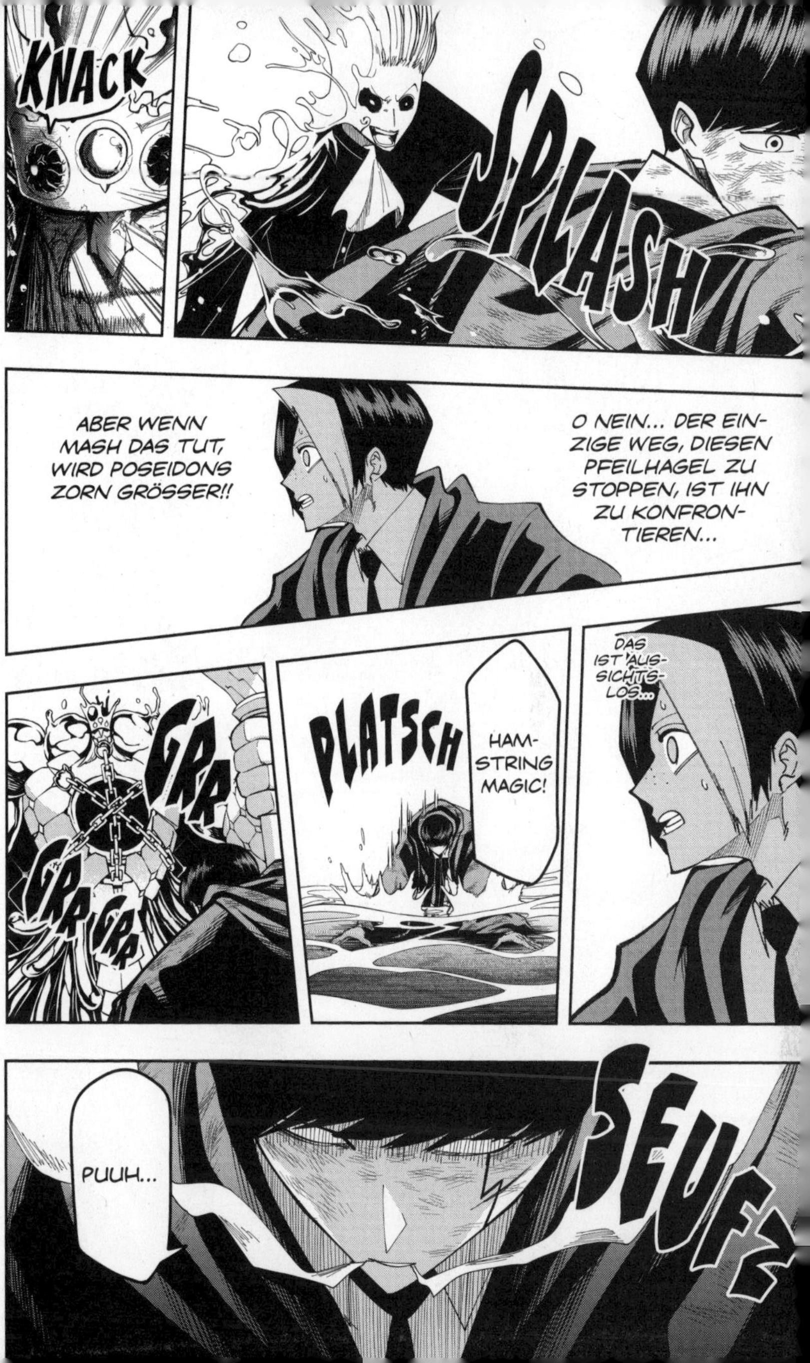

SPLASH!
KNACK
O NEIN... DER EINZIGE WEG, DIESEN PFEILHAGEL ZU STOPPEN, IST IHN ZU KONFRONTIEREN...
ABER WENN MASH DAS TUT, WIRD POSEIDONS ZORN GRÖSSER!!
DAS IST AUSSICHTSLOS...
HAMSTRING MAGIC!
PLATSCH
GRR
GRR GRR GRR
SEUFZ
PUUH...

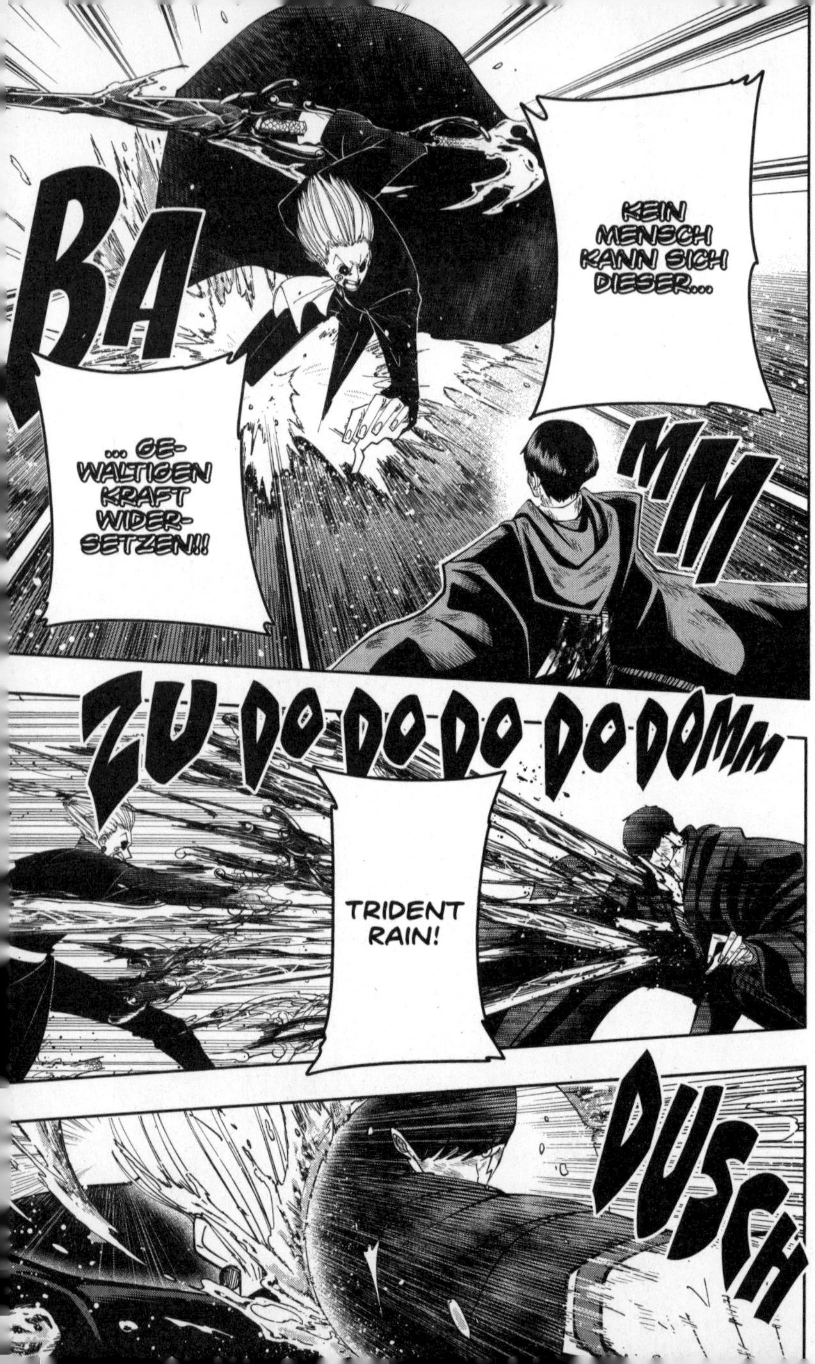

KEIN MENSCH KANN SICH DIESER...
BA
MM
... GE-WALTIGEN KRAFT WIDER-SETZEN!!
ZU DO DO DO DO DOMM
TRIDENT RAIN!
DUSCH

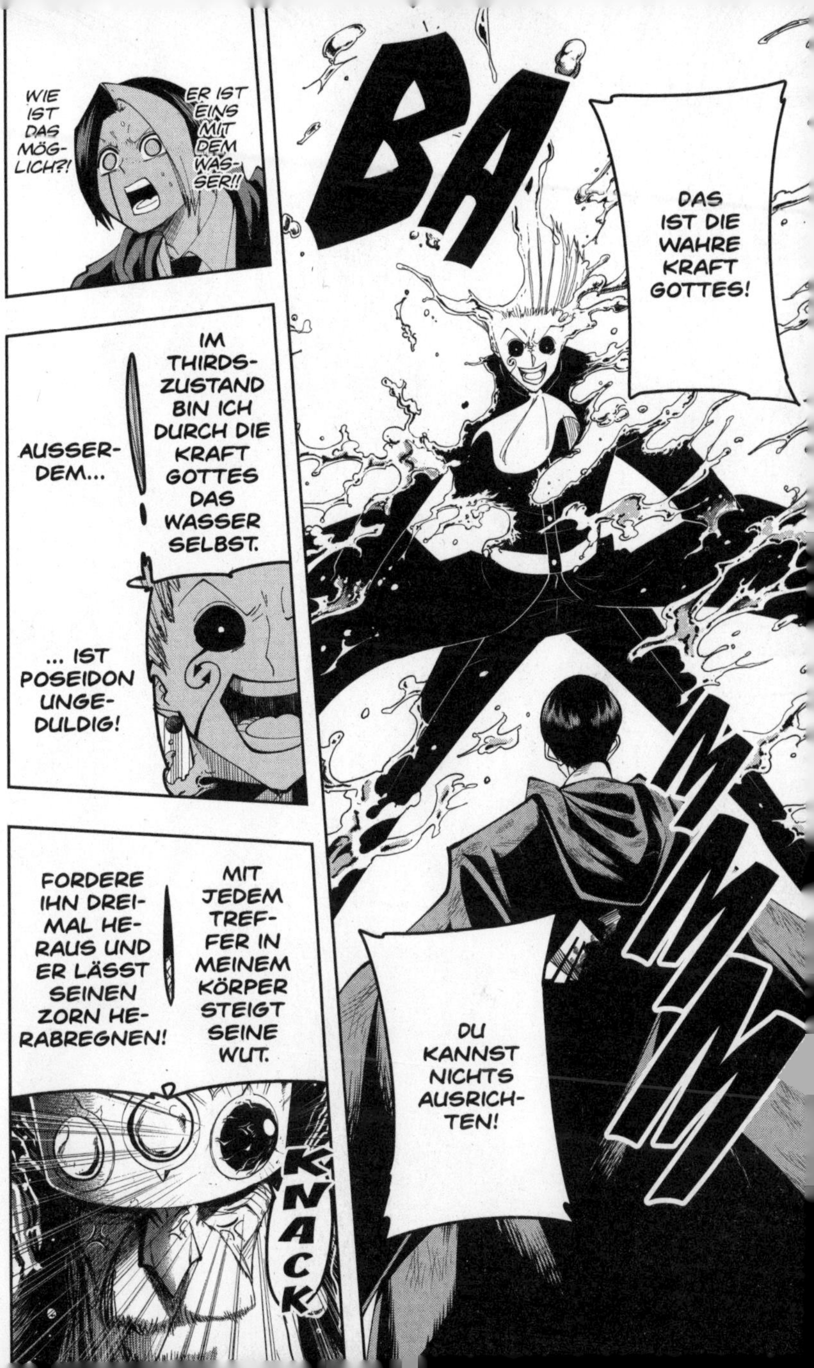
BA
DAS IST DIE WAHRE KRAFT GOTTES!
DU KANNST NICHTS AUSRICHTEN!
ER IST EINS MIT DEM WASSER!!
WIE IST DAS MÖGLICH?!
IM THIRDS-ZUSTAND BIN ICH DURCH DIE KRAFT GOTTES DAS WASSER SELBST.
AUSSERDEM...
... IST POSEIDON UNGEDULDIG!
MIT JEDEM TREFFER IN MEINEM KÖRPER STEIGT SEINE WUT.
FORDERE IHN DREIMAL HERAUS UND ER LÄSST SEINEN ZORN HERABREGNEN!
KNACK

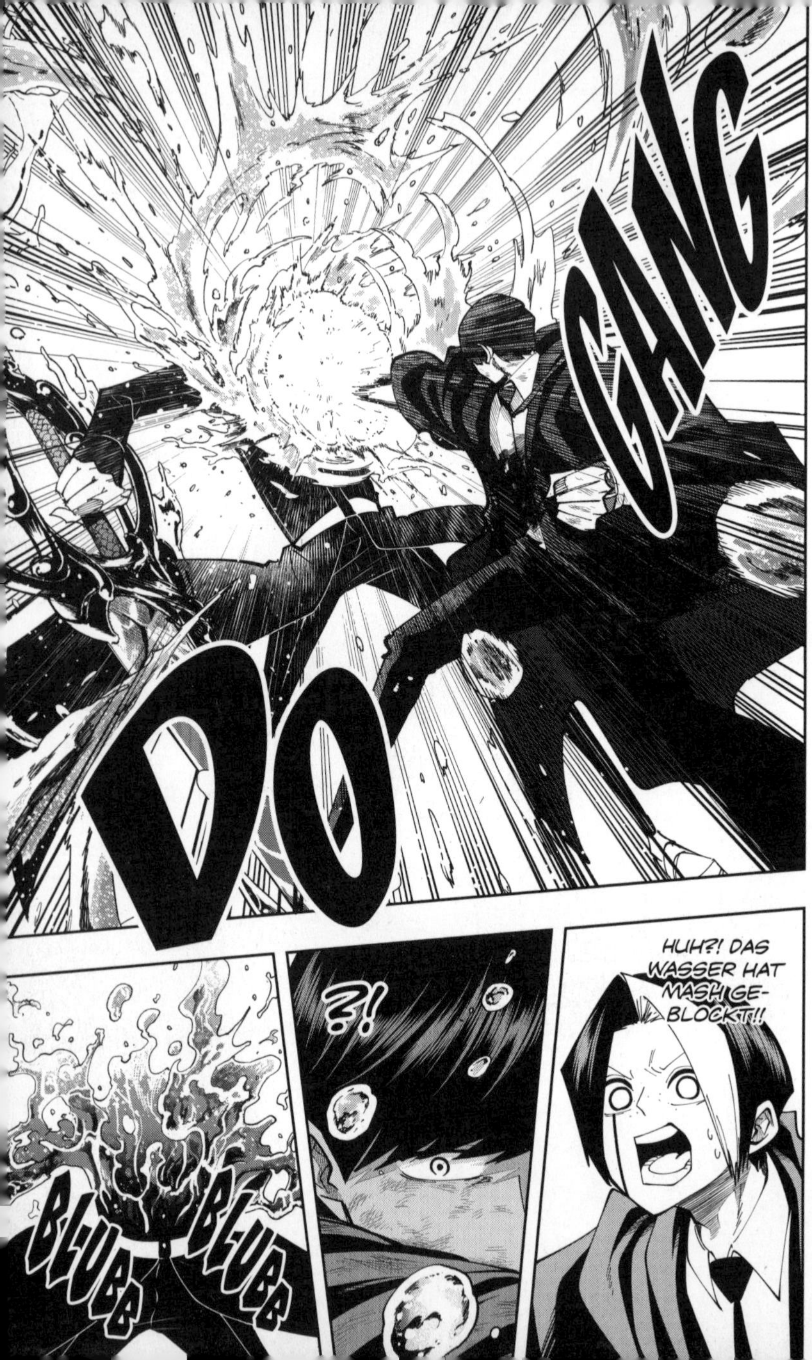

GANG
DO-
HUH?! DAS WASSER HAT MASH GE- BLOCKT!!
?!
BLUBB
BLUBB

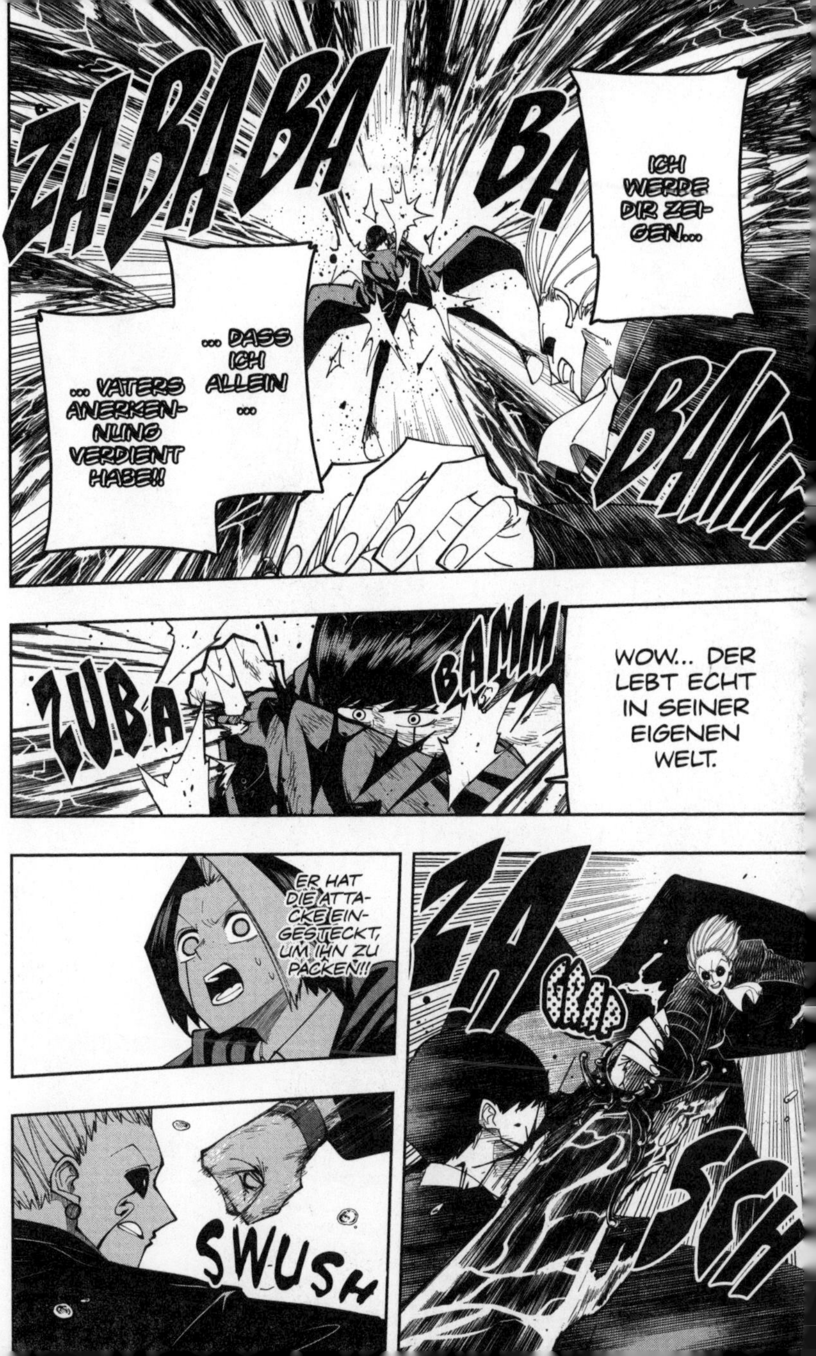
ZABABA
BA
ICH WERDE DIR ZEI-GEN...
... DASS ICH ALLEIN ...
... VATERS ANERKEN-NUNG VERDIENT HABE!!
BAMM
WOW... DER LEBT ECHT IN SEINER EIGENEN WELT.
BAMM
ZUBA
ZA
ER HAT DIE ATTA-CKE EIN-GESTECKT, UM IHN ZU PACKEN!!
SWUSH

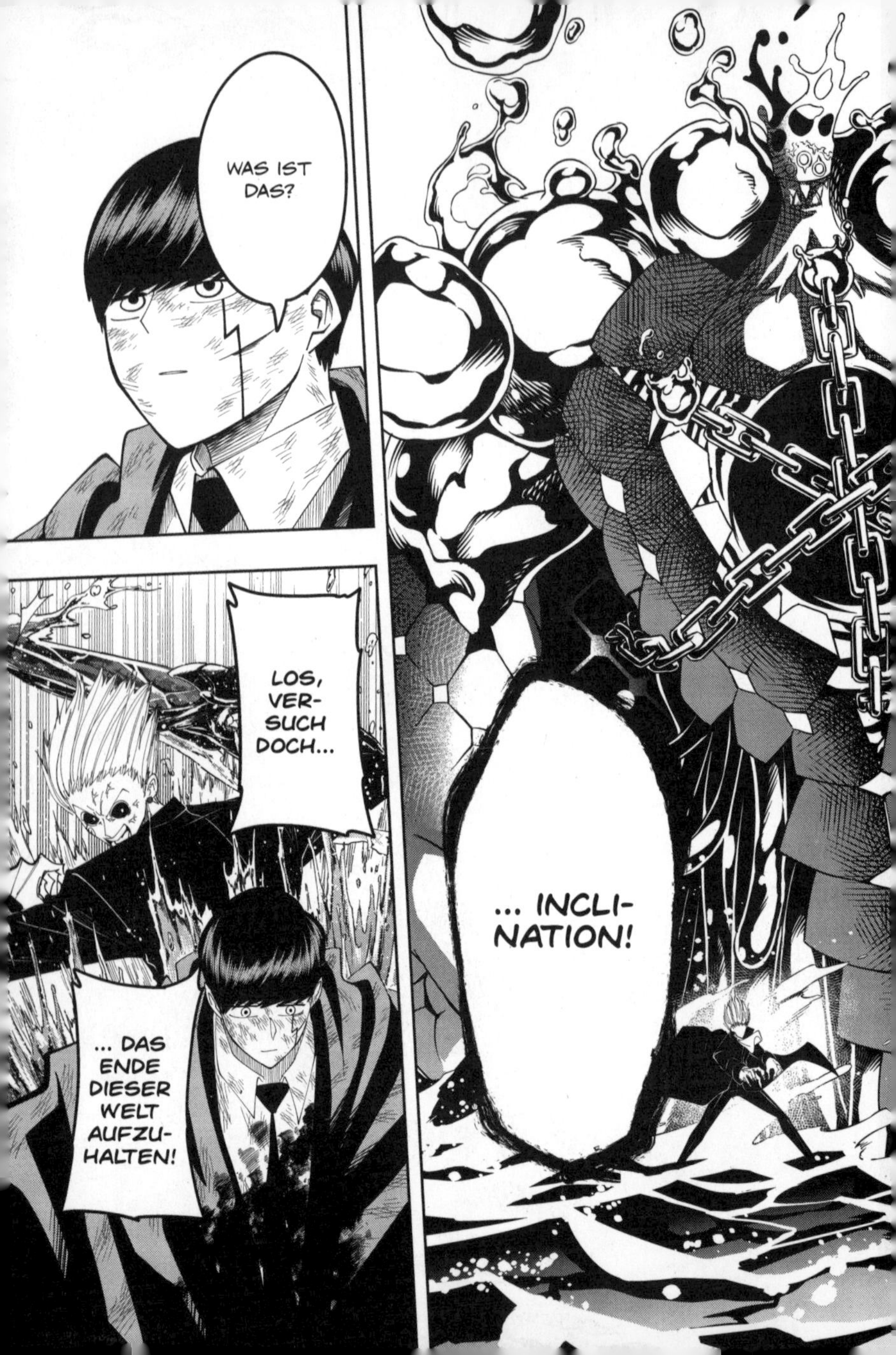
... INCLINATION!
WAS IST DAS?
LOS, VERSUCH DOCH...
... DAS ENDE DIESER WELT AUFZUHALTEN!

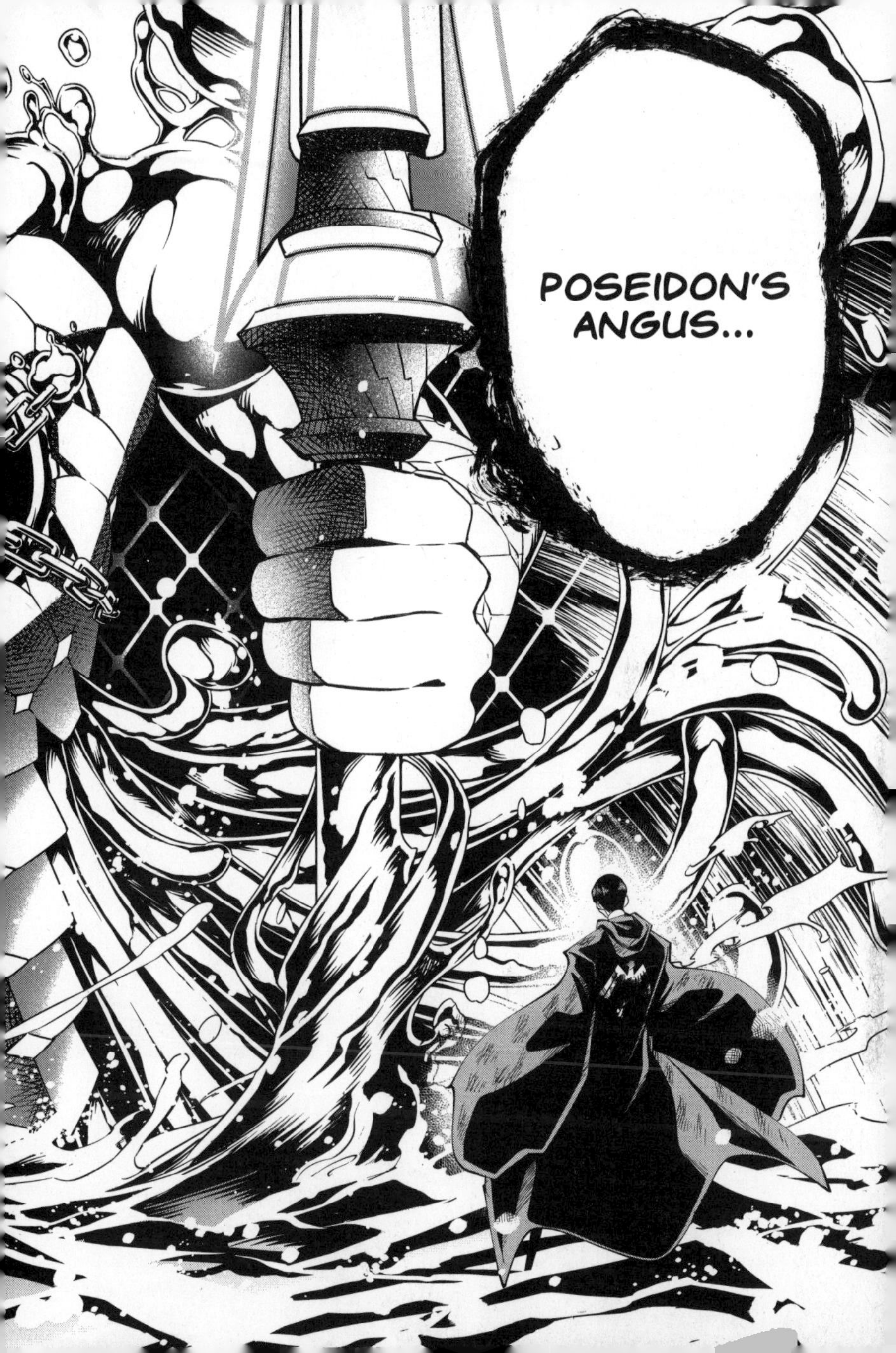
POSEIDON'S ANGUS...

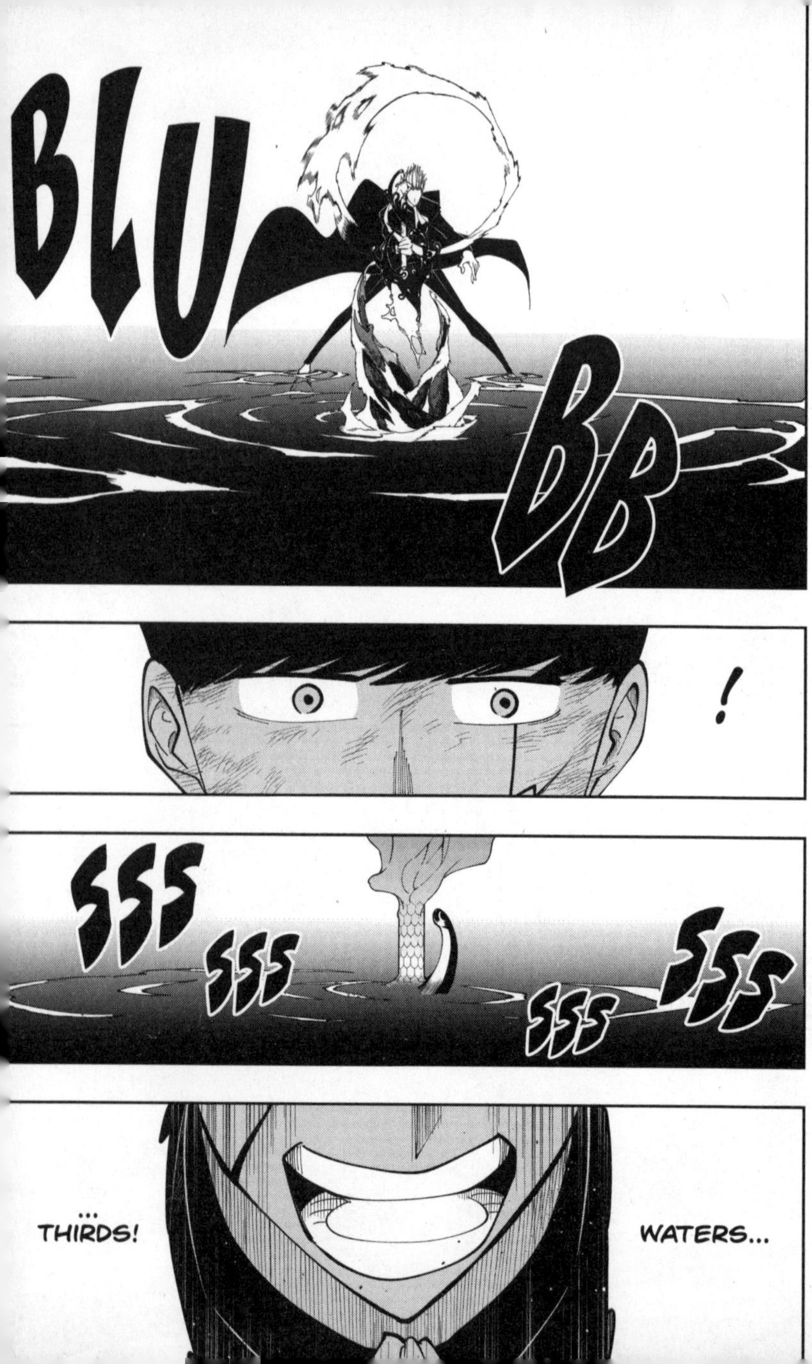
BLU
BB
!
SSS
SSS
SSS
SSS
WATERS...
... THIRDS!

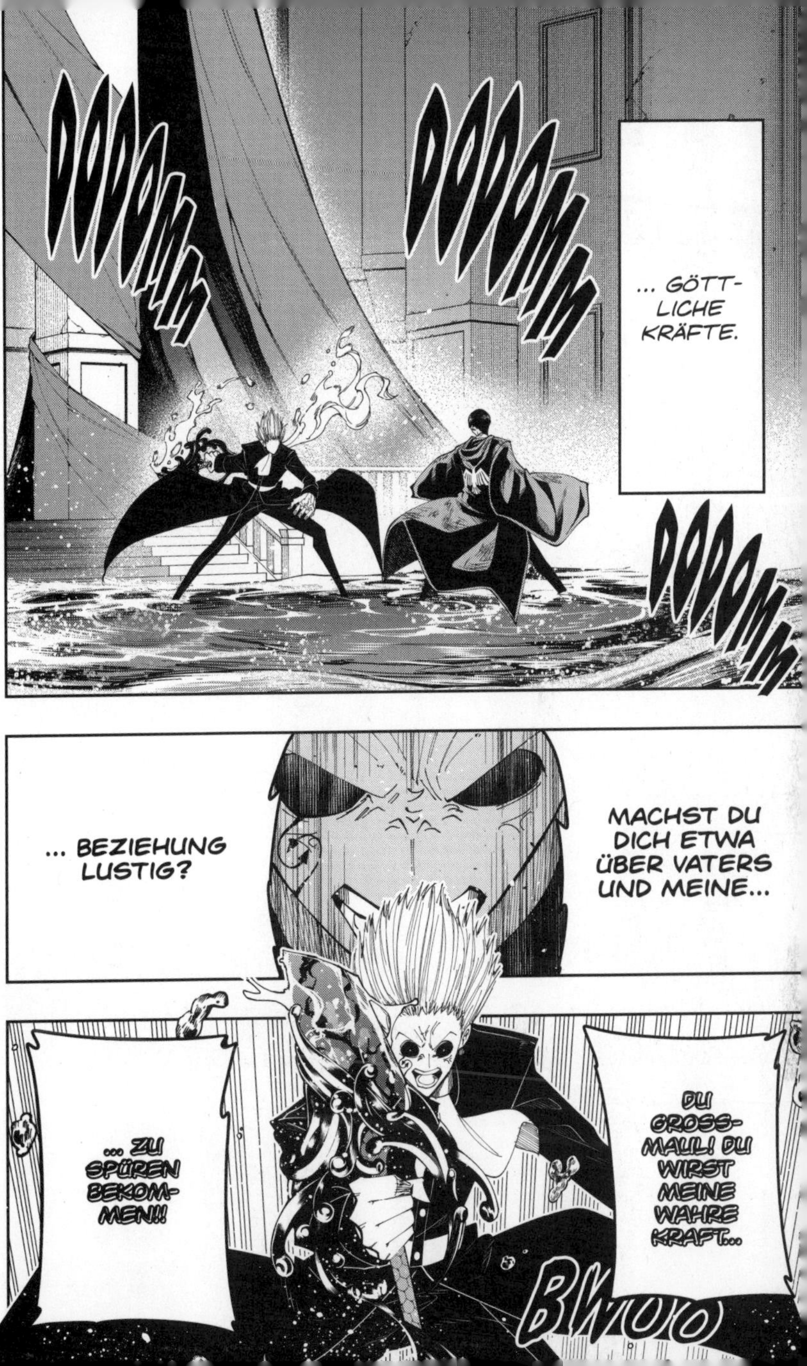
DOOOMM
DOOOMM
... GÖTT-
LICHE
KRÄFTE.
DOOOMM
MACHST DU
DICH ETWA
ÜBER VATERS
UND MEINE...
... BEZIEHUNG
LUSTIG?
DU
GROSS-
MAUL! DU
WIRST
MEINE
WAHRE
KRAFT...
... ZU
SPÜREN
BEKOM-
MEN!!
BWOO

95. Kapitel Mash Burnedead und der Gott des Wassers

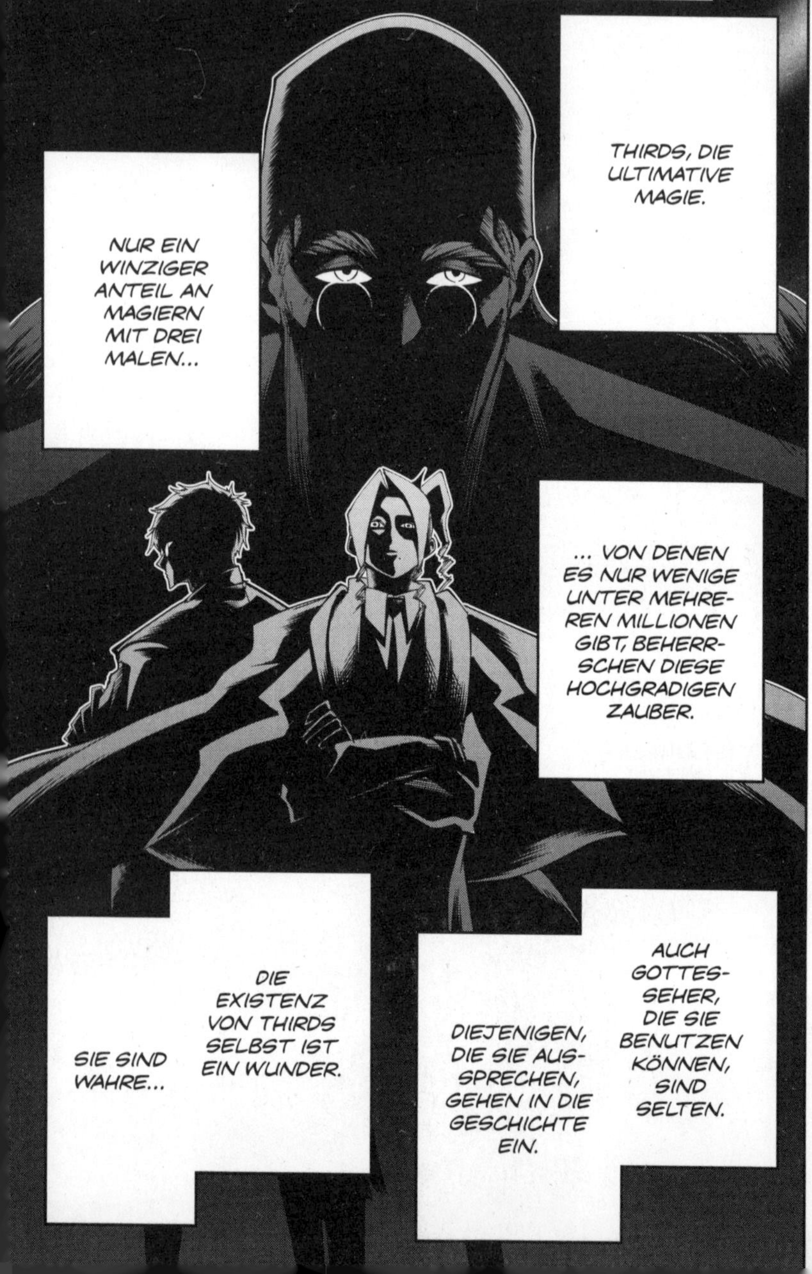

Extra ②

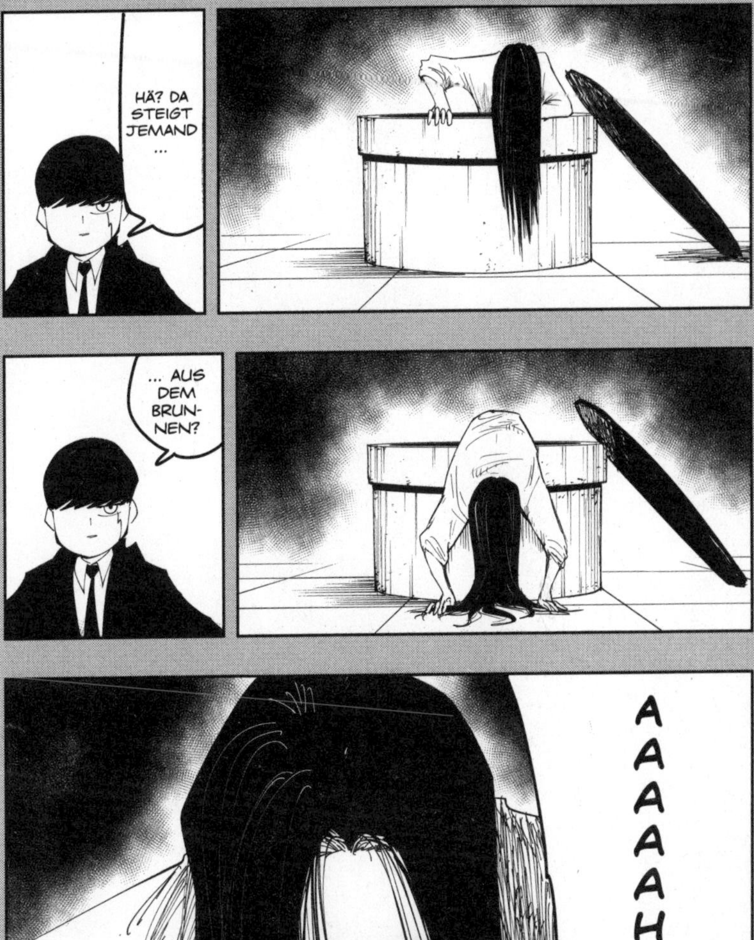

Fortsetzung auf Seite 92

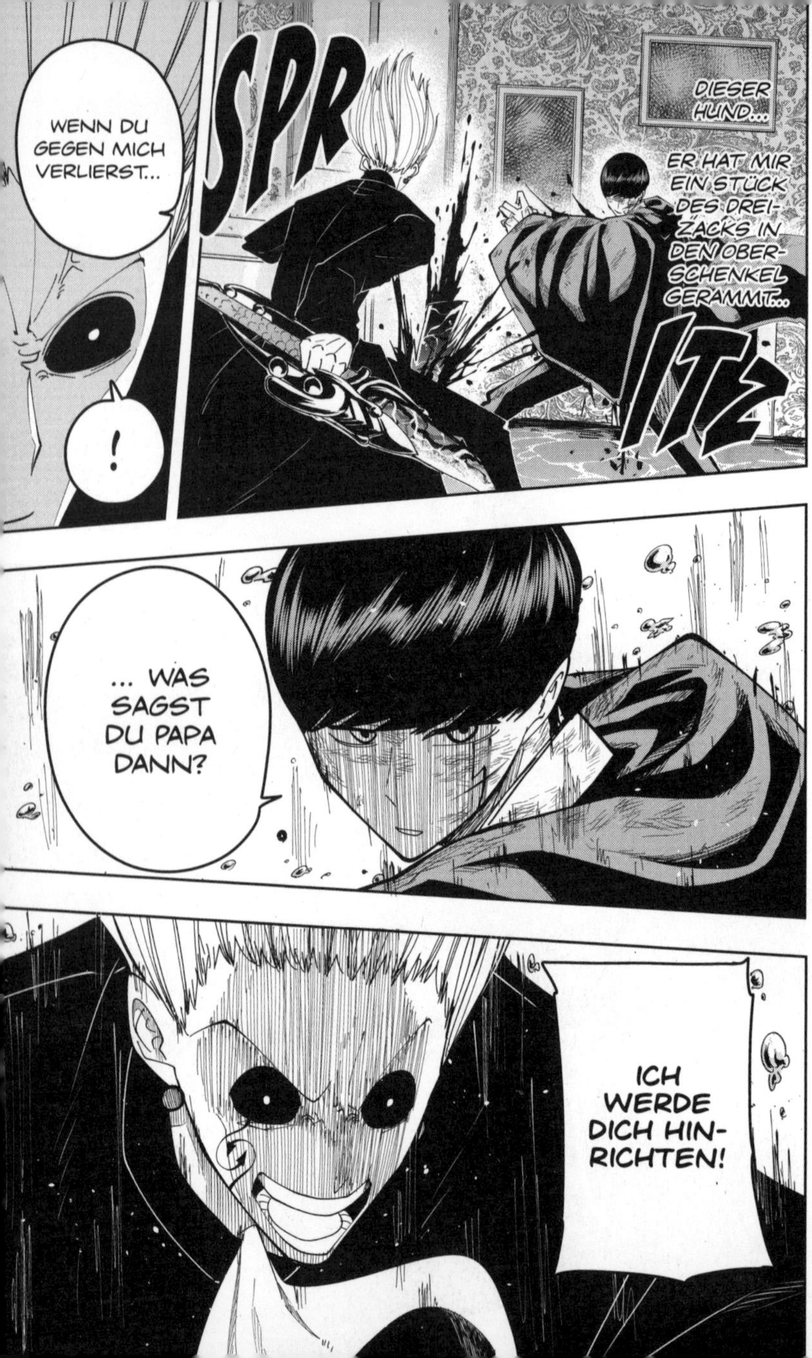
DIESER HUND...
ER HAT MIR EIN STÜCK DES DREI-ZACKS IN DEN OBER-SCHENKEL GERAMMT...
ITZ
SPR
WENN DU GEGEN MICH VERLIERST...
!
... WAS SAGST DU PAPA DANN?
ICH WERDE DICH HIN-RICHTEN!

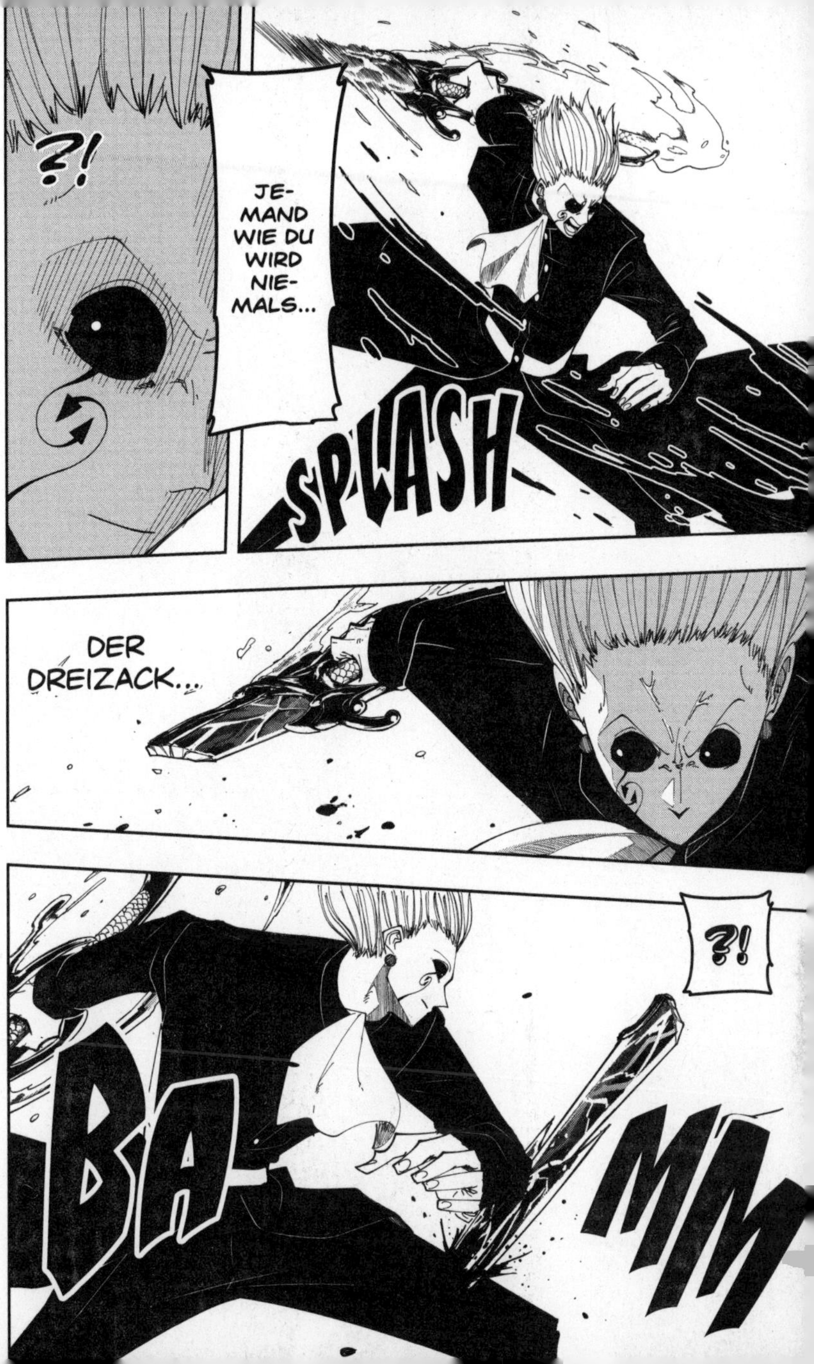
JE-
MAND
WIE DU
WIRD
NIE-
MALS...
SPLASH
?!
DER
DREIZACK...
?!
BA
MM

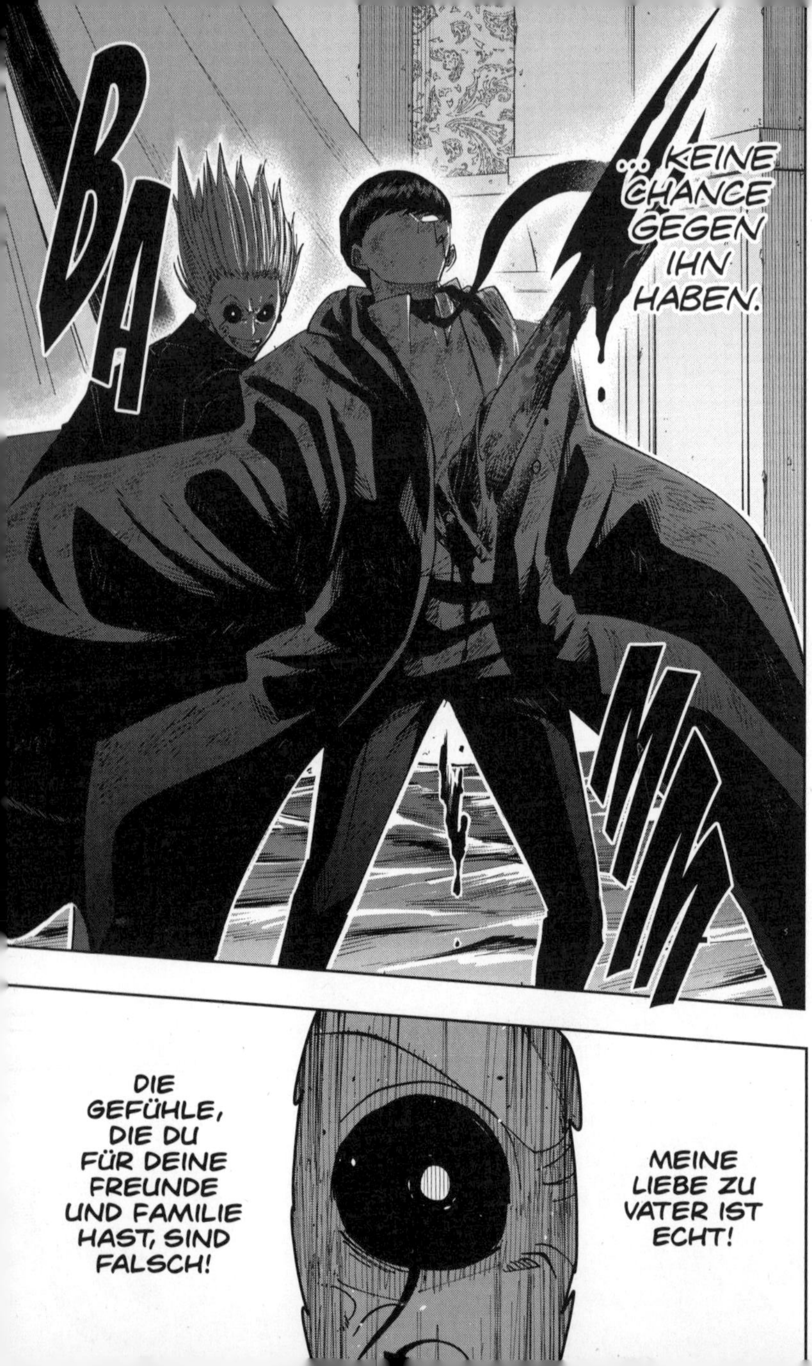
... KEINE CHANCE GEGEN IHN HABEN.
BA
MEINE LIEBE ZU VATER IST ECHT!
DIE GEFÜHLE, DIE DU FÜR DEINE FREUNDE UND FAMILIE HAST, SIND FALSCH!

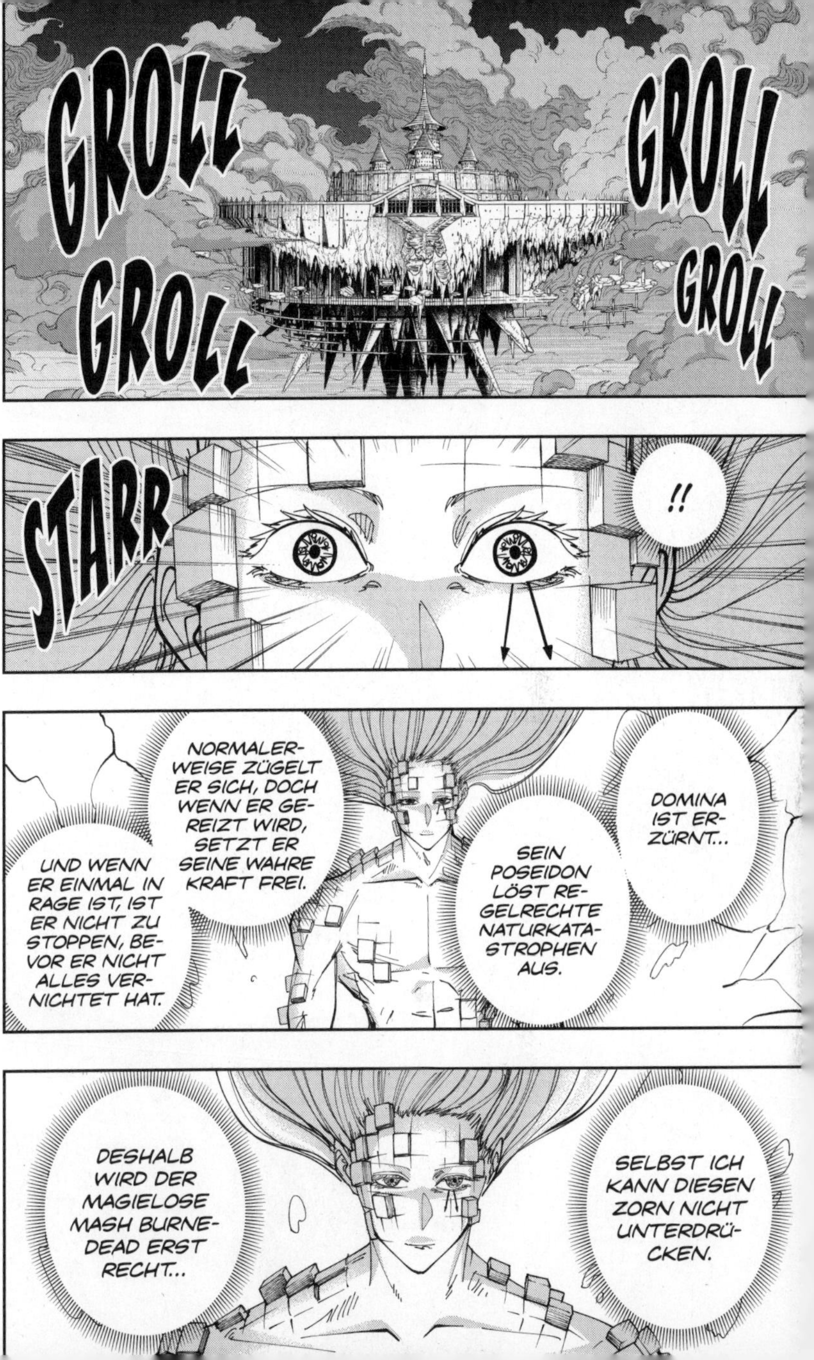
GROLL GROLL
GROLL GROLL
!!
STARR
DOMINA IST ERZÜRNT...
SEIN POSEIDON LÖST REGELRECHTE NATURKATASTROPHEN AUS.
NORMALERWEISE ZÜGELT ER SICH, DOCH WENN ER GEREIZT WIRD, SETZT ER SEINE WAHRE KRAFT FREI.
UND WENN ER EINMAL IN RAGE IST, IST ER NICHT ZU STOPPEN, BEVOR ER NICHT ALLES VERNICHTET HAT.
SELBST ICH KANN DIESEN ZORN NICHT UNTERDRÜCKEN.
DESHALB WIRD DER MAGIELOSE MASH BURNEDEAD ERST RECHT...

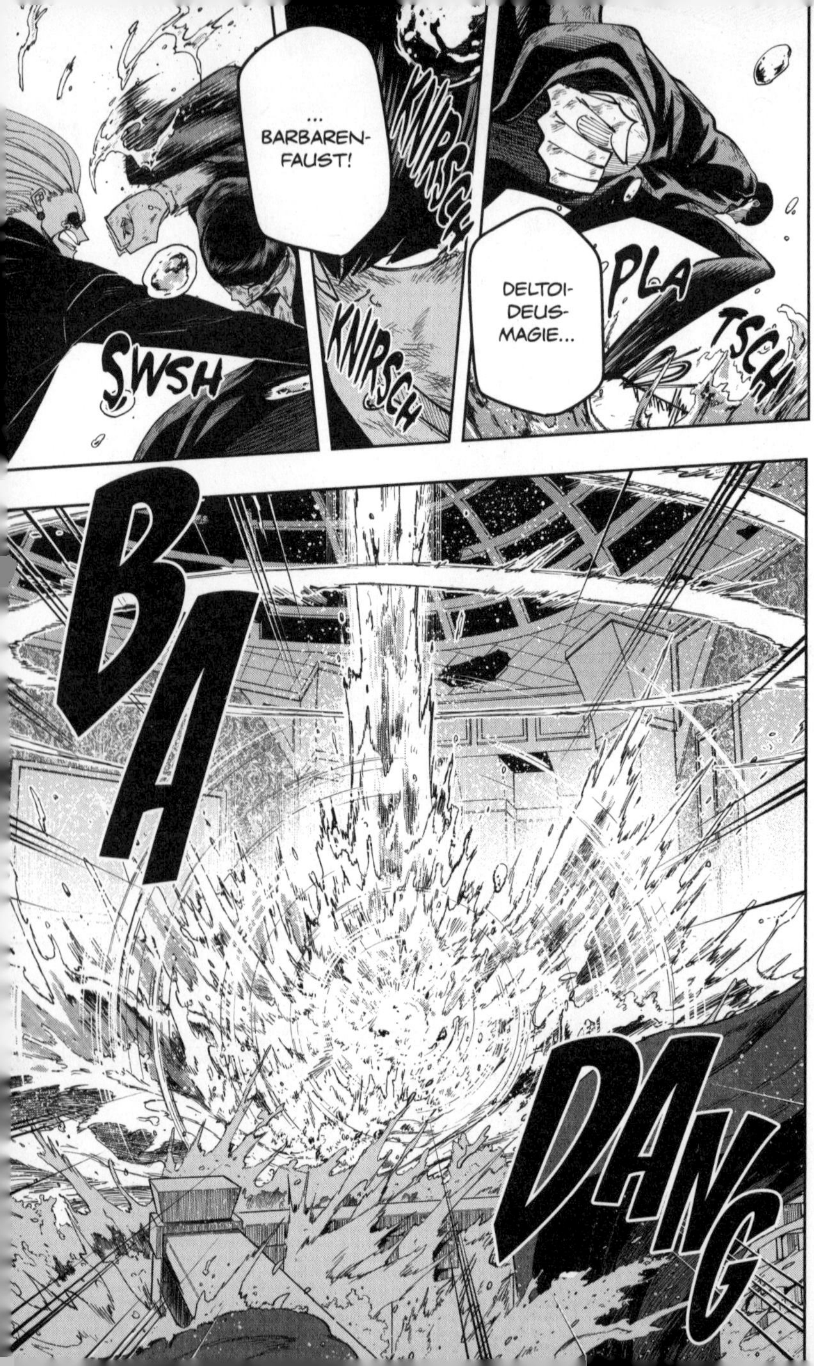
DELTOI-DEUS-MAGIE...
PLATSCH
KNIRSCH
KNIRSCH
... BARBAREN-FAUST!
SWSH
BA
DANG

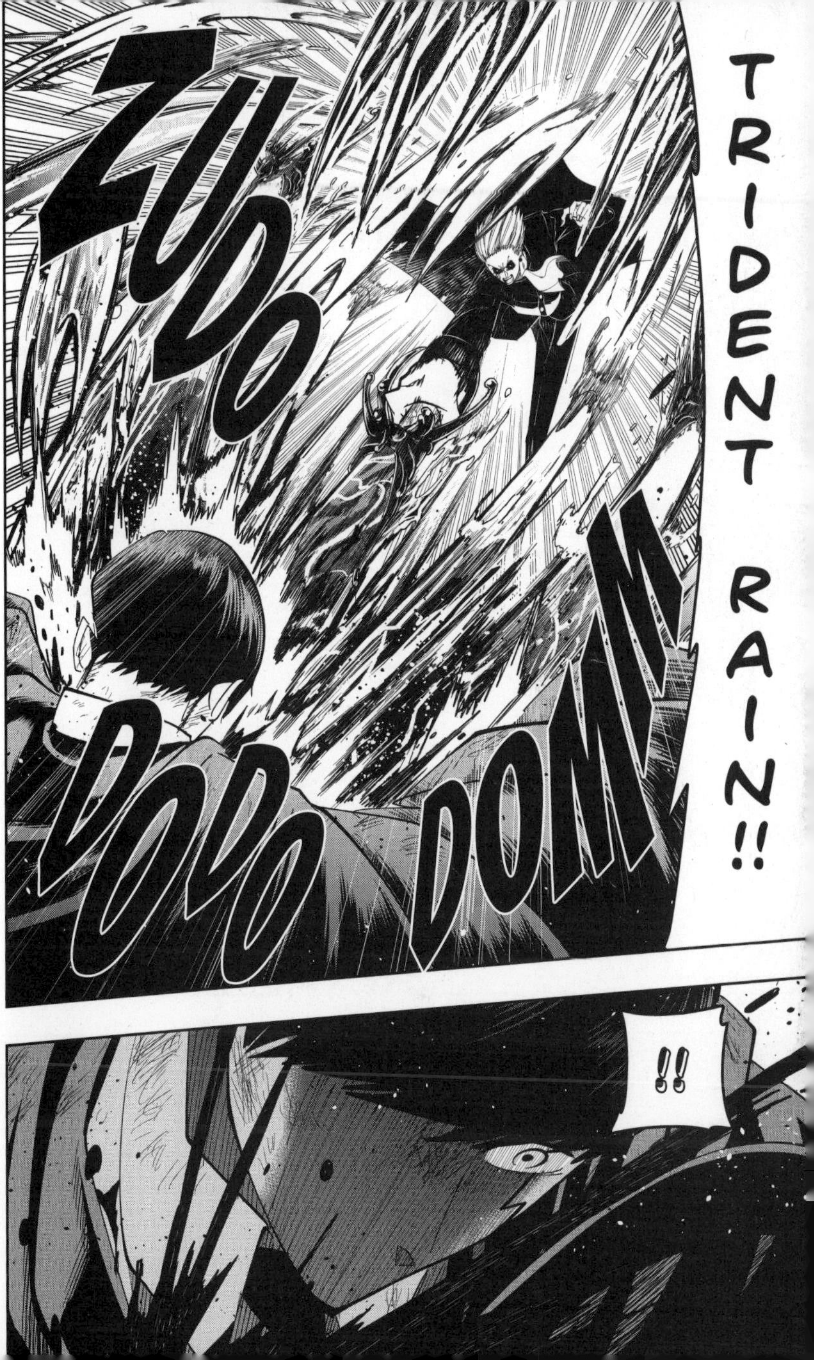
TRIDENT RAIN!!
ZUDO
DODODO DOM
!!

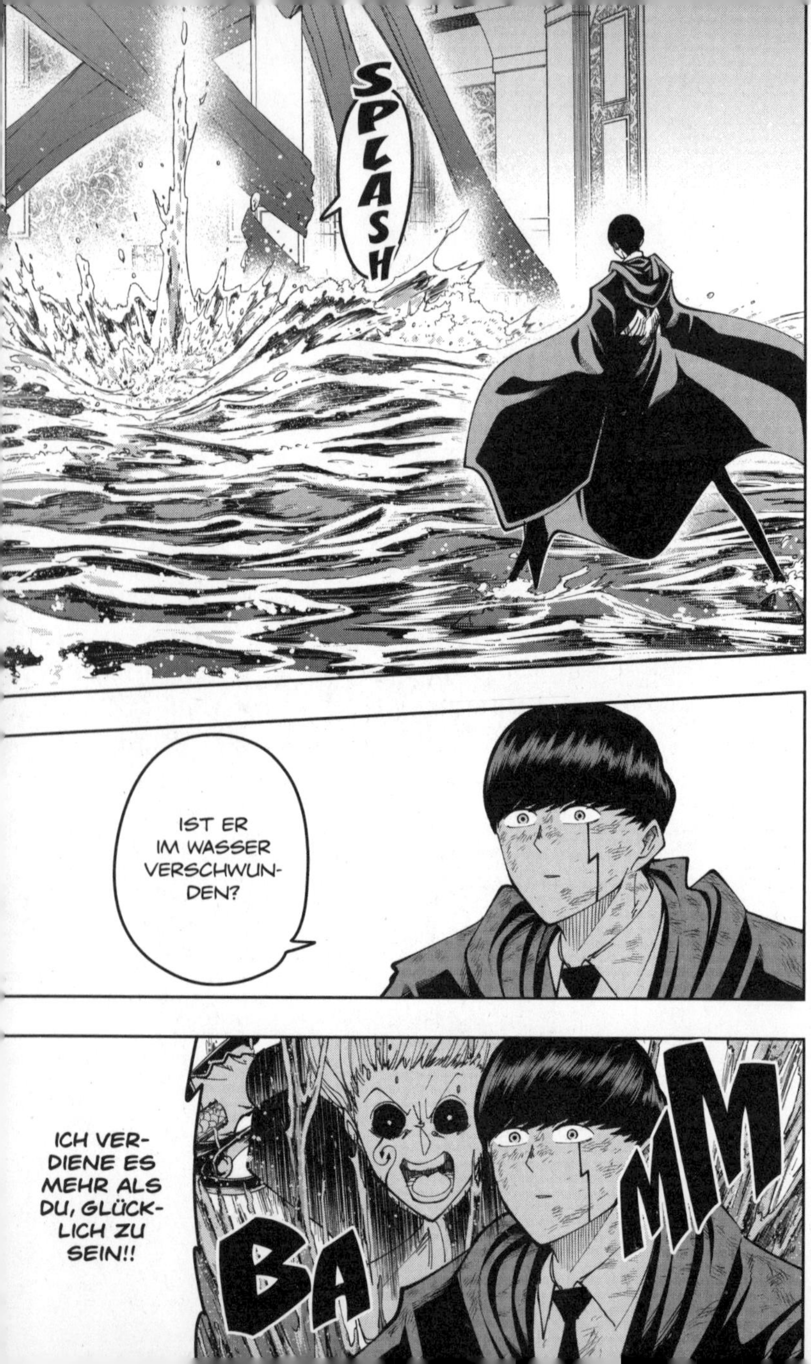
SPLASH
IST ER IM WASSER VERSCHWUN-DEN?
ICH VER-DIENE ES MEHR ALS DU, GLÜCK-LICH ZU SEIN!!
BAMM

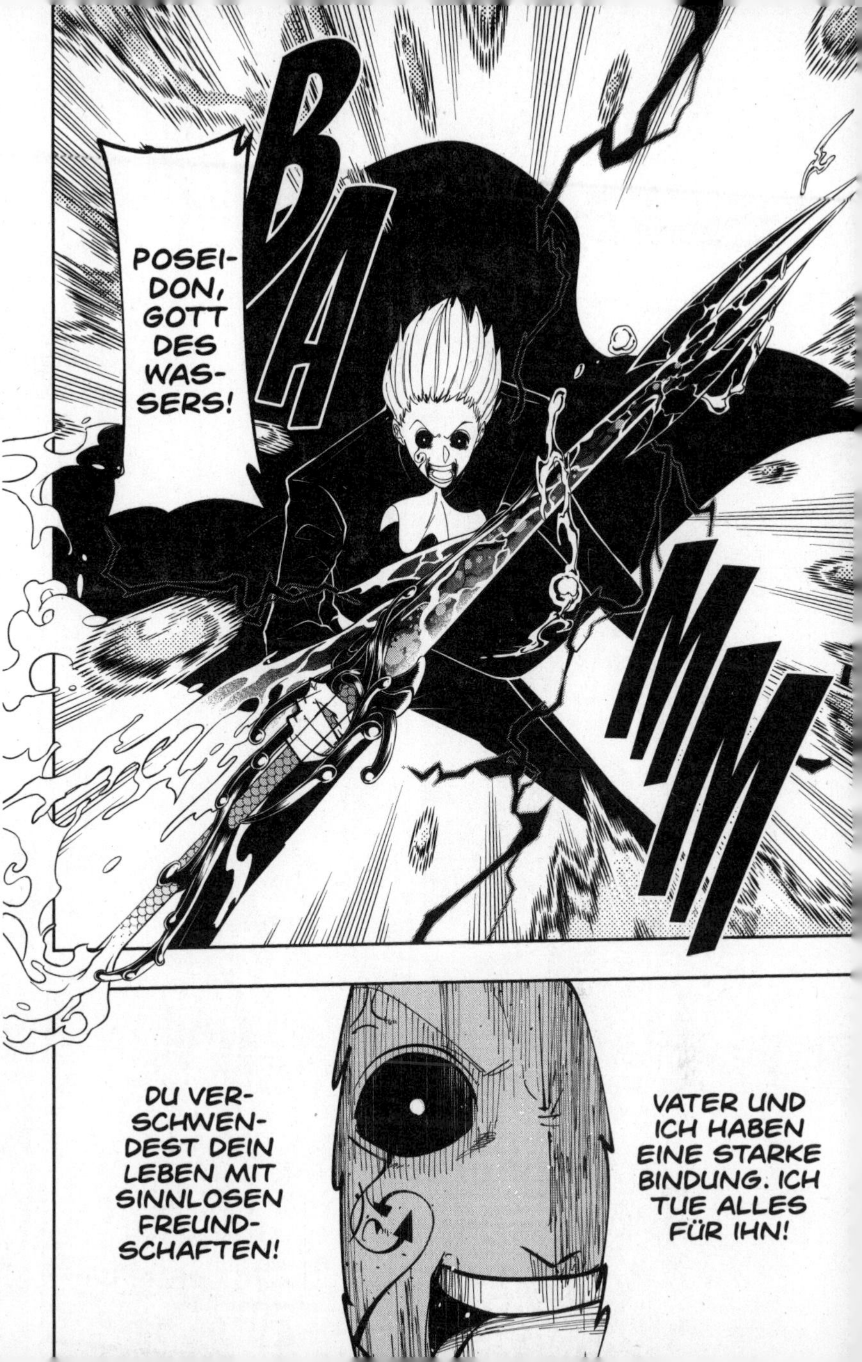
POSEI-
DON,
GOTT
DES
WAS-
SERS!
BAMMM
VATER UND ICH HABEN EINE STARKE BINDUNG. ICH TUE ALLES FÜR IHN!
DU VERSCHWENDEST DEIN LEBEN MIT SINNLOSEN FREUNDSCHAFTEN!

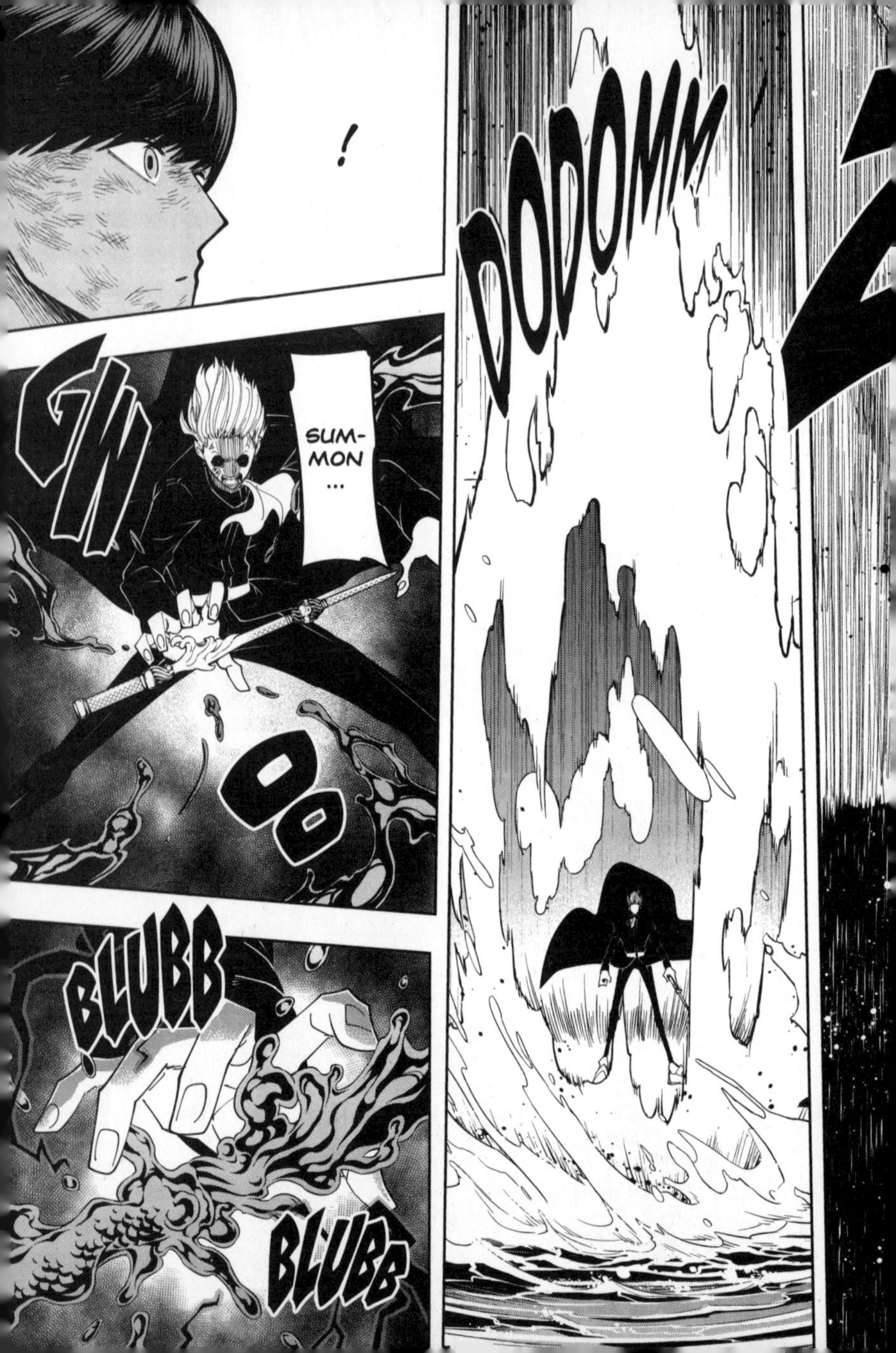
!
GWN
SUM-
MON
...
DODOMM
OO
BLUBB
BLUBB

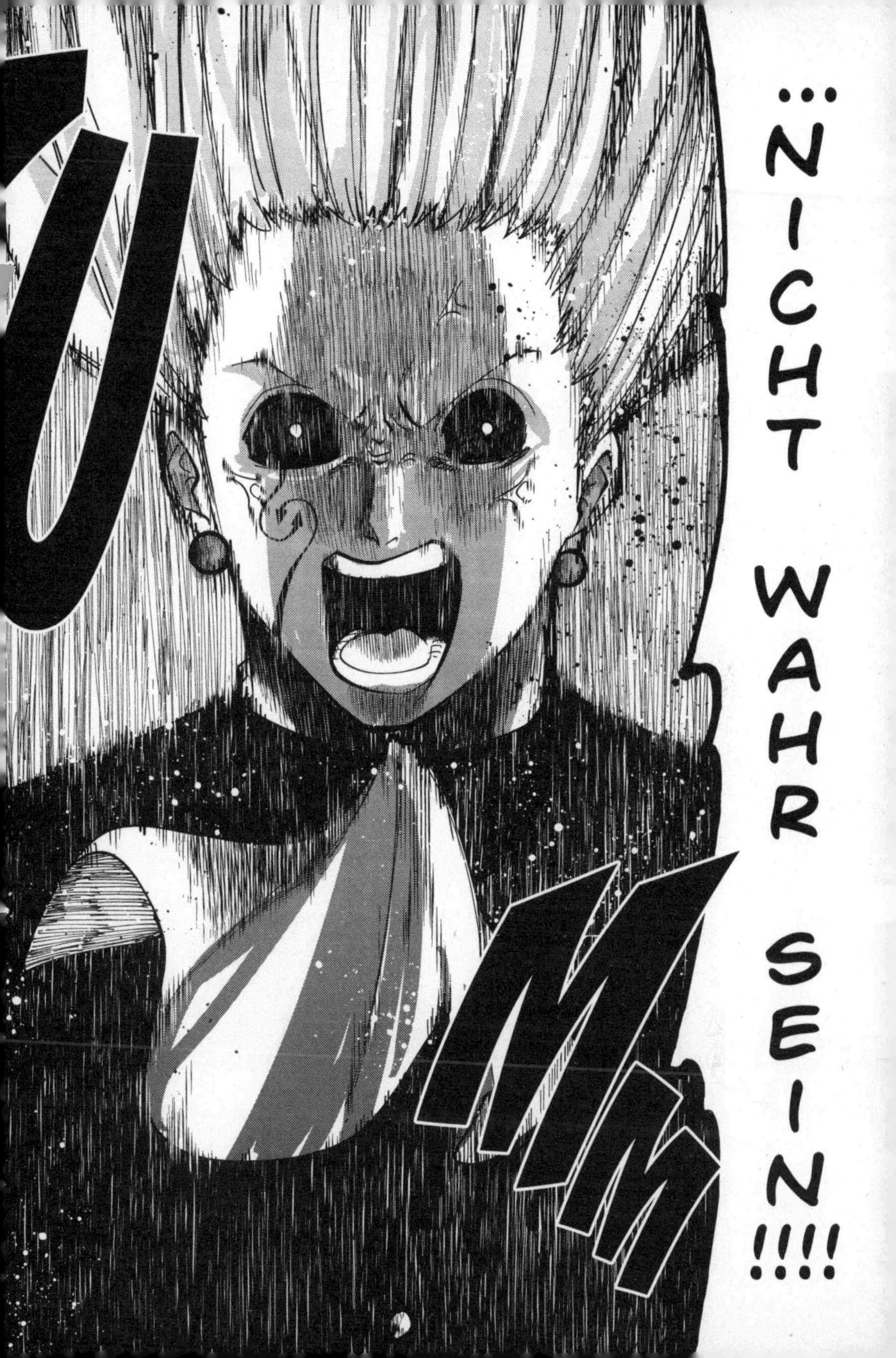
...NICHT WAHR SEIN!!!!

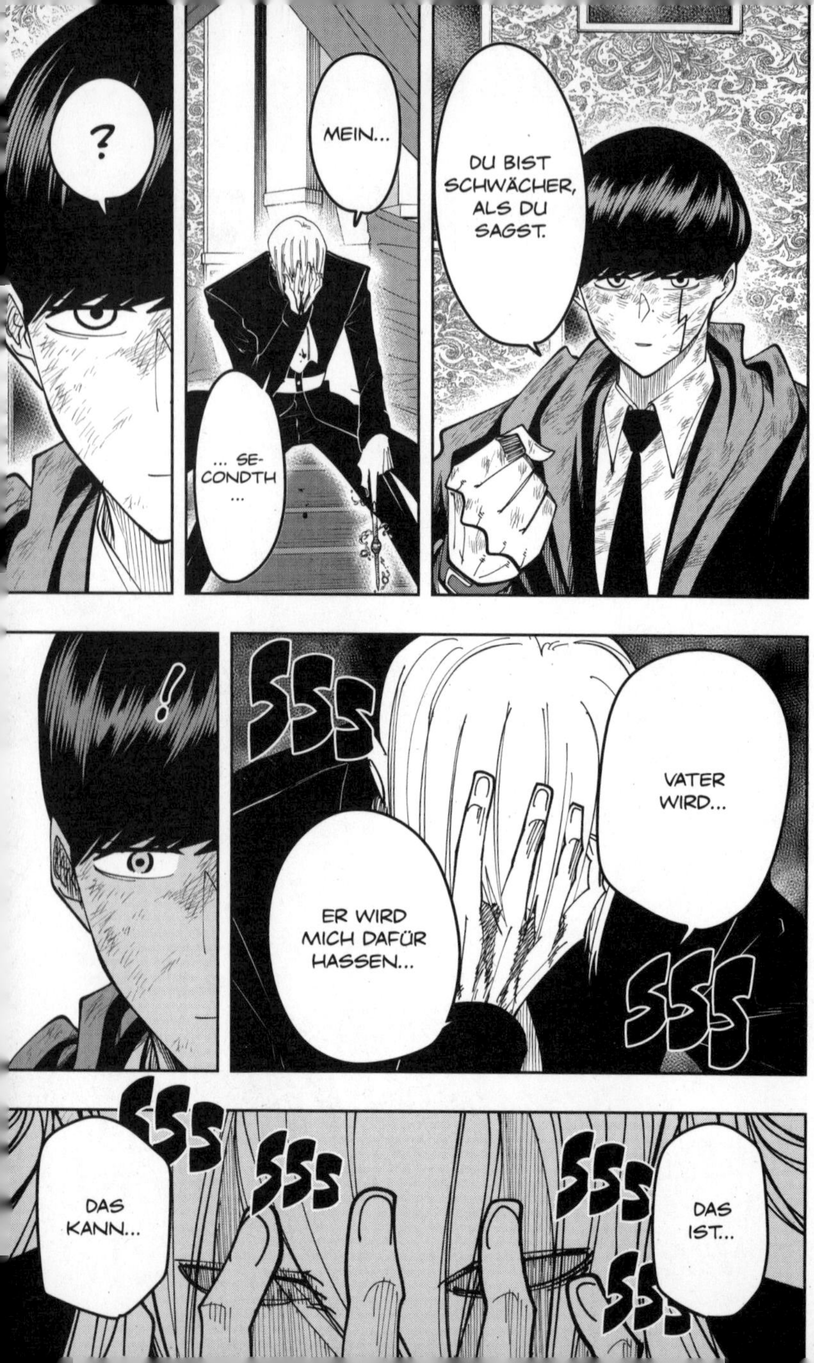
DU BIST SCHWÄCHER, ALS DU SAGST.
MEIN...
... SE-CONDTH ...
?
VATER WIRD...
ER WIRD MICH DAFÜR HASSEN...
SSS
SSS
!
DAS IST...
SSS
SSS
SSS
DAS KANN...
SSS

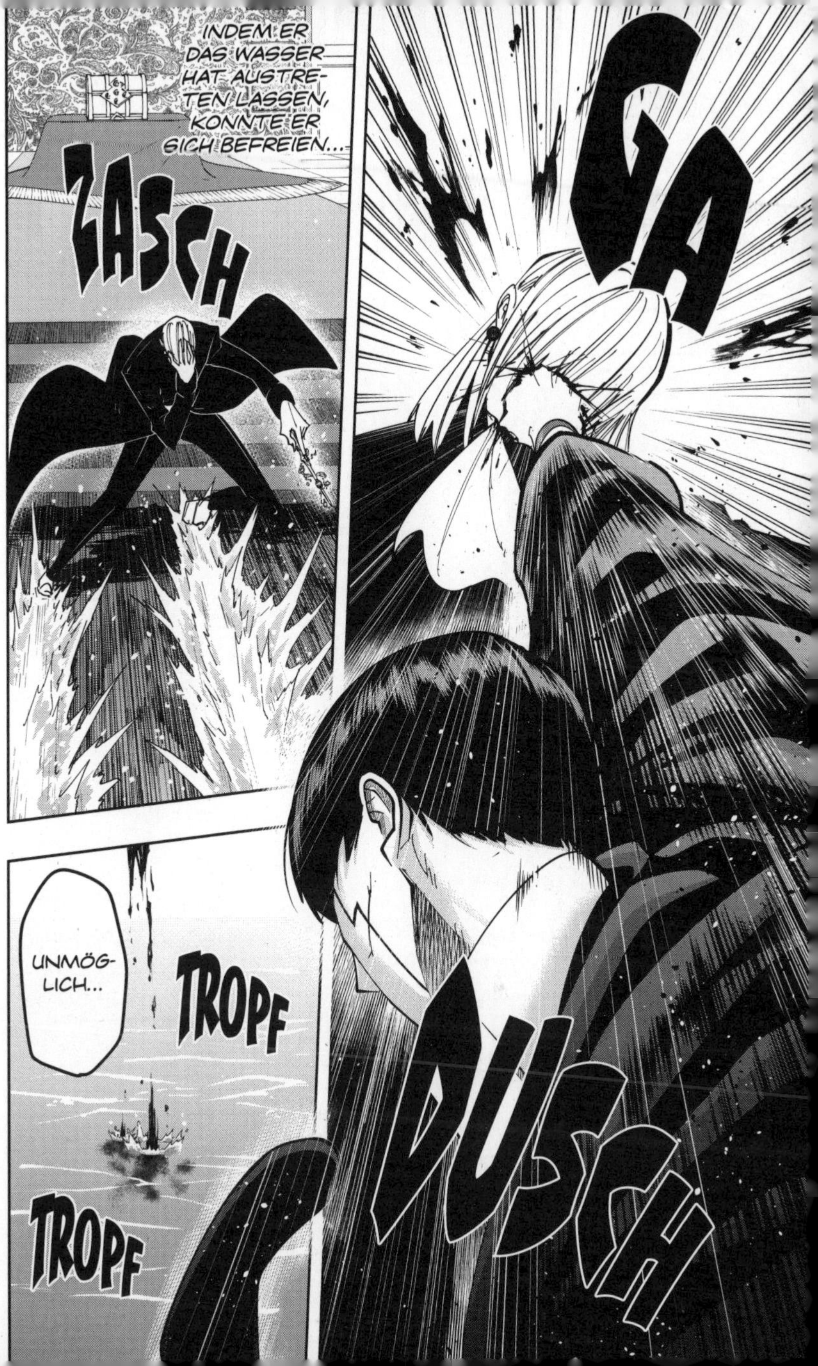
GA
INDEM ER DAS WASSER HAT AUSTRETEN LASSEN, KONNTE ER SICH BEFREIEN...
ZASCH
DUSCH
TROPF
UNMÖGLICH...
TROPF

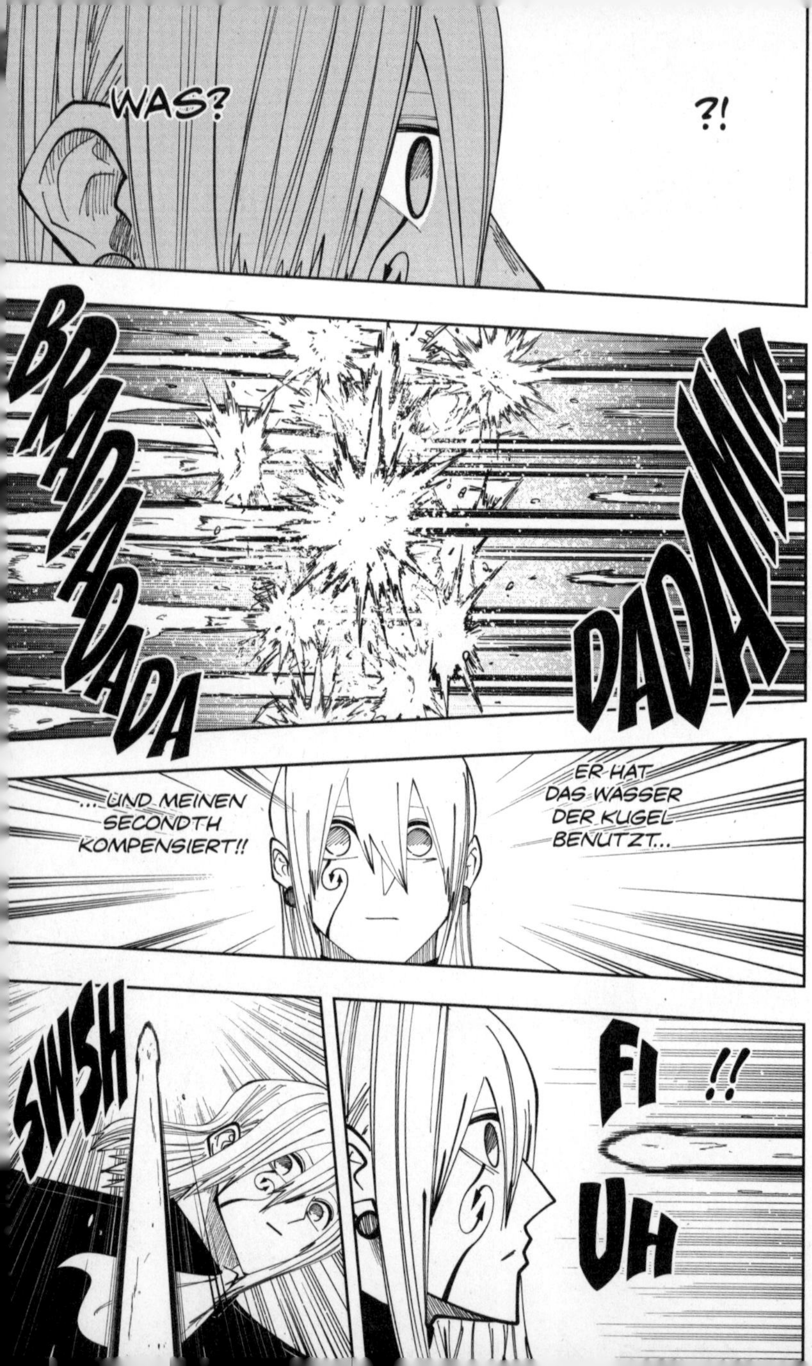
?!
WAS?
DADAMM
BRADADADA
ER HAT DAS WASSER DER KUGEL BENUTZT...
... UND MEINEN SECONDTH KOMPENSIERT!!
FI UH
!!
SWSH

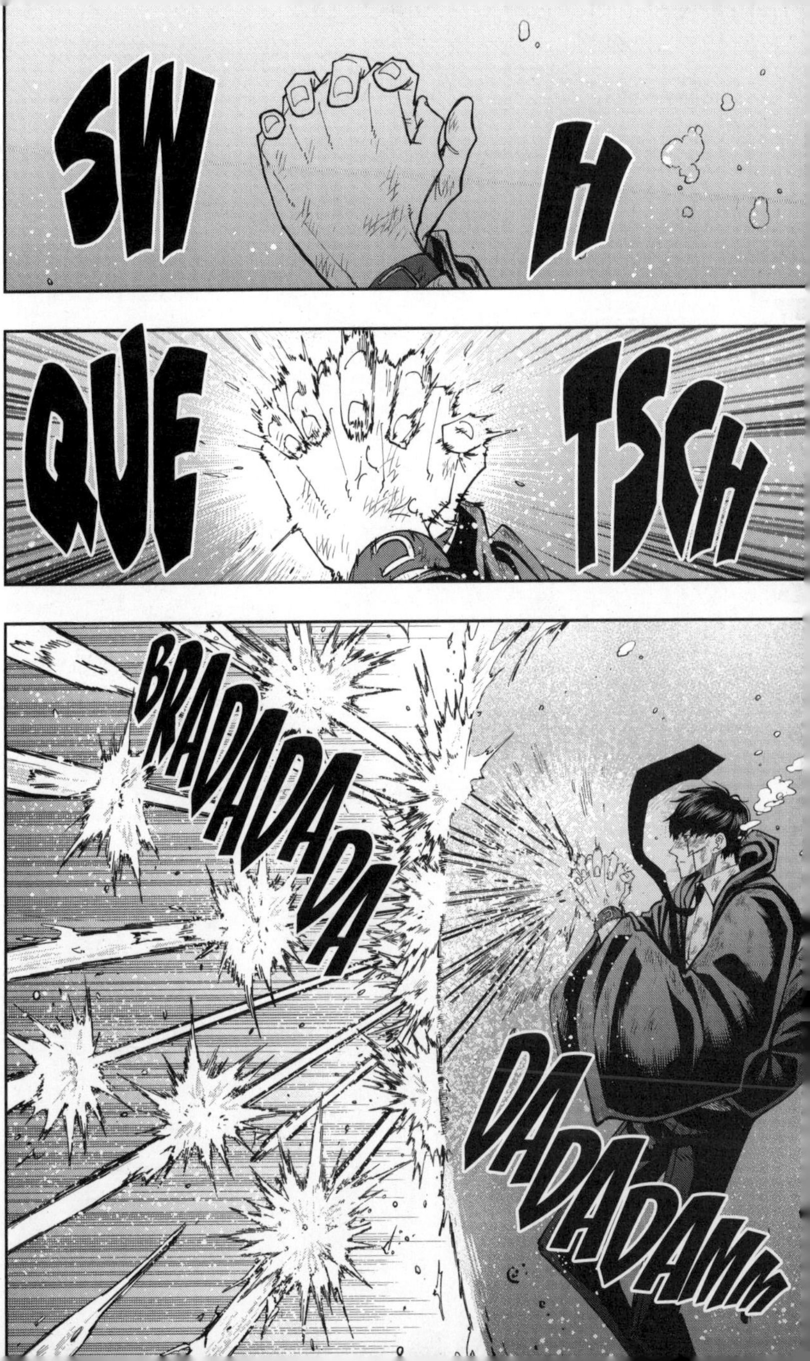
SW
H
QUE
TSCH
BRADADADA
DADADADAMM

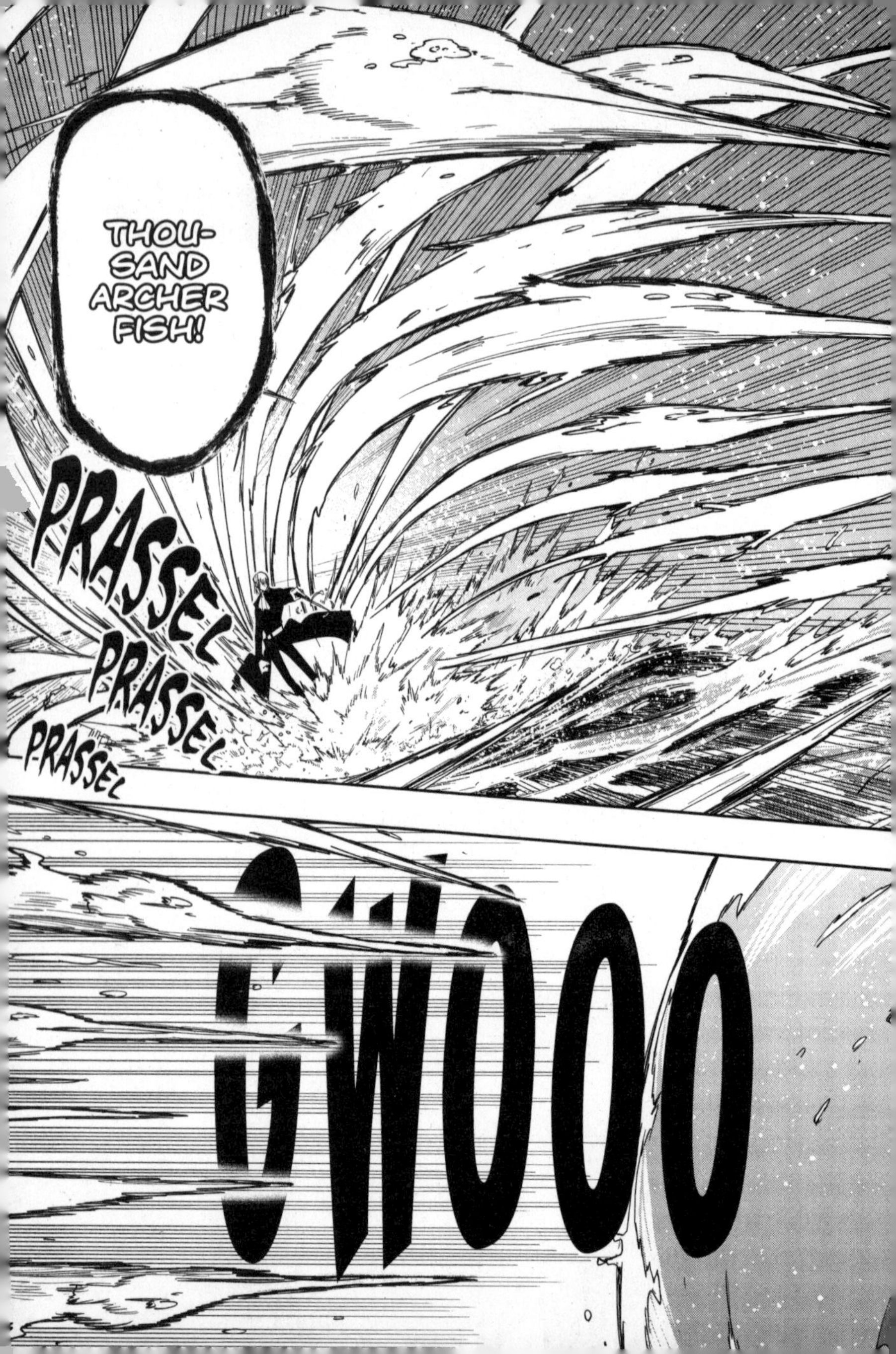
THOU-
SAND
ARCHER
FISH!
PRASSEL
PRASSEL
PRASSEL
GWOOO

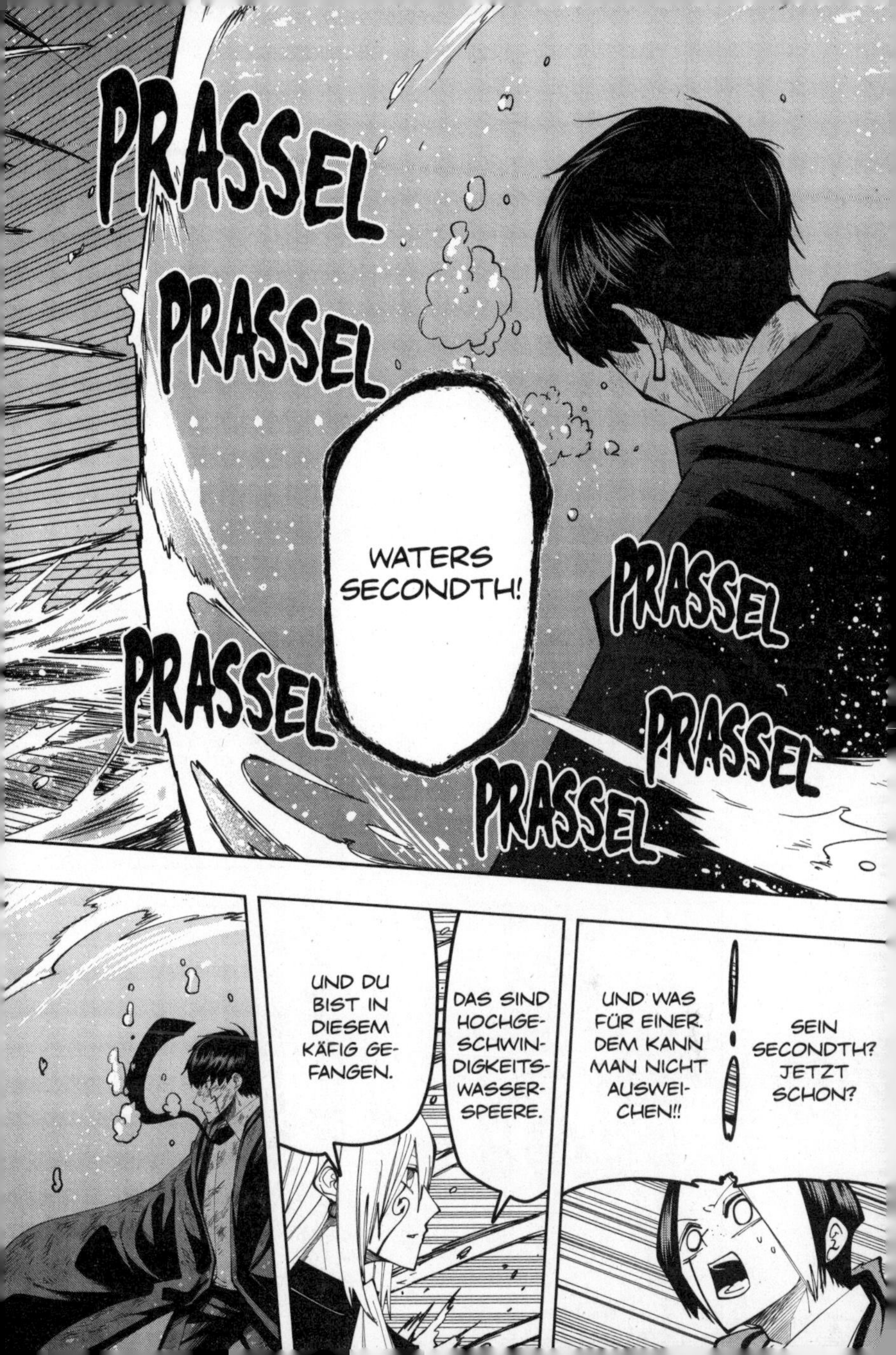
PRASSEL
PRASSEL
WATERS SECONDTH!
PRASSEL
PRASSEL
PRASSEL
PRASSEL
SEIN SECONDTH? JETZT SCHON?
!
UND WAS FÜR EINER. DEM KANN MAN NICHT AUSWEICHEN!!
DAS SIND HOCHGESCHWINDIGKEITS-WASSERSPEERE.
UND DU BIST IN DIESEM KÄFIG GEFANGEN.

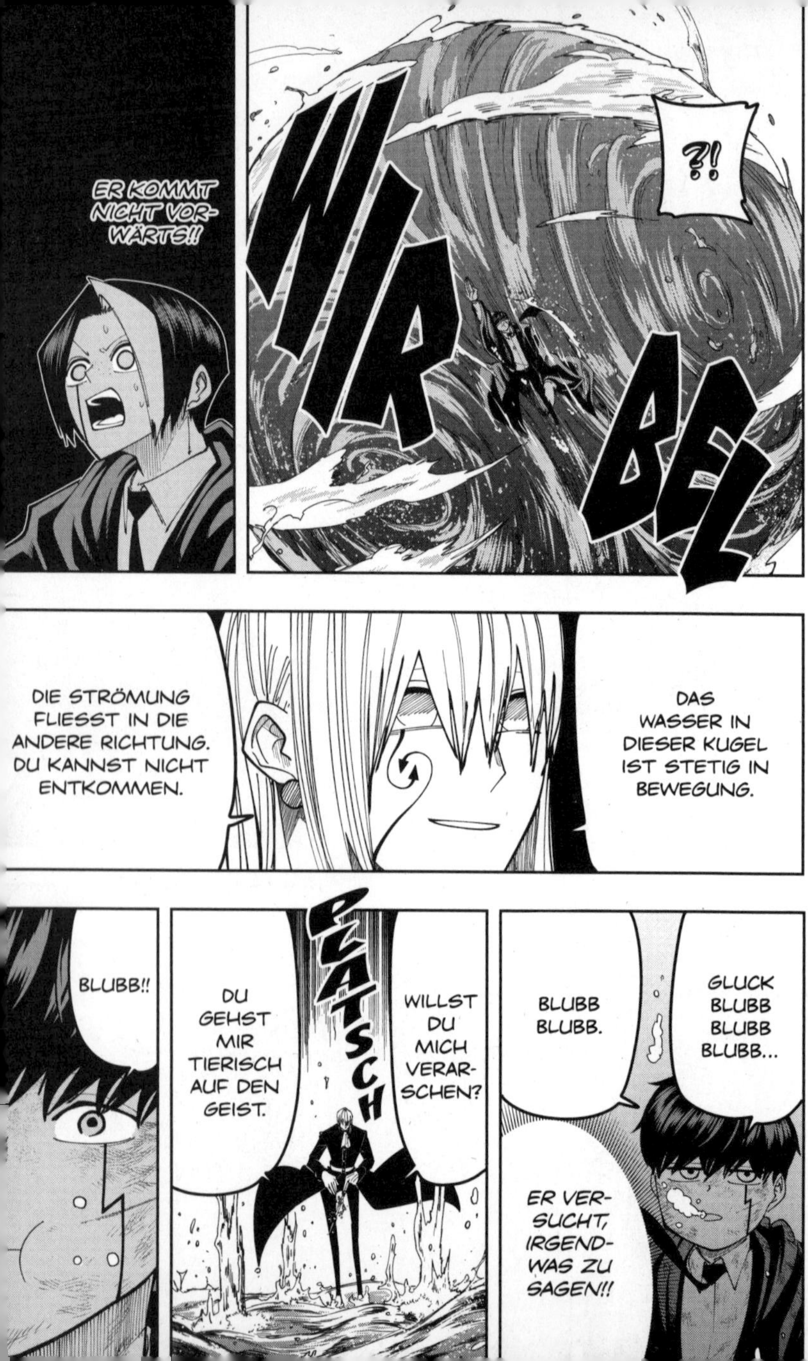
WIRBEL
?!
ER KOMMT NICHT VORWÄRTS!!
DAS WASSER IN DIESER KUGEL IST STETIG IN BEWEGUNG.
DIE STRÖMUNG FLIESST IN DIE ANDERE RICHTUNG. DU KANNST NICHT ENTKOMMEN.
GLUCK BLUBB BLUBB BLUBB...
BLUBB BLUBB.
ER VERSUCHT, IRGENDWAS ZU SAGEN!!
WILLST DU MICH VERARSCHEN?
PLATSCH
DU GEHST MIR TIERISCH AUF DEN GEIST.
BLUBB!!

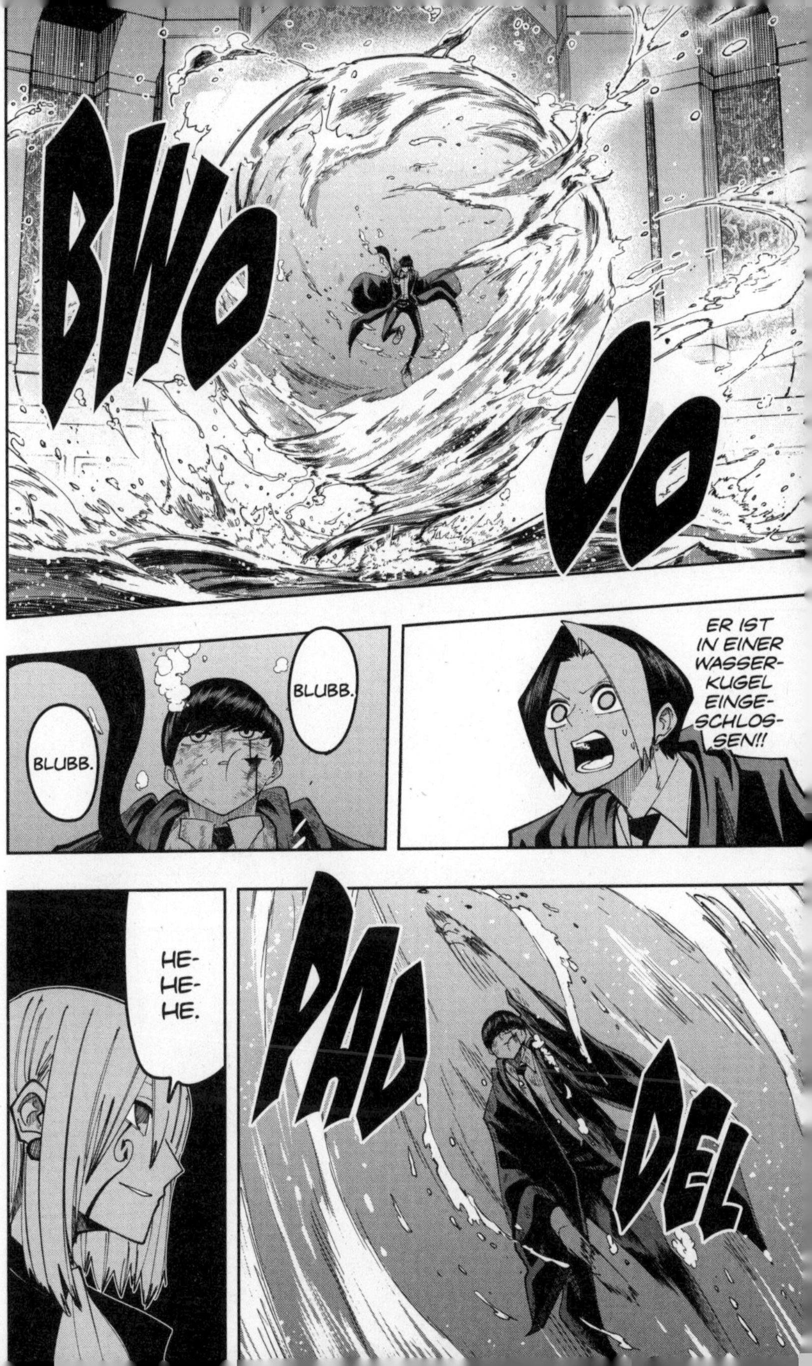
BWO
OO
ER IST IN EINER WASSER-KUGEL EINGE-SCHLOS-SEN!!
BLUBB.
BLUBB.
PAD
DEL
HE-HE-HE.

94. Kapitel Mash Burnedead und der Zorn der Wasser-Inkarnation

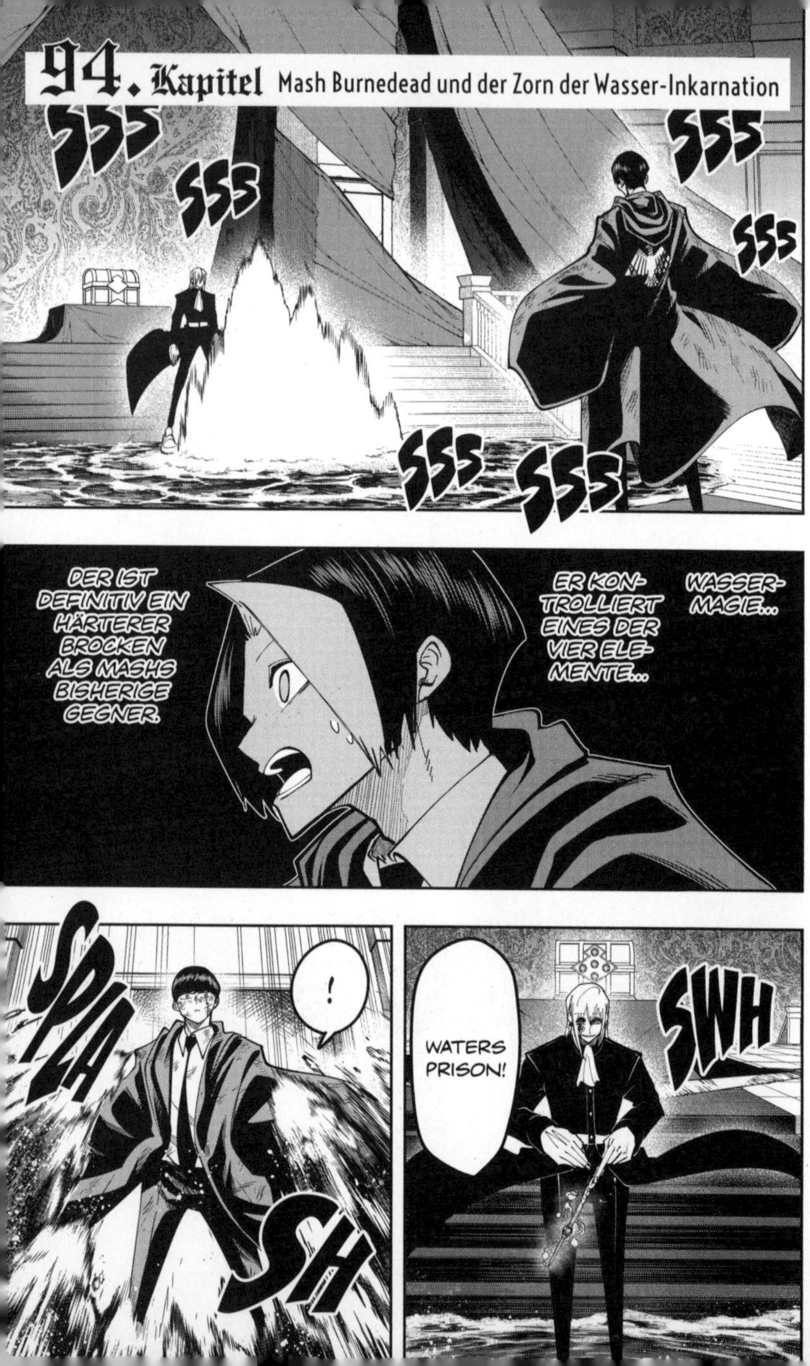

Extra 1

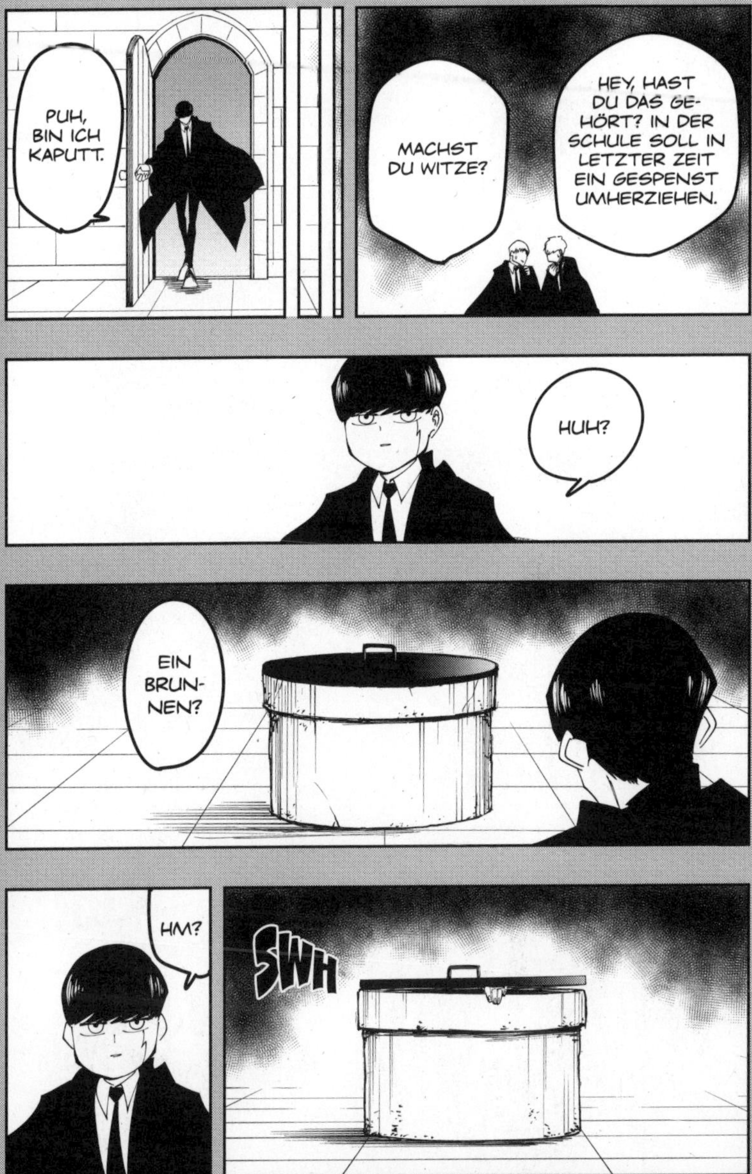

Fortsetzung auf Seite 72

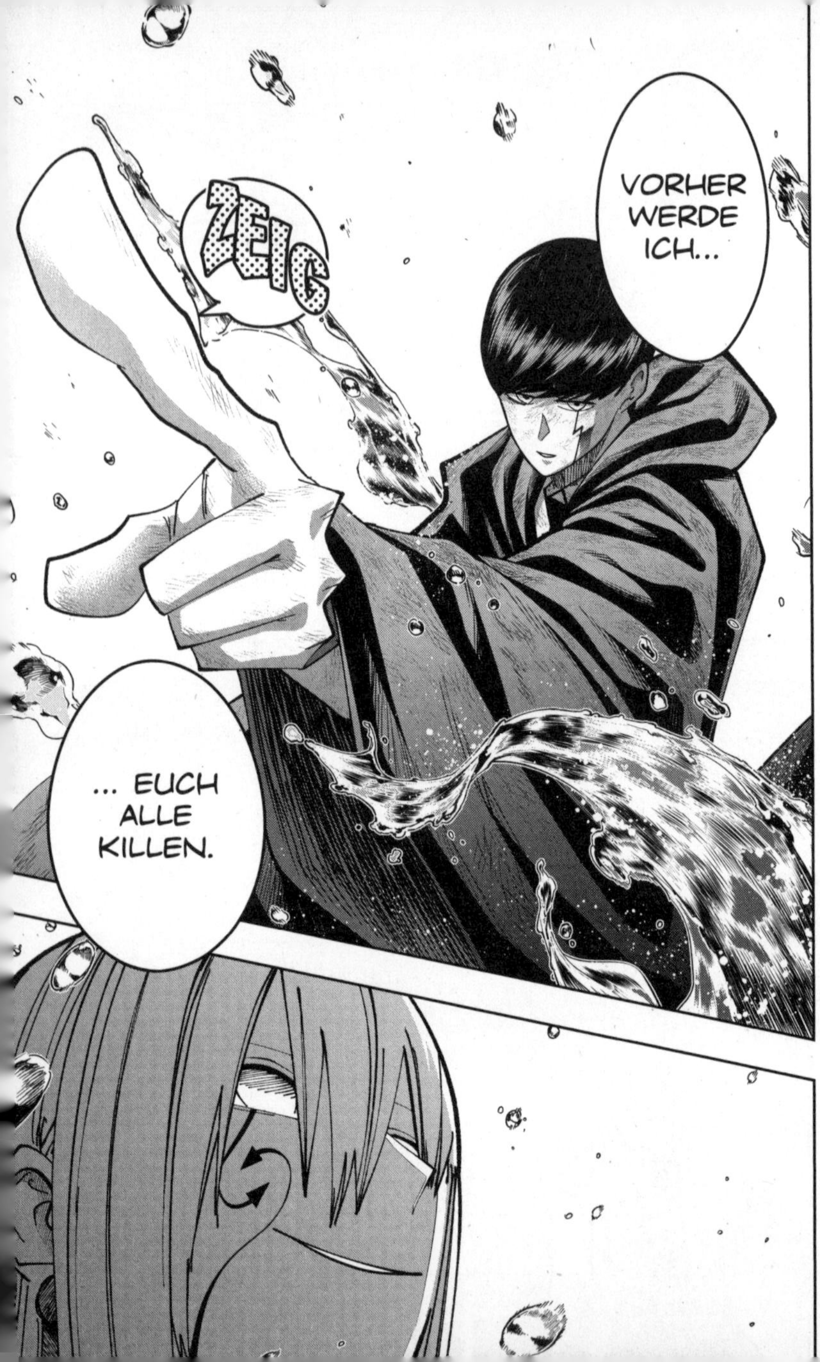
VORHER WERDE ICH...
ZEIG
... EUCH ALLE KILLEN.

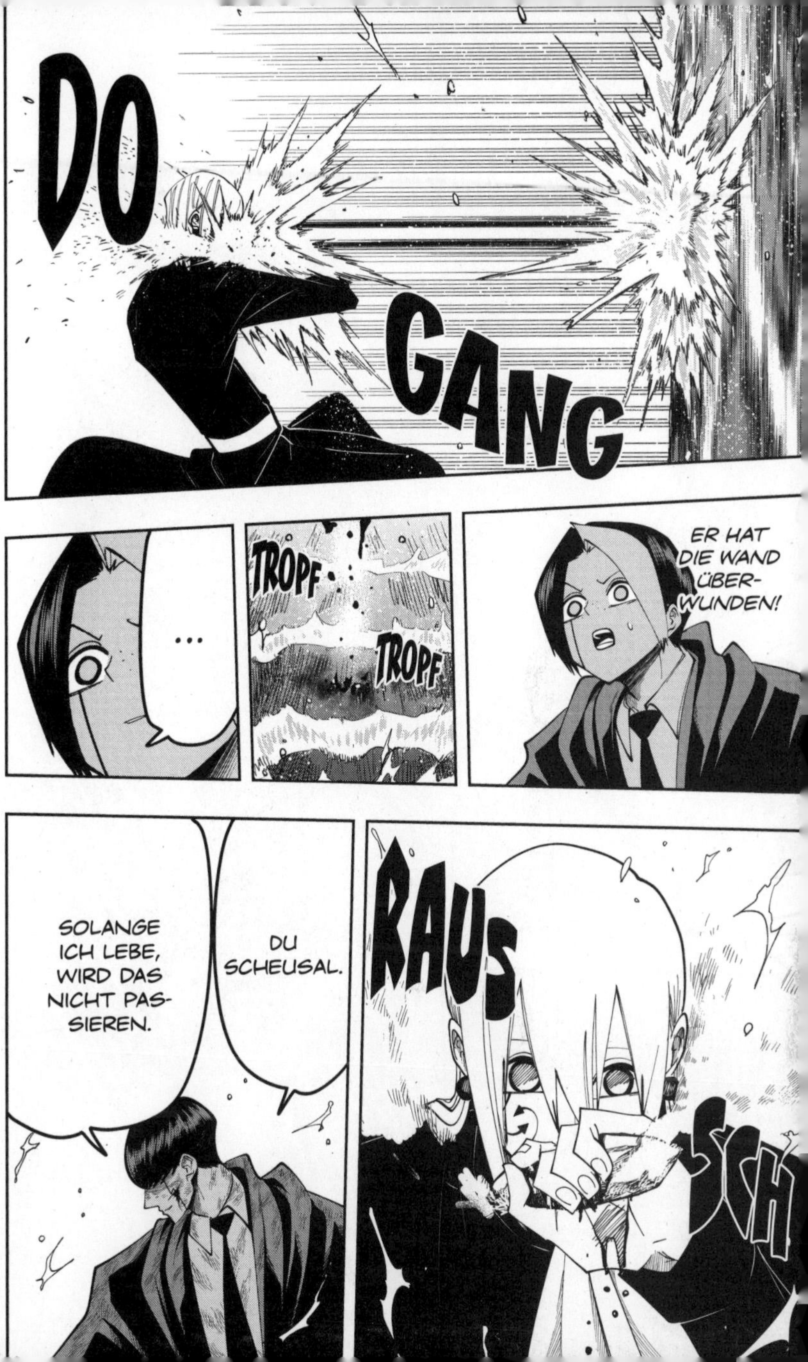
DO
GANG
ER HAT DIE WAND ÜBER-WUNDEN!
TROPF
TROPF
...
RAUS
SCH
DU SCHEUSAL.
SOLANGE ICH LEBE, WIRD DAS NICHT PAS-SIEREN.

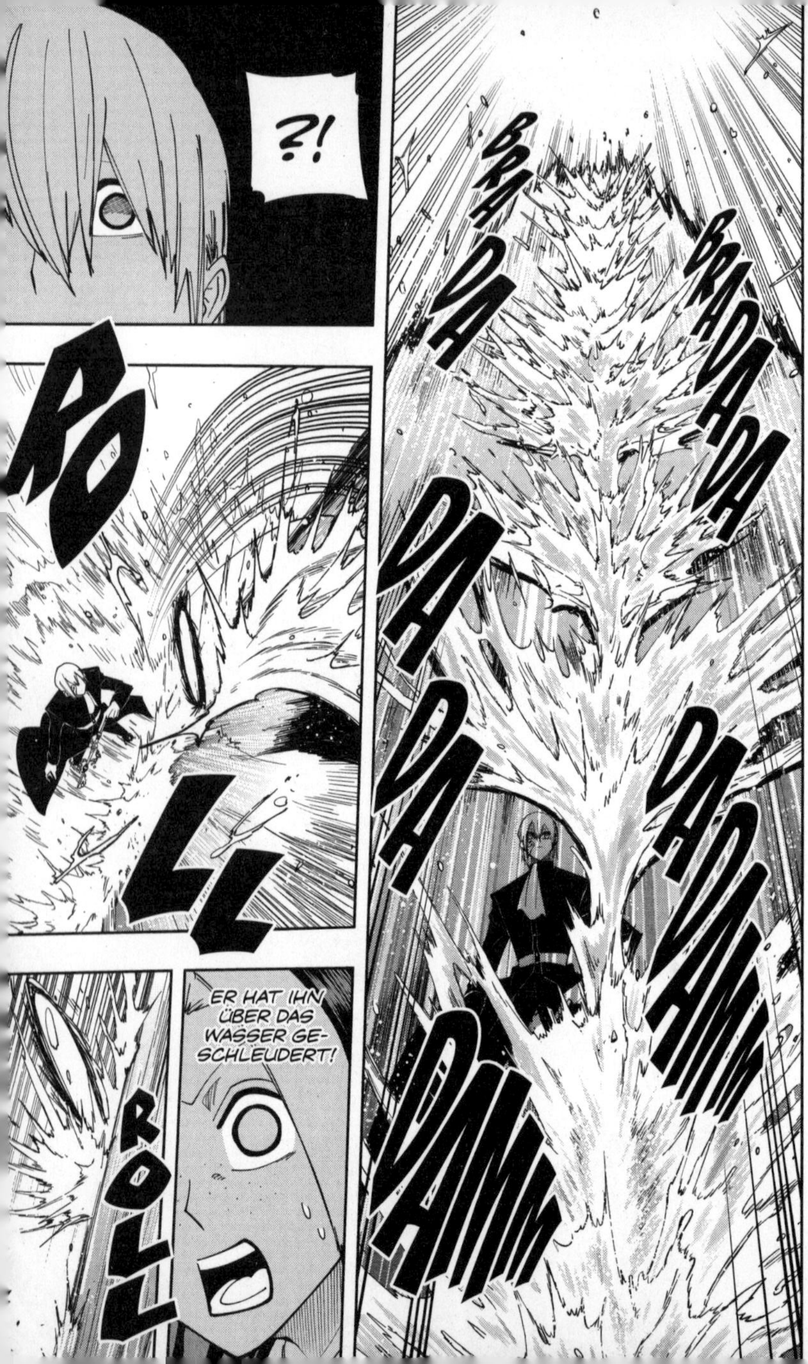
?!
ROLL
ROLL
ER HAT IHN ÜBER DAS WASSER GE-SCHLEUDERT!

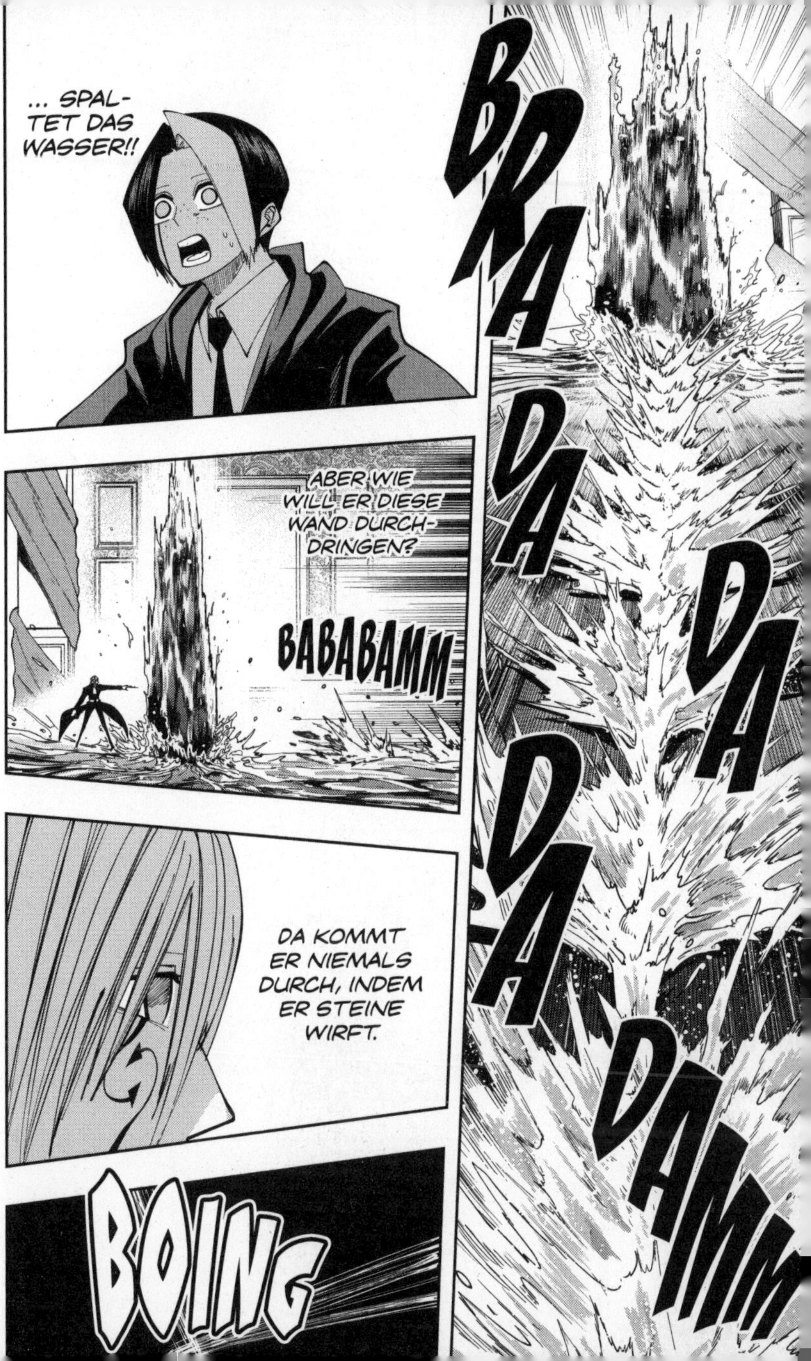
BRADADADA
DADAMM
... SPAL-
TET DAS
WASSER!!
ABER WIE
WILL ER DIESE
WAND DURCH-
DRINGEN?
BABABAMM
DA KOMMT
ER NIEMALS
DURCH, INDEM
ER STEINE
WIRFT.
BOING

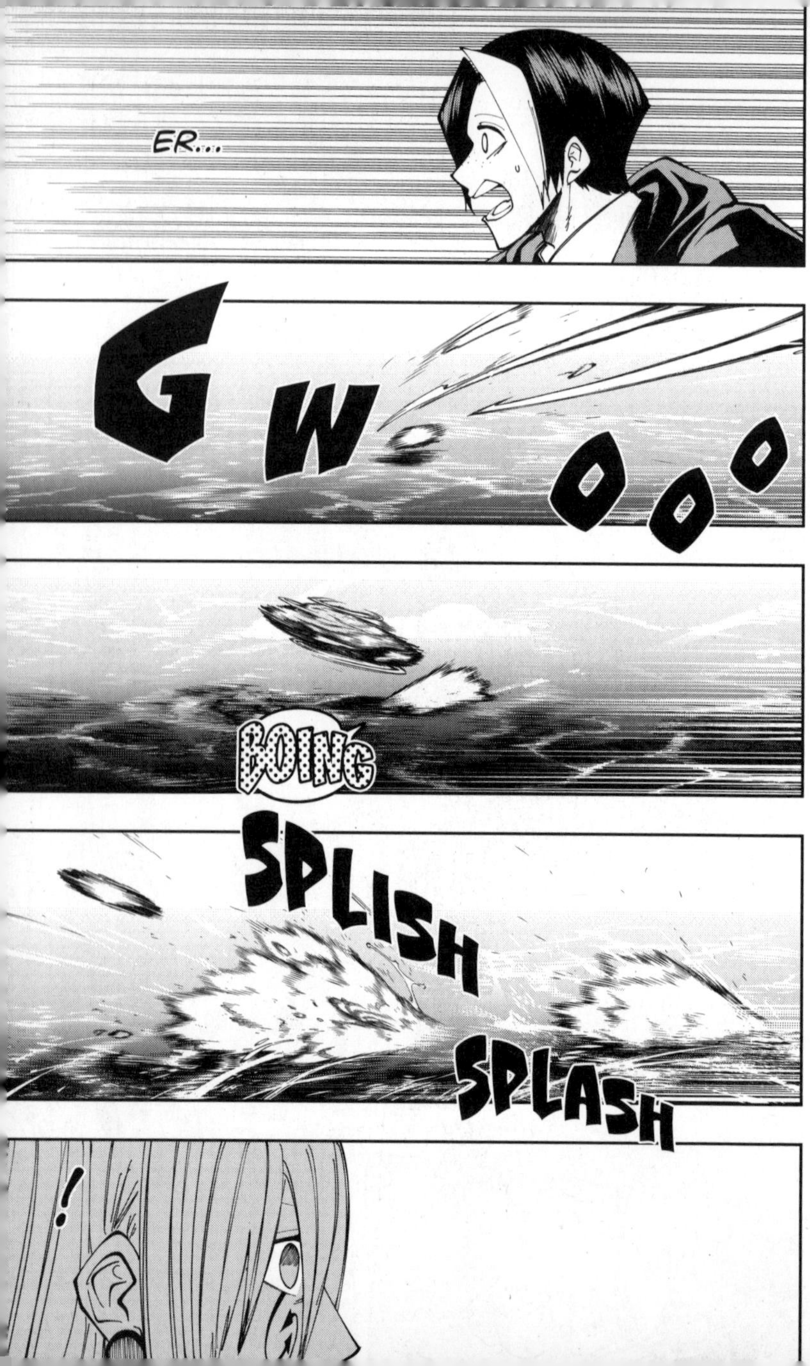
ER...
GWOOO
BOING
SPLISH
SPLASH
!

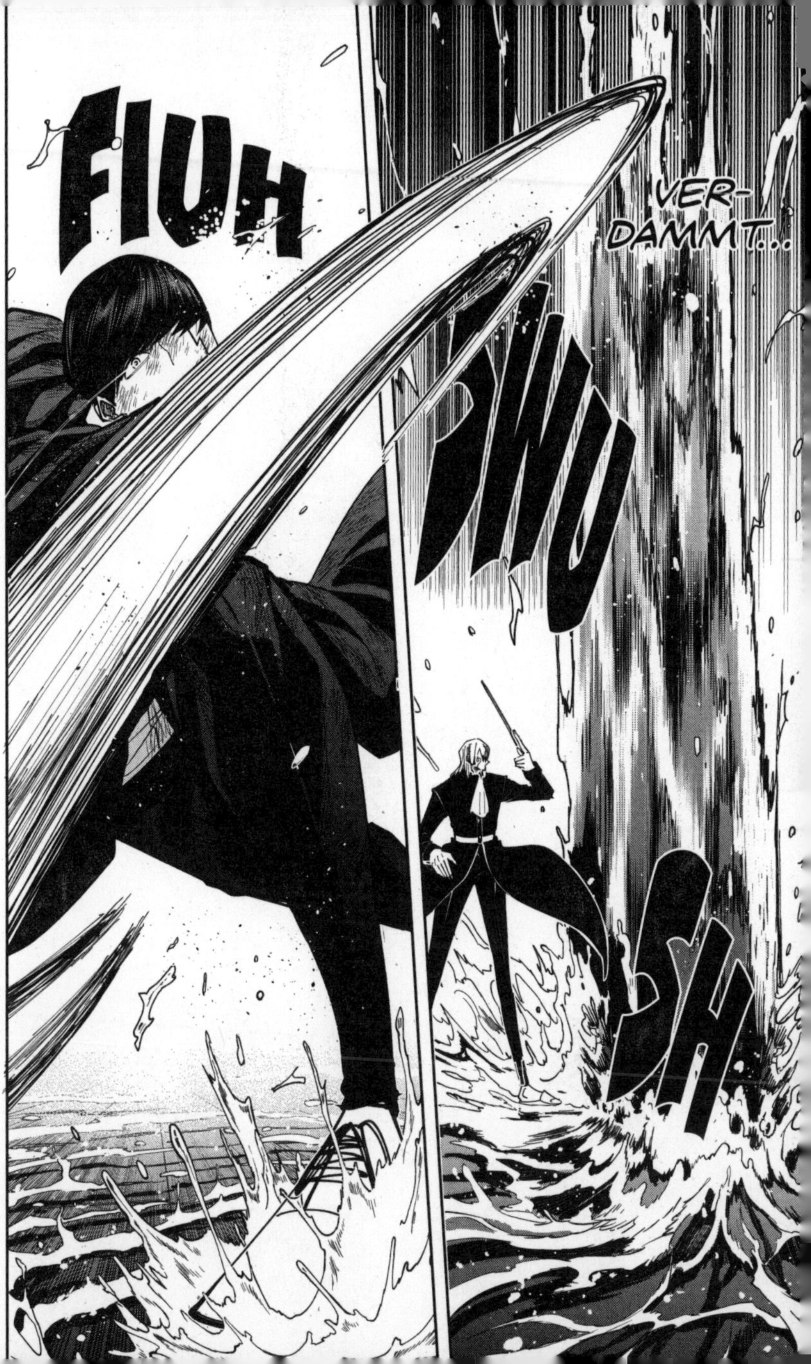
FIUH
VER-
DAMMT…

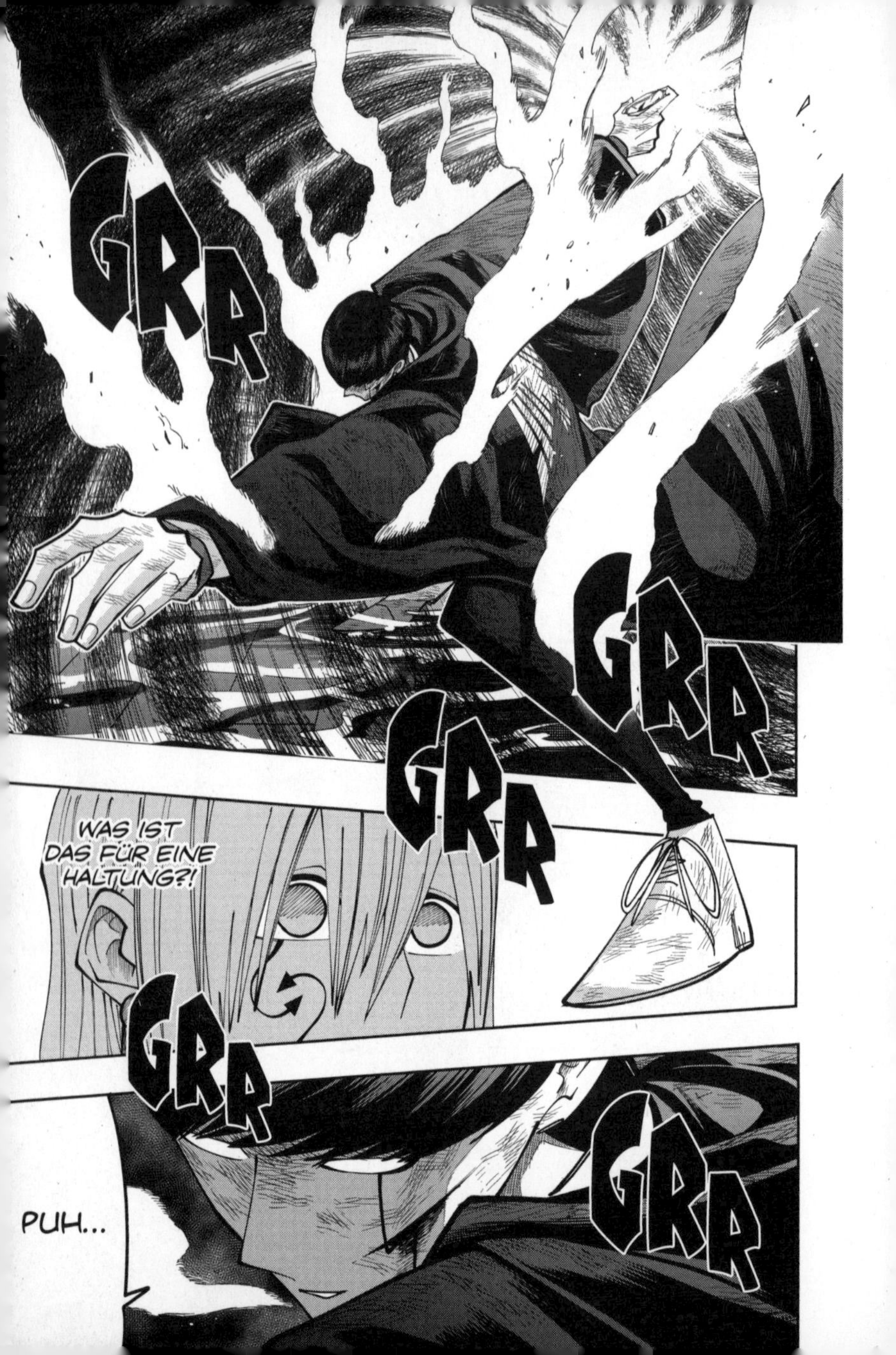
GRR
GRR
GRR
WAS IST DAS FÜR EINE HALTUNG?!
GRR
GRR
PUH...

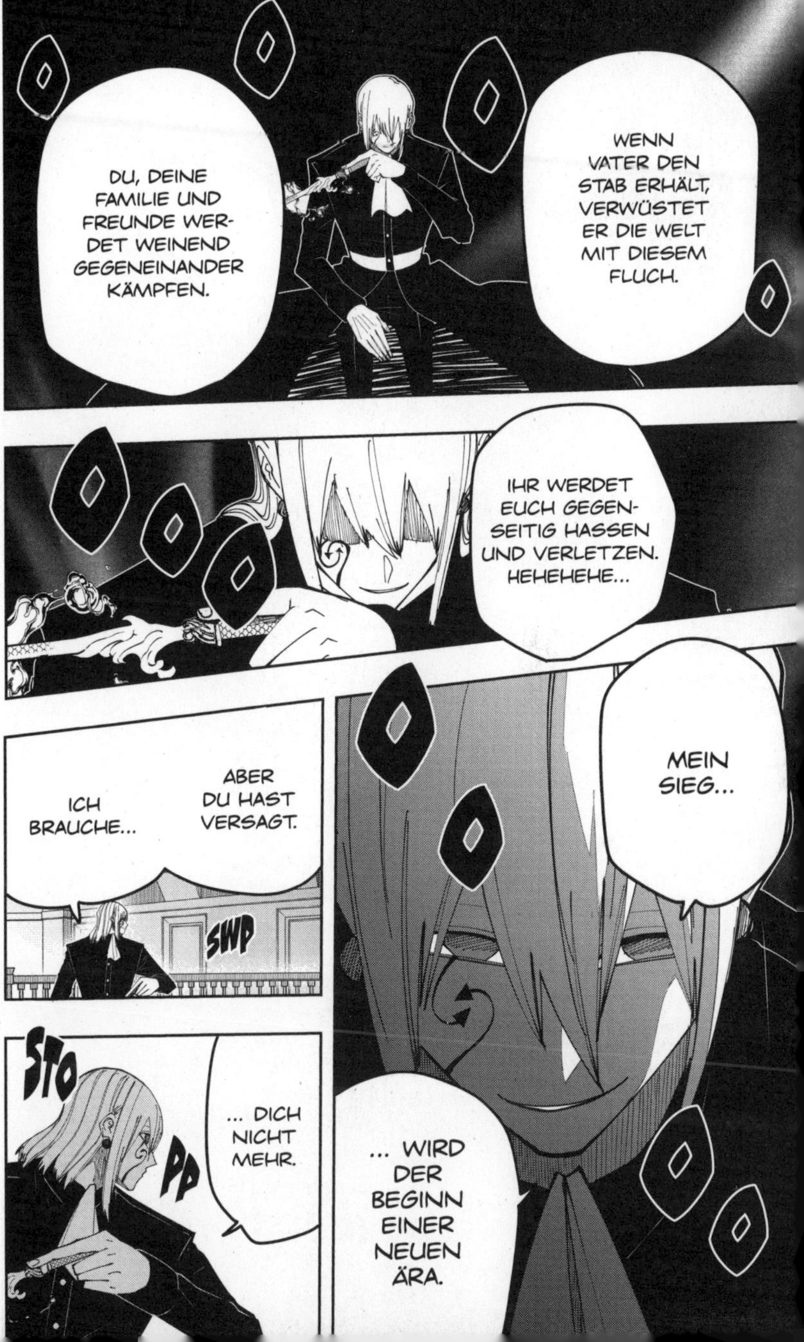
WENN VATER DEN STAB ERHÄLT, VERWÜSTET ER DIE WELT MIT DIESEM FLUCH.
DU, DEINE FAMILIE UND FREUNDE WERDET WEINEND GEGENEINANDER KÄMPFEN.
IHR WERDET EUCH GEGENSEITIG HASSEN UND VERLETZEN. HEHEHEHE...
MEIN SIEG...
... WIRD DER BEGINN EINER NEUEN ÄRA.
ABER DU HAST VERSAGT.
ICH BRAUCHE...
SWP
STOPP
... DICH NICHT MEHR.

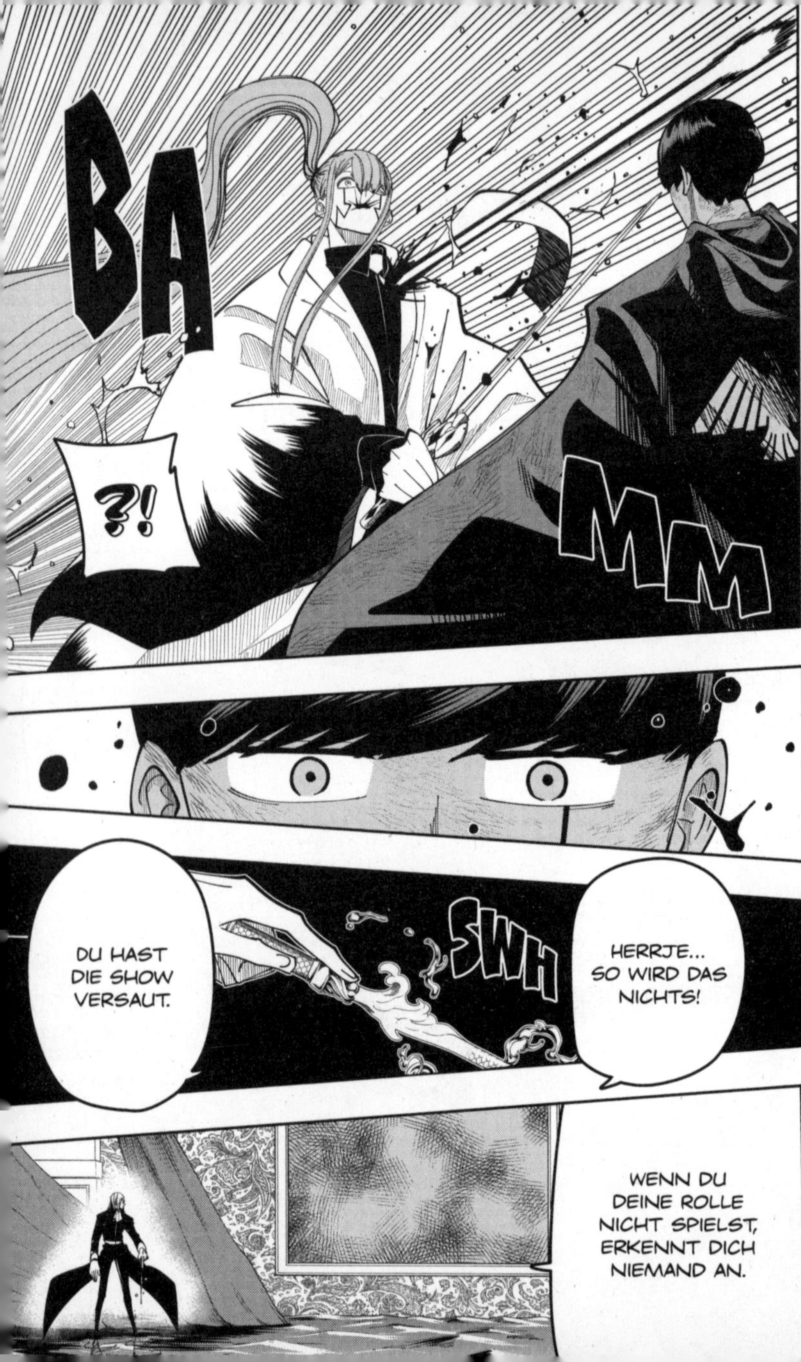
BA
MM
?!
HERRJE... SO WIRD DAS NICHTS!
SWH
DU HAST DIE SHOW VERSAUT.
WENN DU DEINE ROLLE NICHT SPIELST, ERKENNT DICH NIEMAND AN.

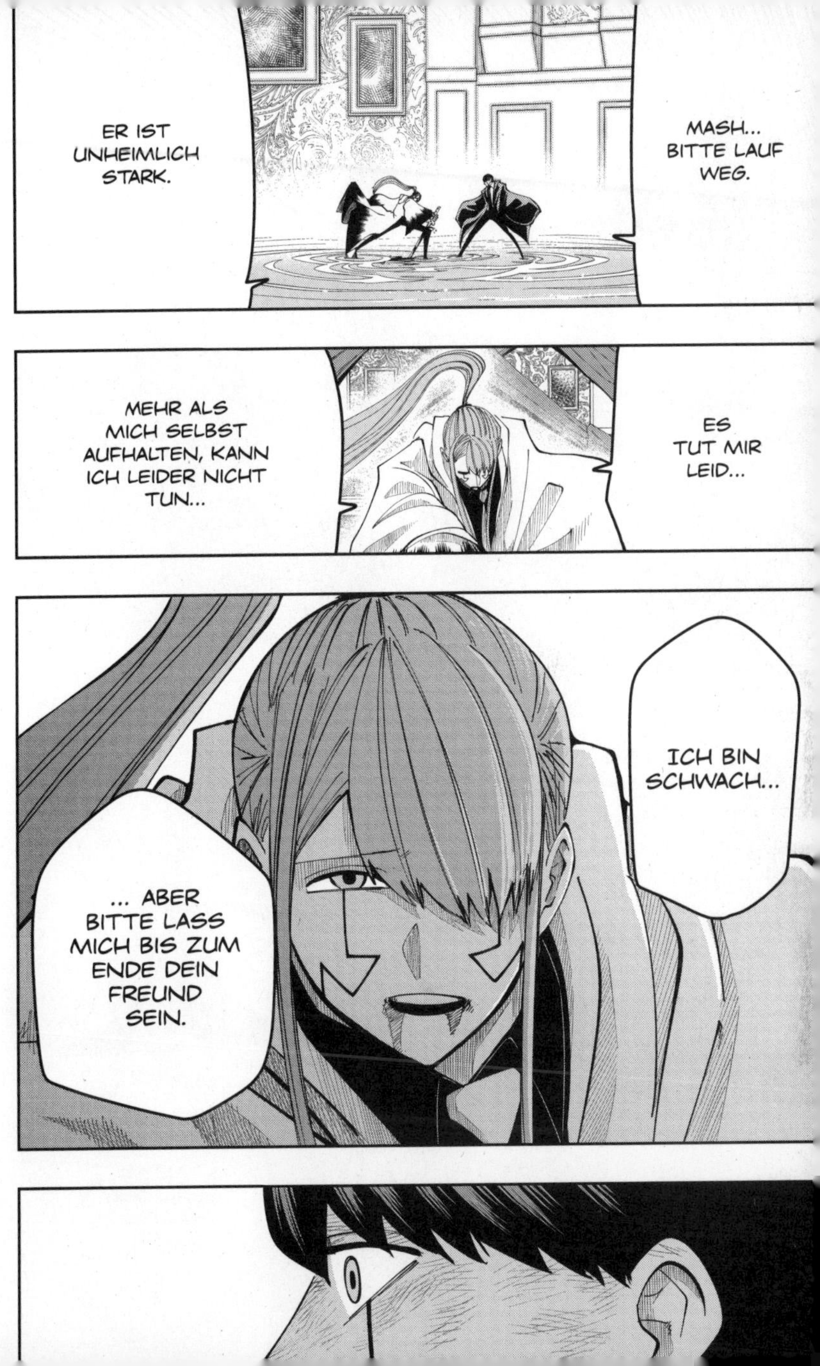
MASH... BITTE LAUF WEG.
ER IST UNHEIMLICH STARK.
ES TUT MIR LEID...
MEHR ALS MICH SELBST AUFHALTEN, KANN ICH LEIDER NICHT TUN...
ICH BIN SCHWACH...
... ABER BITTE LASS MICH BIS ZUM ENDE DEIN FREUND SEIN.

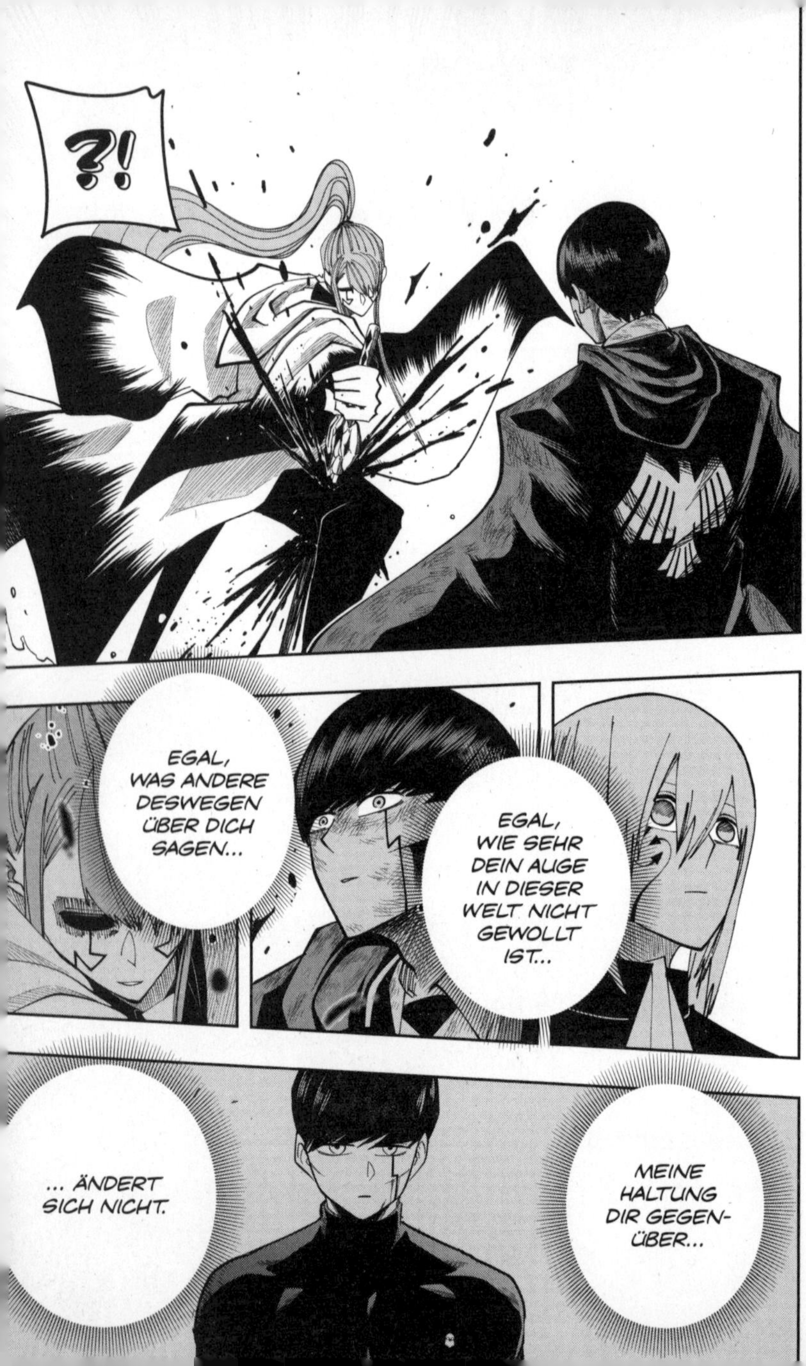
?!
EGAL, WIE SEHR DEIN AUGE IN DIESER WELT NICHT GEWOLLT IST...
EGAL, WAS ANDERE DESWEGEN ÜBER DICH SAGEN...
MEINE HALTUNG DIR GEGEN-ÜBER...
... ÄNDERT SICH NICHT.

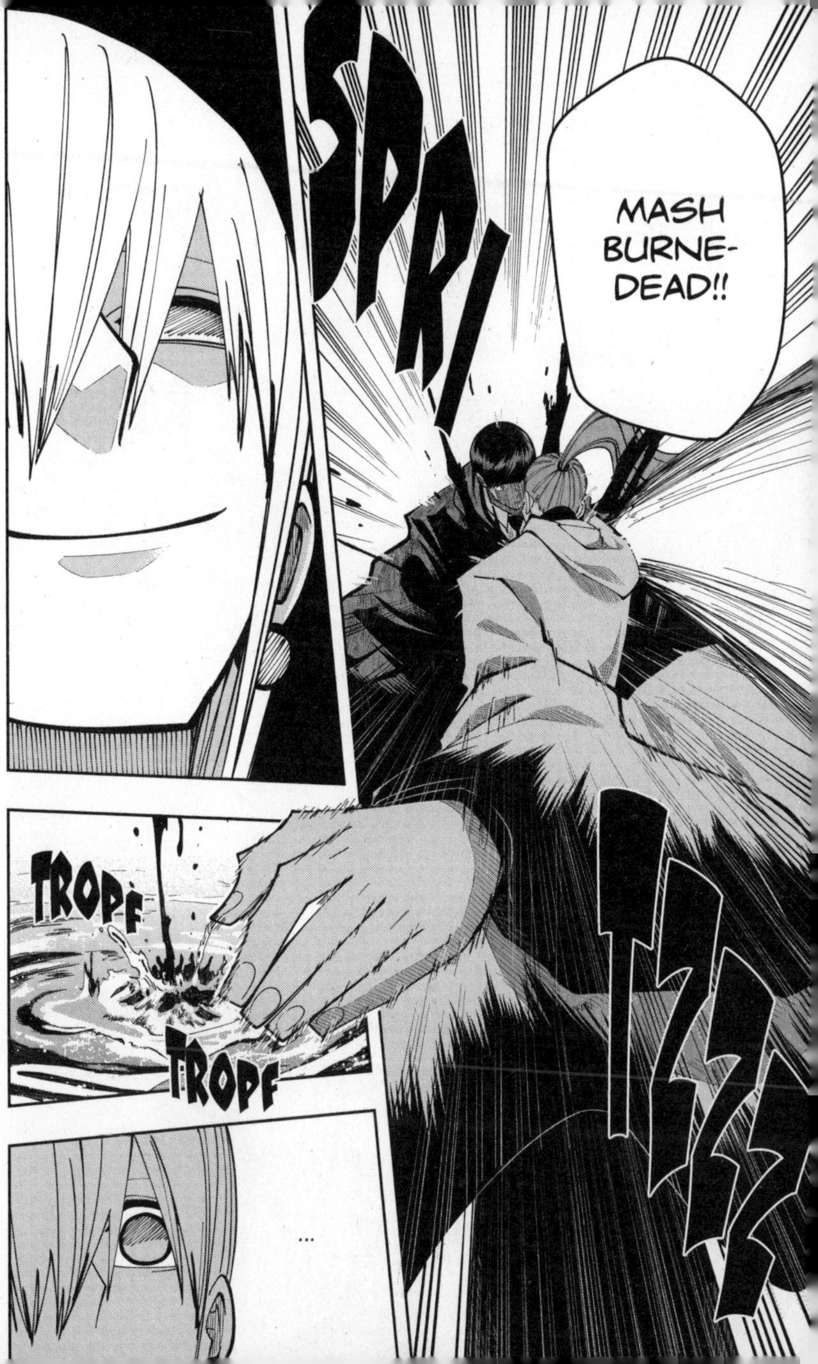
SPRI
MASH BURNE-DEAD!!
TZZZ
TROPF
TROPF
...

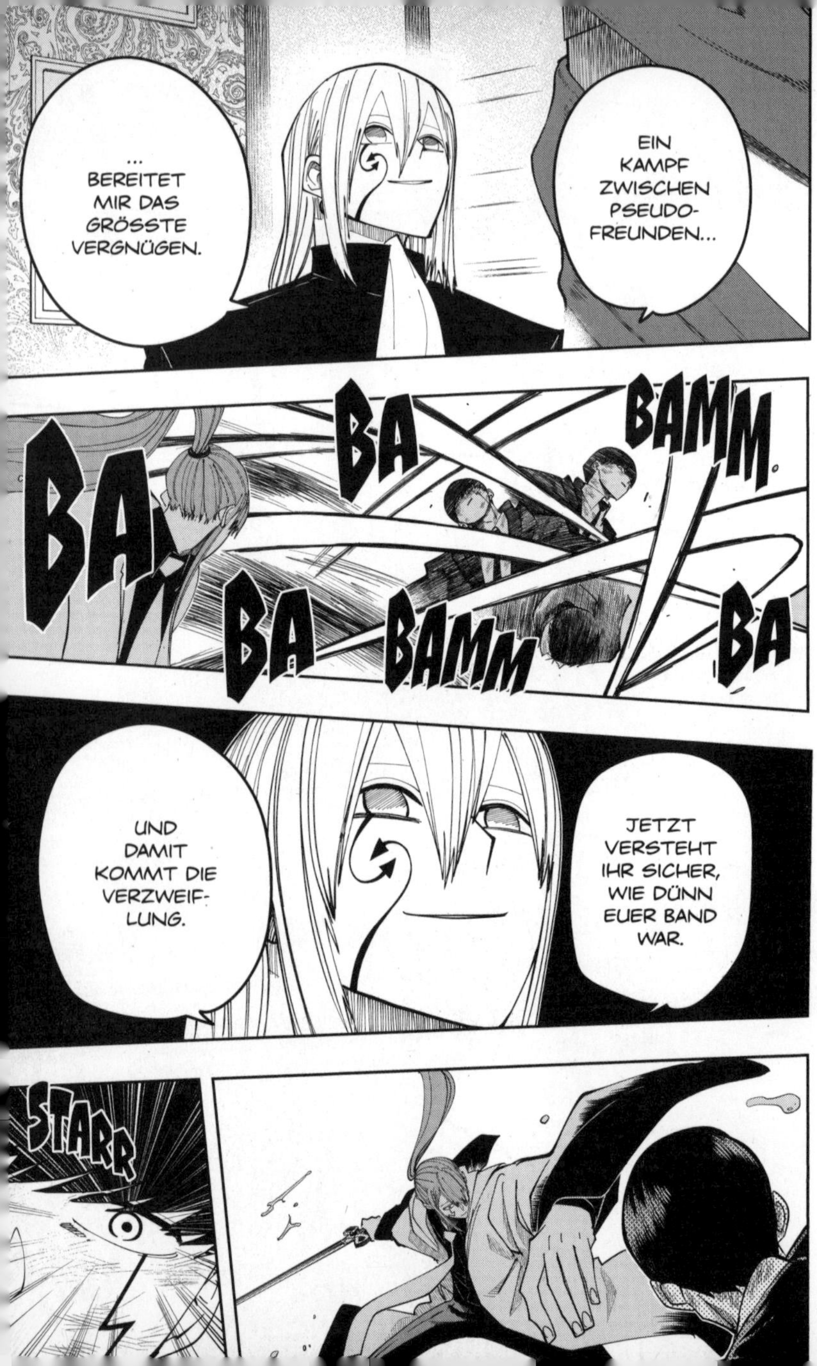
EIN KAMPF ZWISCHEN PSEUDO-FREUNDEN...
... BEREITET MIR DAS GRÖSSTE VERGNÜGEN.
BAMM
BA
BA
BA
BAMM
BA
JETZT VERSTEHT IHR SICHER, WIE DÜNN EUER BAND WAR.
UND DAMIT KOMMT DIE VERZWEIF-LUNG.
STARR

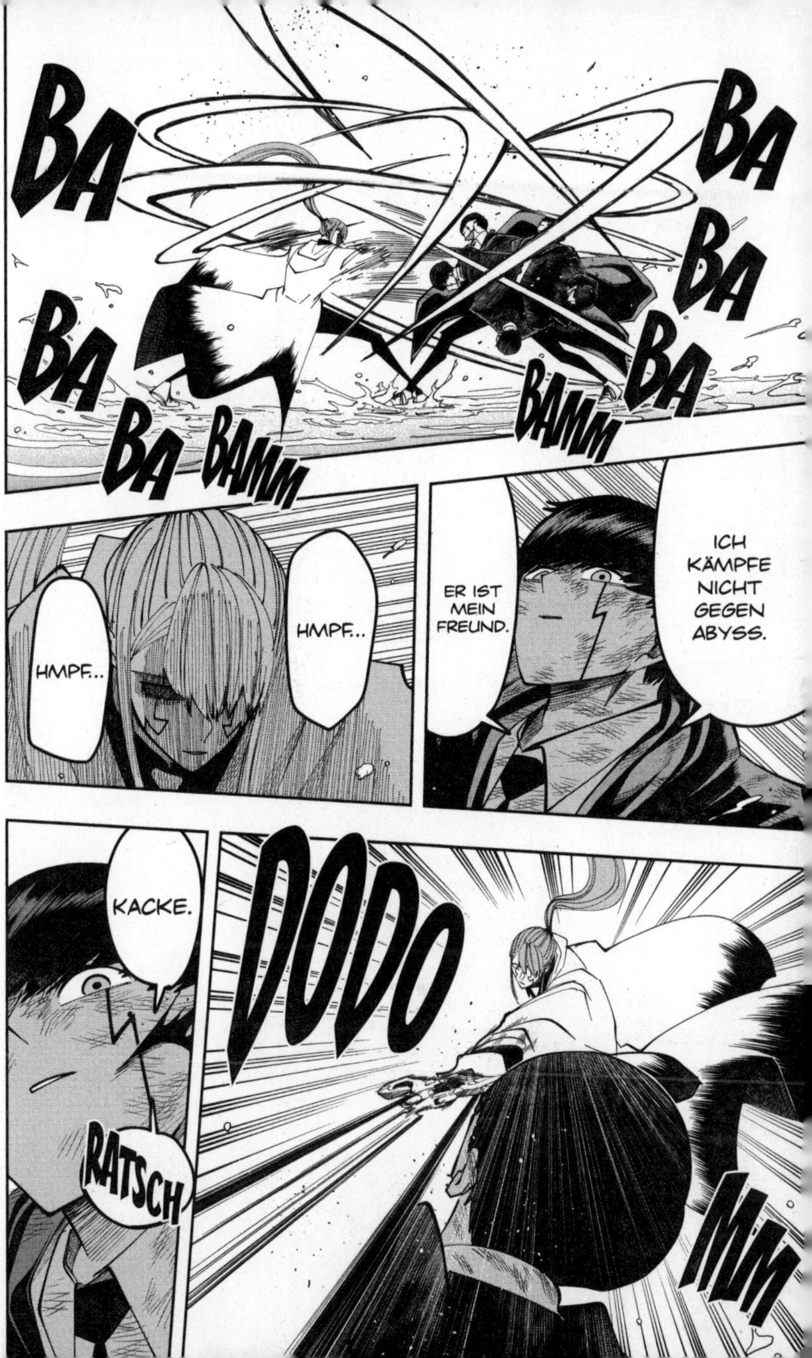
BA
BA
BA
BA
BAMM
BA
BA
BA
BA
BAMM
ICH KÄMPFE NICHT GEGEN ABYSS.
ER IST MEIN FREUND.
HMPF...
HMPF...
DODO
MM
KACKE.
RATSCH

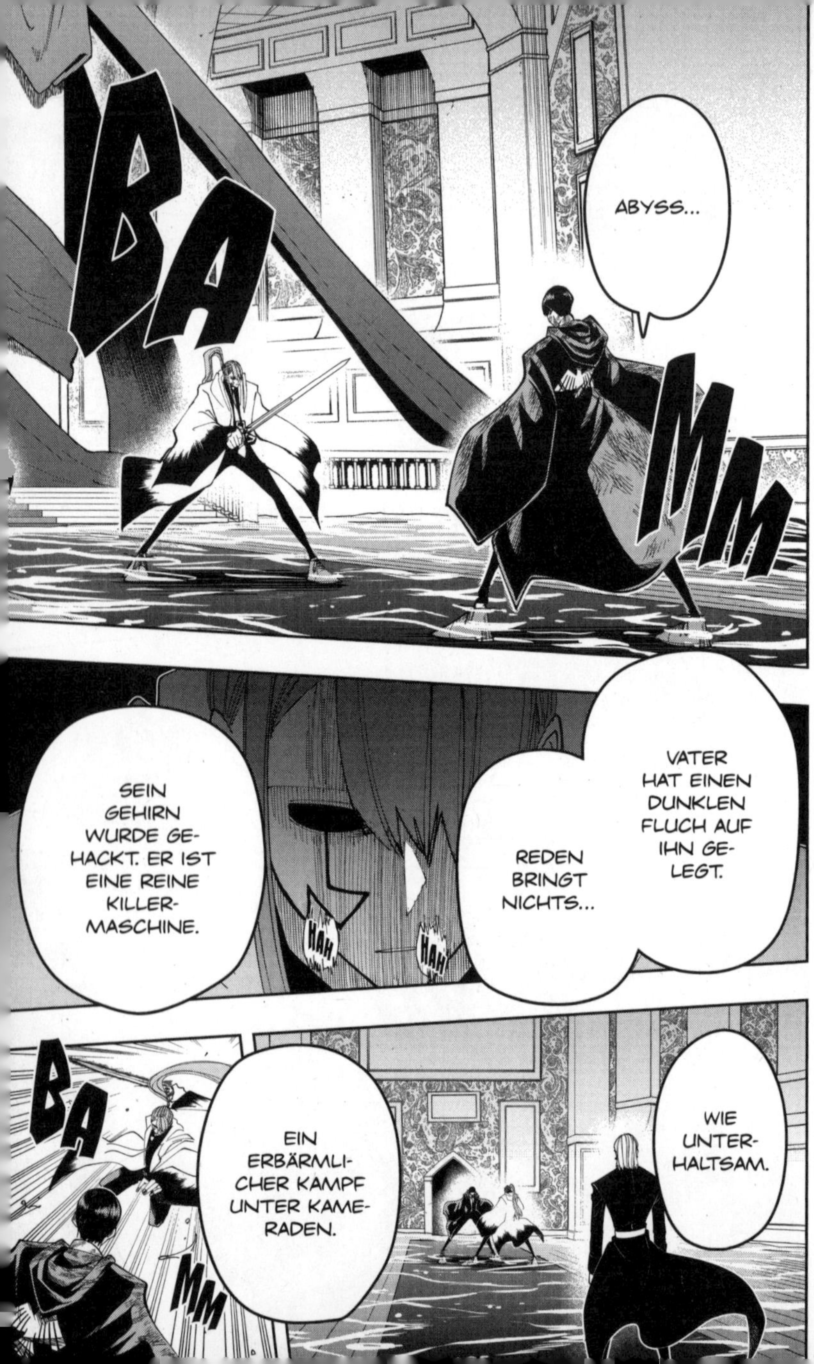
ABYSS...
BADA
MMM
VATER HAT EINEN DUNKLEN FLUCH AUF IHN GELEGT.
REDEN BRINGT NICHTS...
HAH HAH
SEIN GEHIRN WURDE GEHACKT. ER IST EINE REINE KILLERMASCHINE.
WIE UNTERHALTSAM.
EIN ERBÄRMLICHER KAMPF UNTER KAMERADEN.
BA
MM

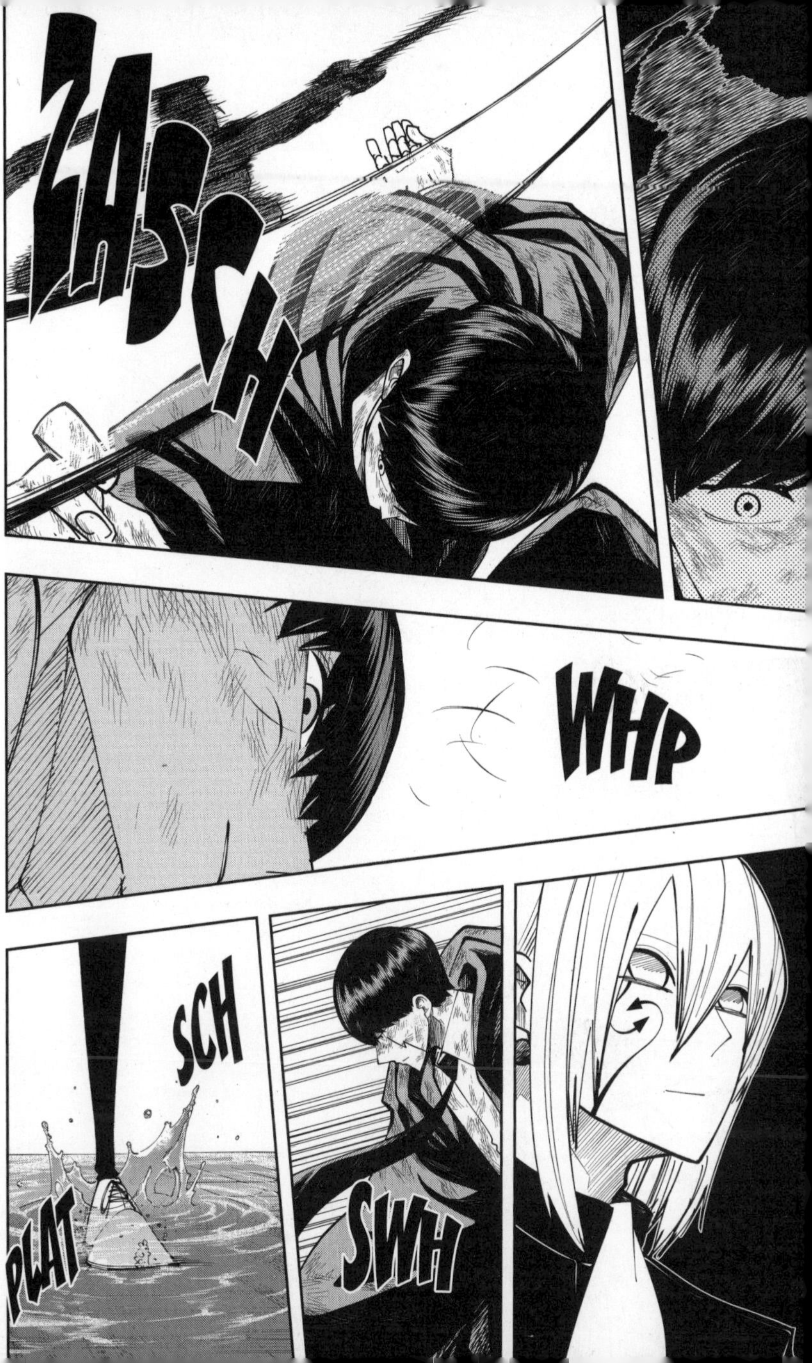
ZASCH
WHP
SCH
PLAT
SWH

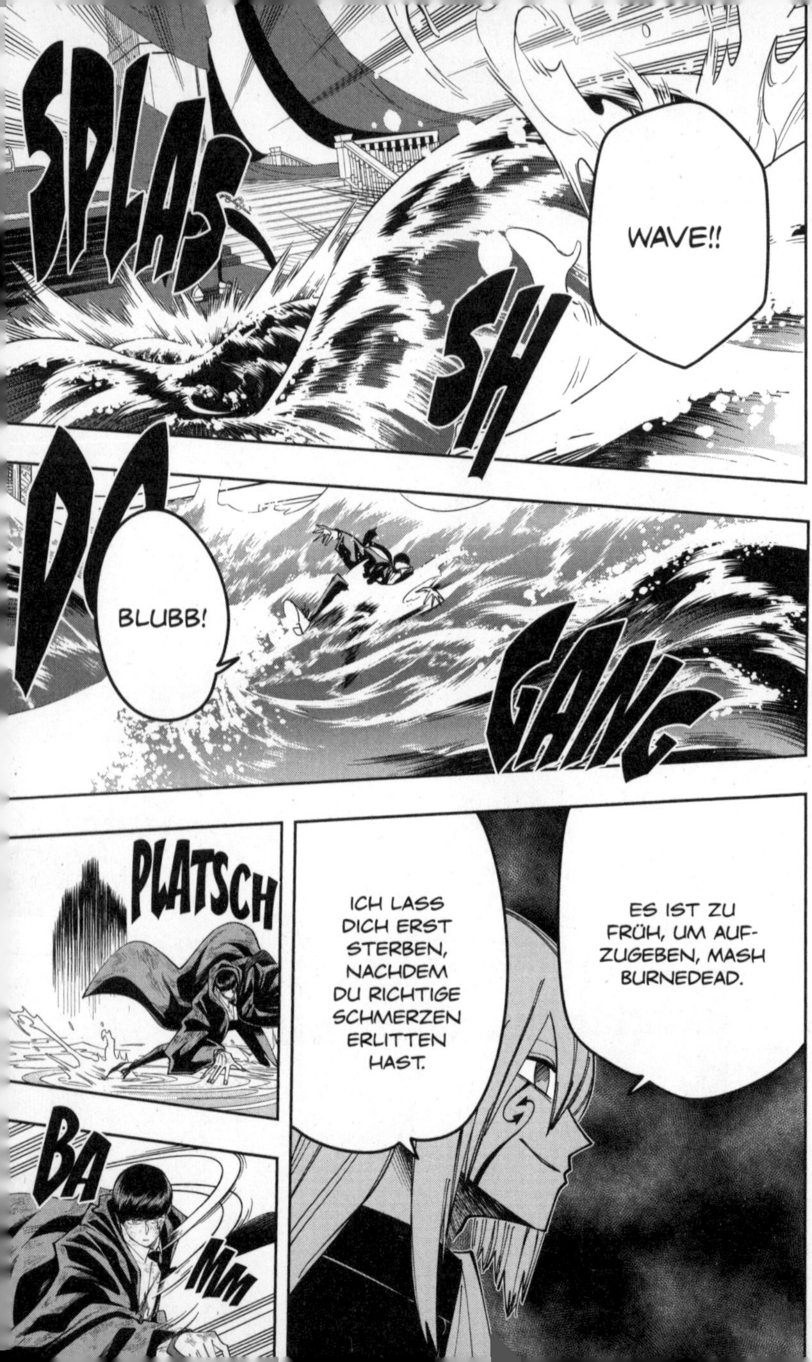
WAVE!!
SH
SPLAS
GANG
BLUBB!
DO
ES IST ZU FRÜH, UM AUF-ZUGEBEN, MASH BURNEDEAD.
ICH LASS DICH ERST STERBEN, NACHDEM DU RICHTIGE SCHMERZEN ERLITTEN HAST.
PLATSCH
BAMM

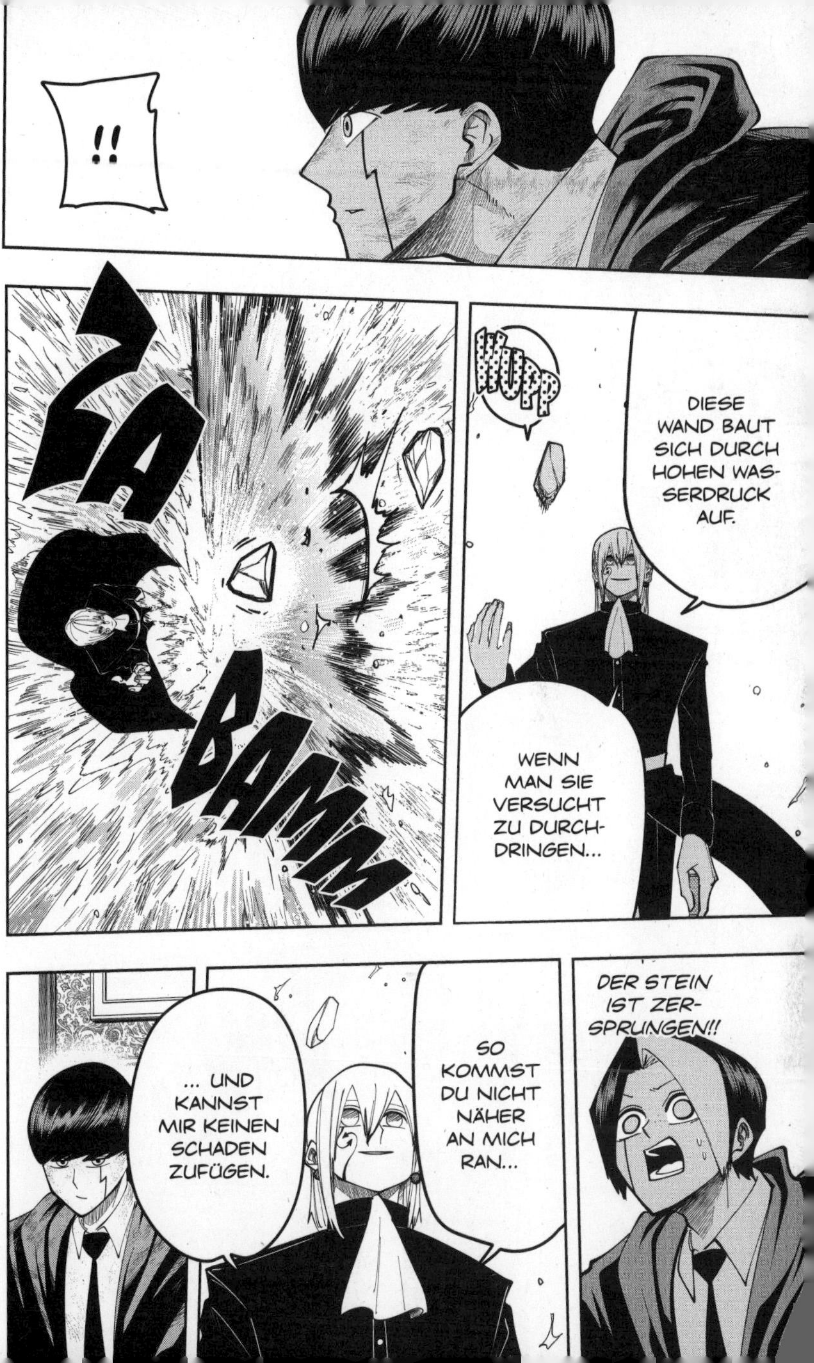
!!
WUPP
DIESE WAND BAUT SICH DURCH HOHEN WAS-SERDRUCK AUF.
WENN MAN SIE VERSUCHT ZU DURCH-DRINGEN...
ZA
BAMM
DER STEIN IST ZER-SPRUNGEN!!
SO KOMMST DU NICHT NÄHER AN MICH RAN...
... UND KANNST MIR KEINEN SCHADEN ZUFÜGEN.

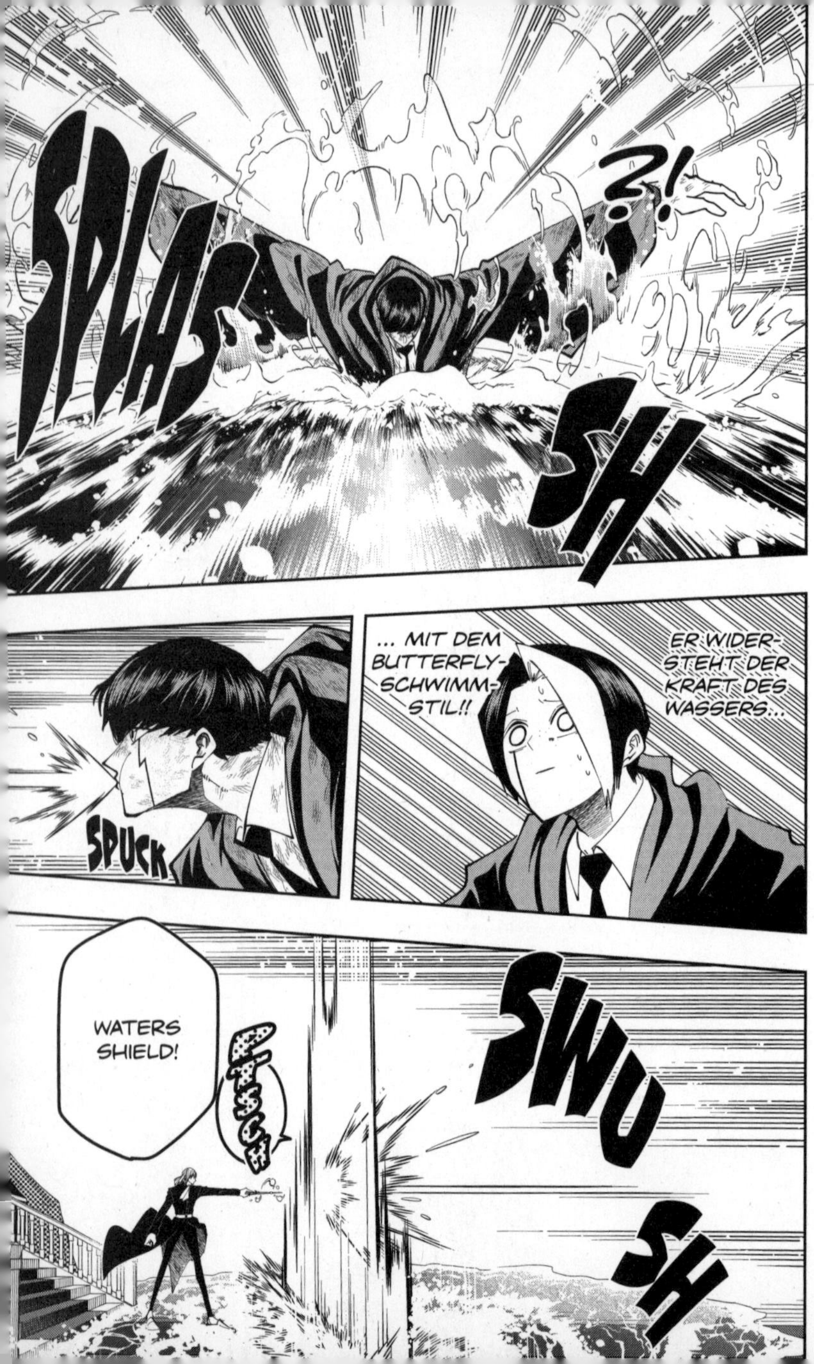

SPLAS
?!
SH
ER WIDERSTEHT DER KRAFT DES WASSERS…
… MIT DEM BUTTERFLY-SCHWIMMSTIL!!
SPUCK
SWU
SH
WATERS SHIELD!

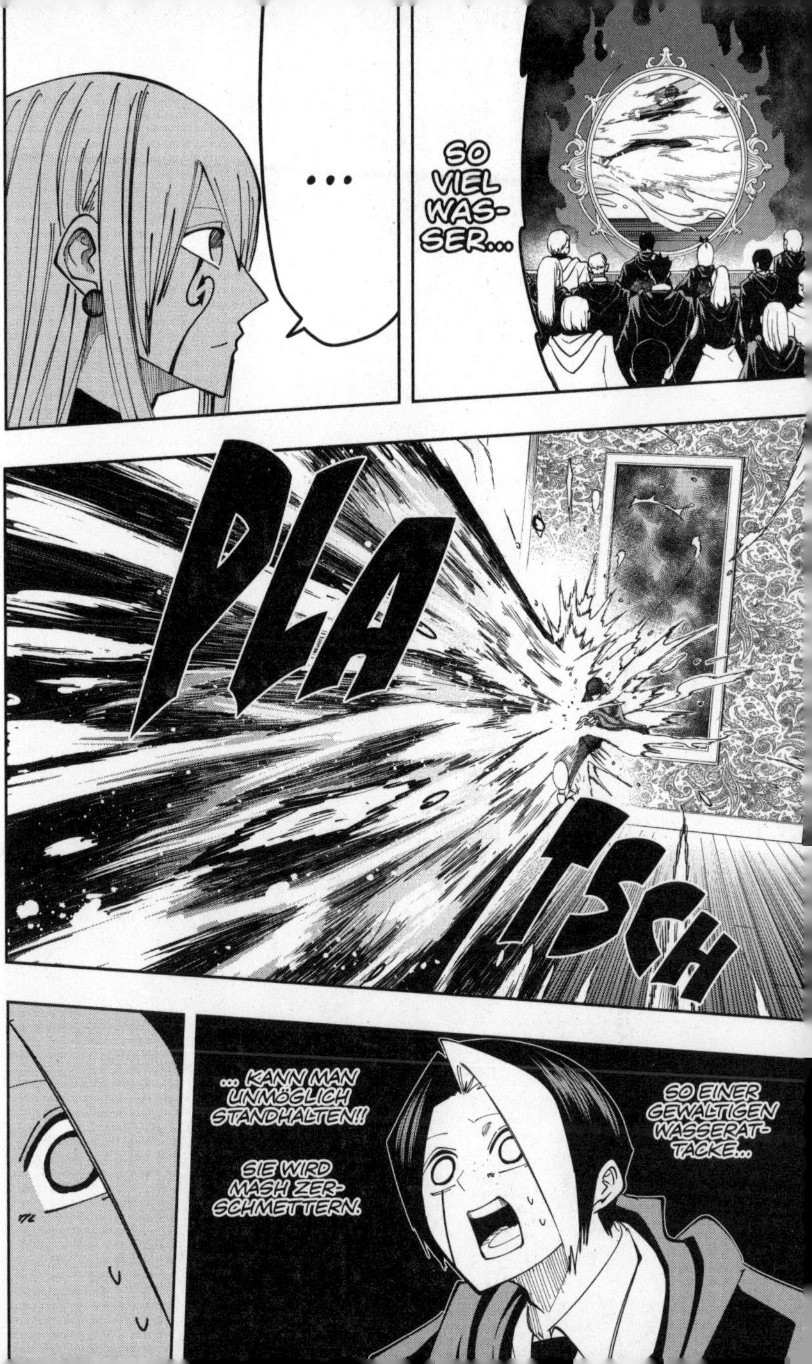
SO VIEL WAS-SER...
...
PLA
TSCH
SO EINER GEWALTIGEN WASSERAT-TACKE...
... KANN MAN UNMÖGLICH STANDHALTEN!!
SIE WIRD MASH ZER-SCHMETTERN.

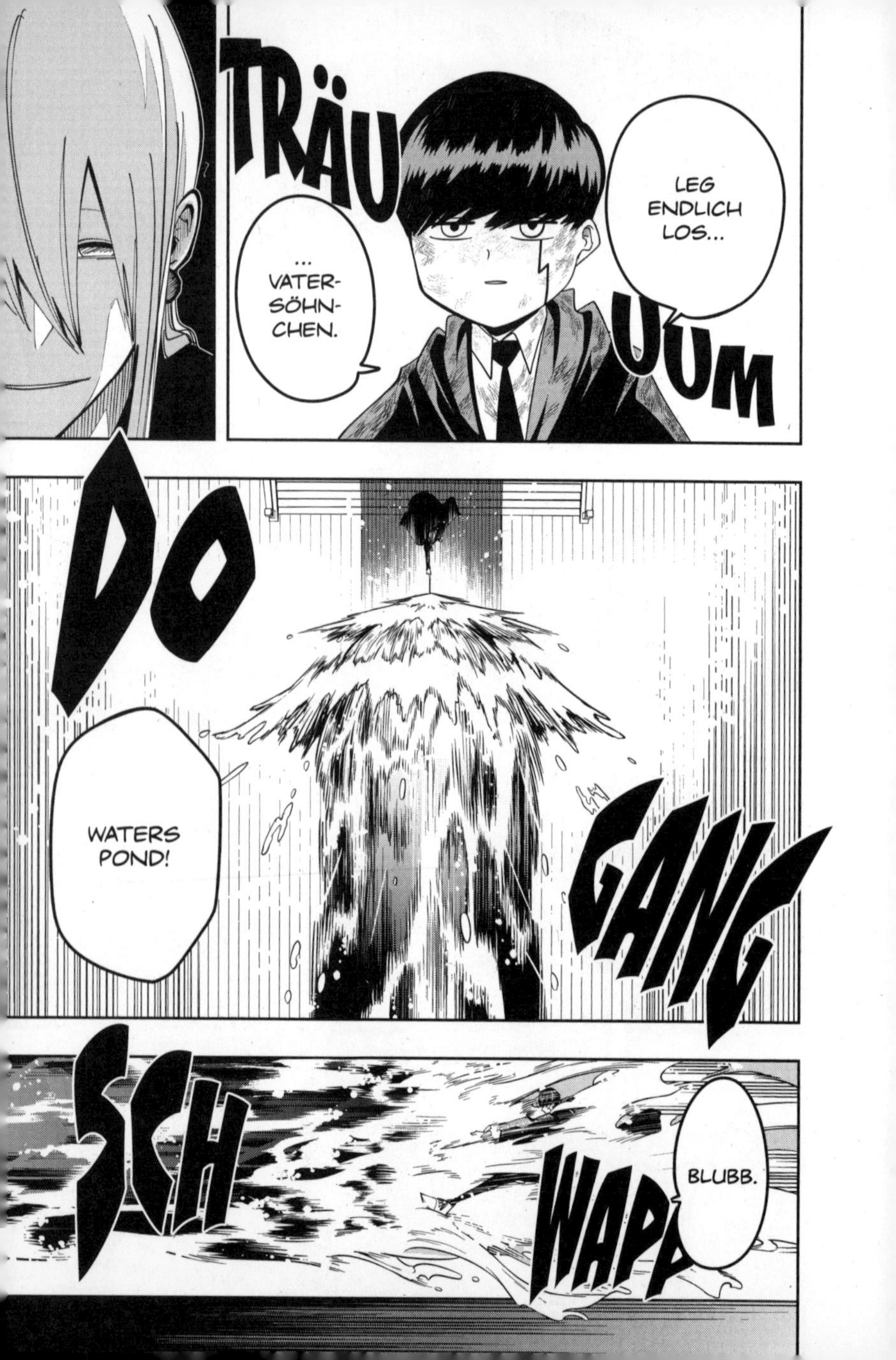
LEG ENDLICH LOS...
TRÄU
UUM
... VATER-SÖHN-CHEN.
DO
GANG
WATERS POND!
WAPP
BLUBB.
SCH

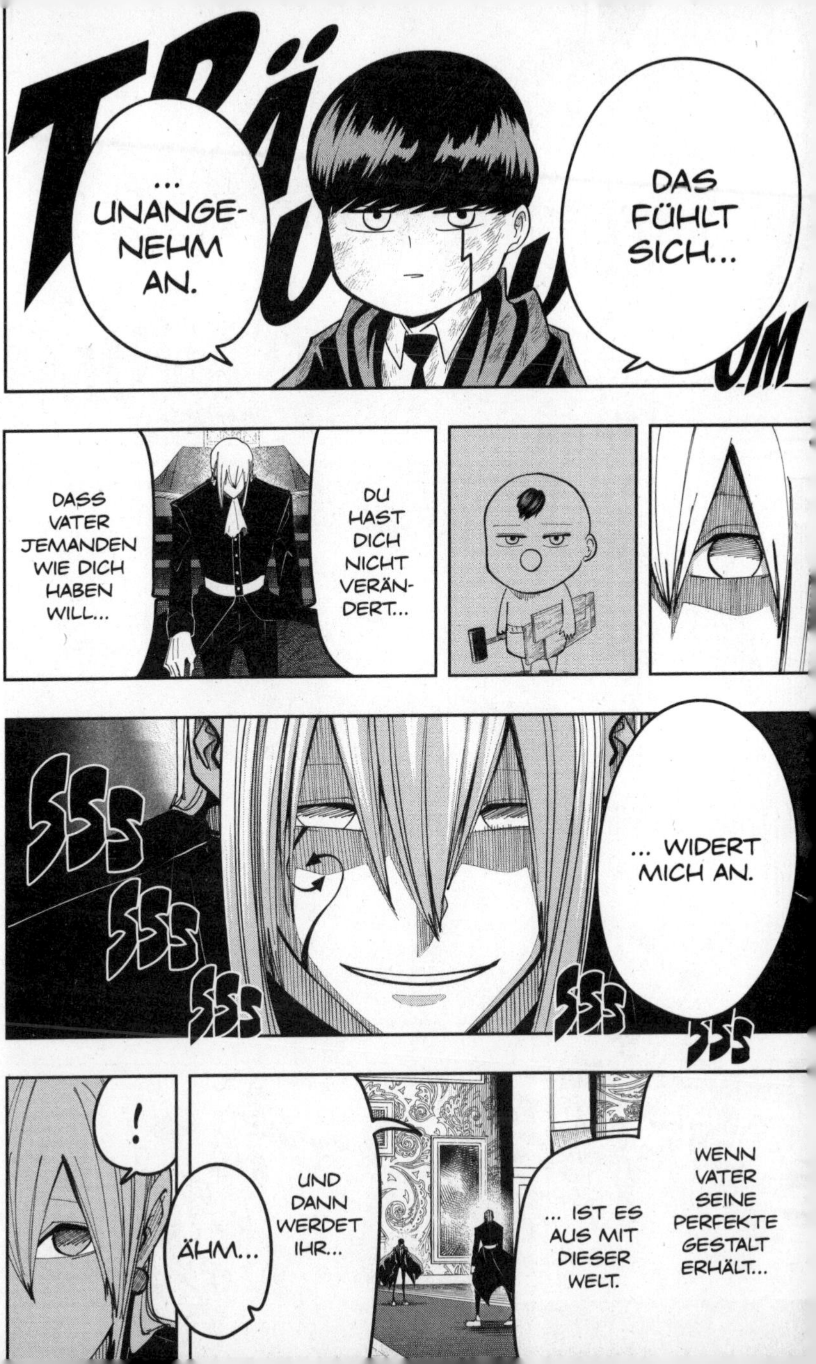
DAS FÜHLT SICH...
... UNANGE-NEHM AN.
DU HAST DICH NICHT VERÄN-DERT...
DASS VATER JEMANDEN WIE DICH HABEN WILL...
... WIDERT MICH AN.
SSS
SSS
SSS
SSS
SSS
WENN VATER SEINE PERFEKTE GESTALT ERHÄLT...
... IST ES AUS MIT DIESER WELT.
UND DANN WERDET IHR...
ÄHM...
!

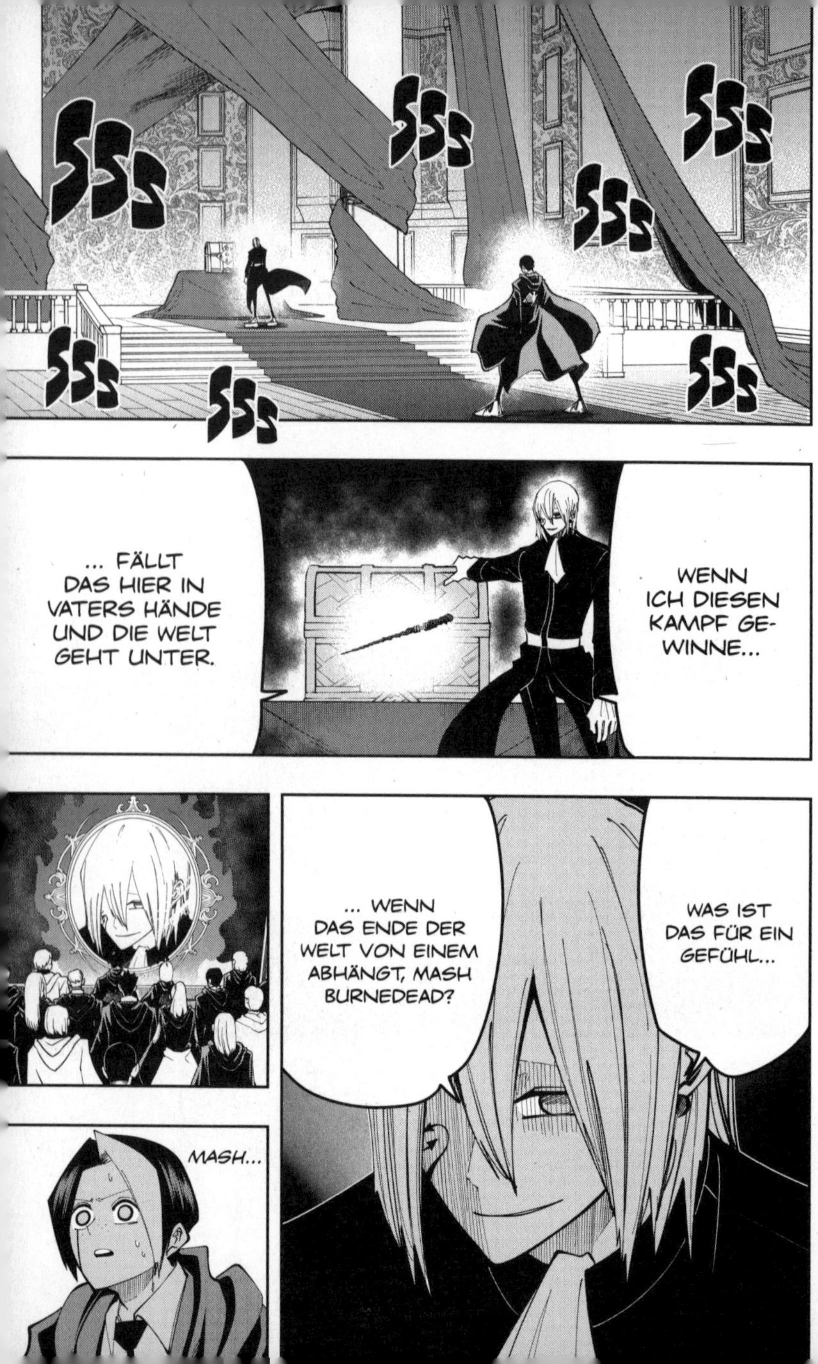
SSS
SSS
SSS
SSS
SSS
SSS
SSS
WENN ICH DIESEN KAMPF GE- WINNE...
... FÄLLT DAS HIER IN VATERS HÄNDE UND DIE WELT GEHT UNTER.
WAS IST DAS FÜR EIN GEFÜHL...
... WENN DAS ENDE DER WELT VON EINEM ABHÄNGT, MASH BURNEDEAD?
MASH...

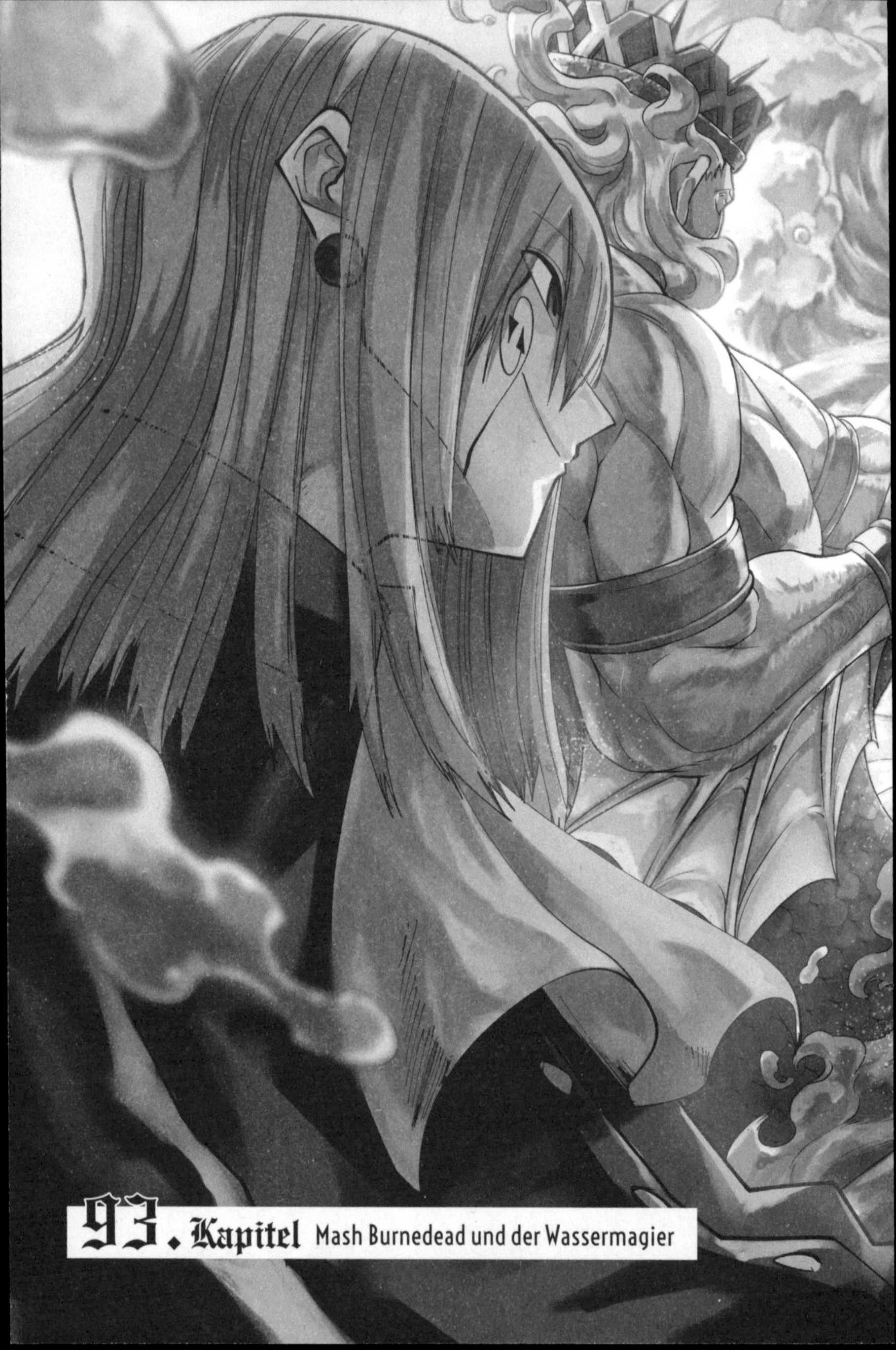

93. Kapitel Mash Burnedead und der Wassermagier

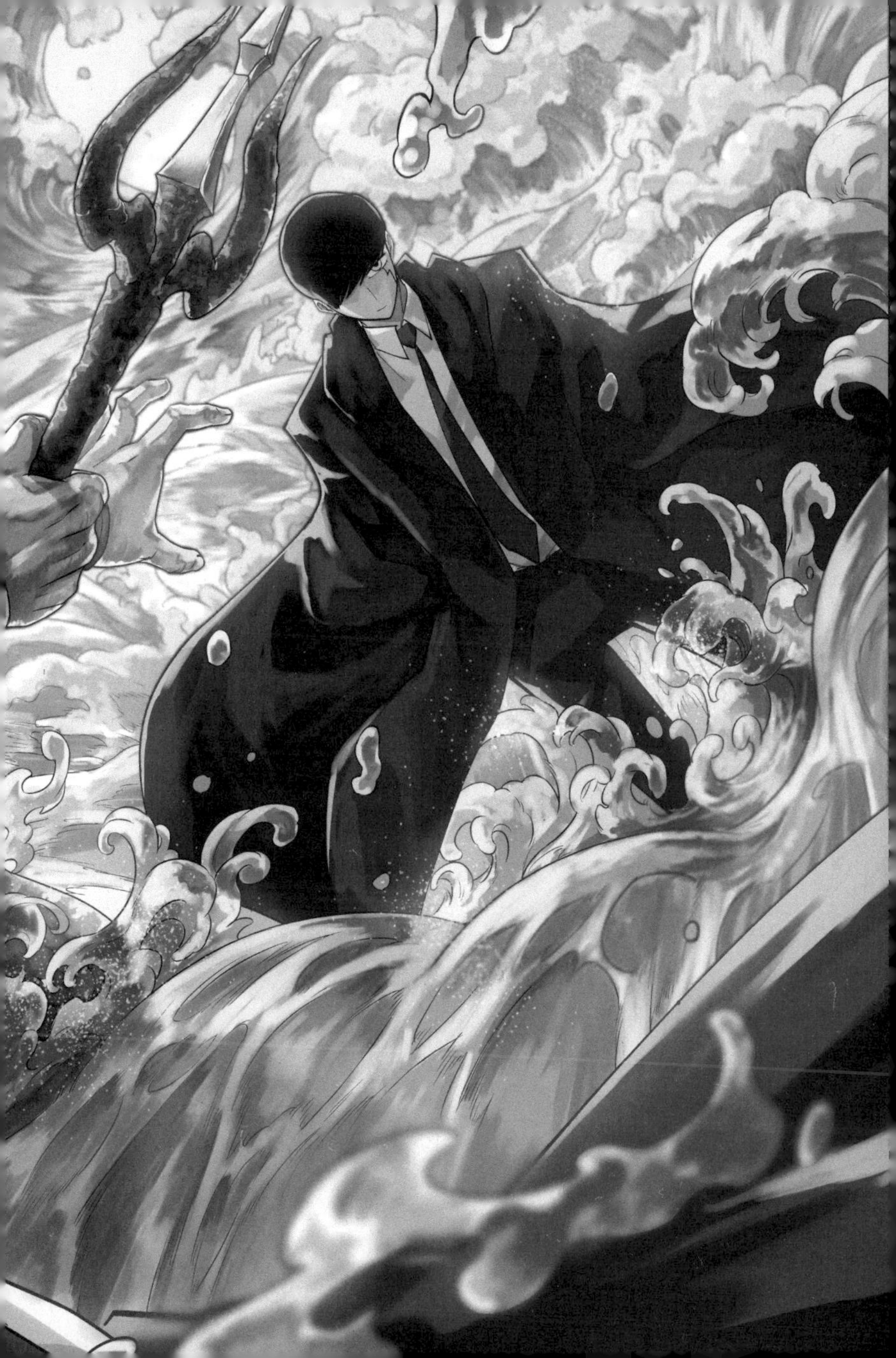

93. Kapitel Mash Burnedead und der Wassermagier

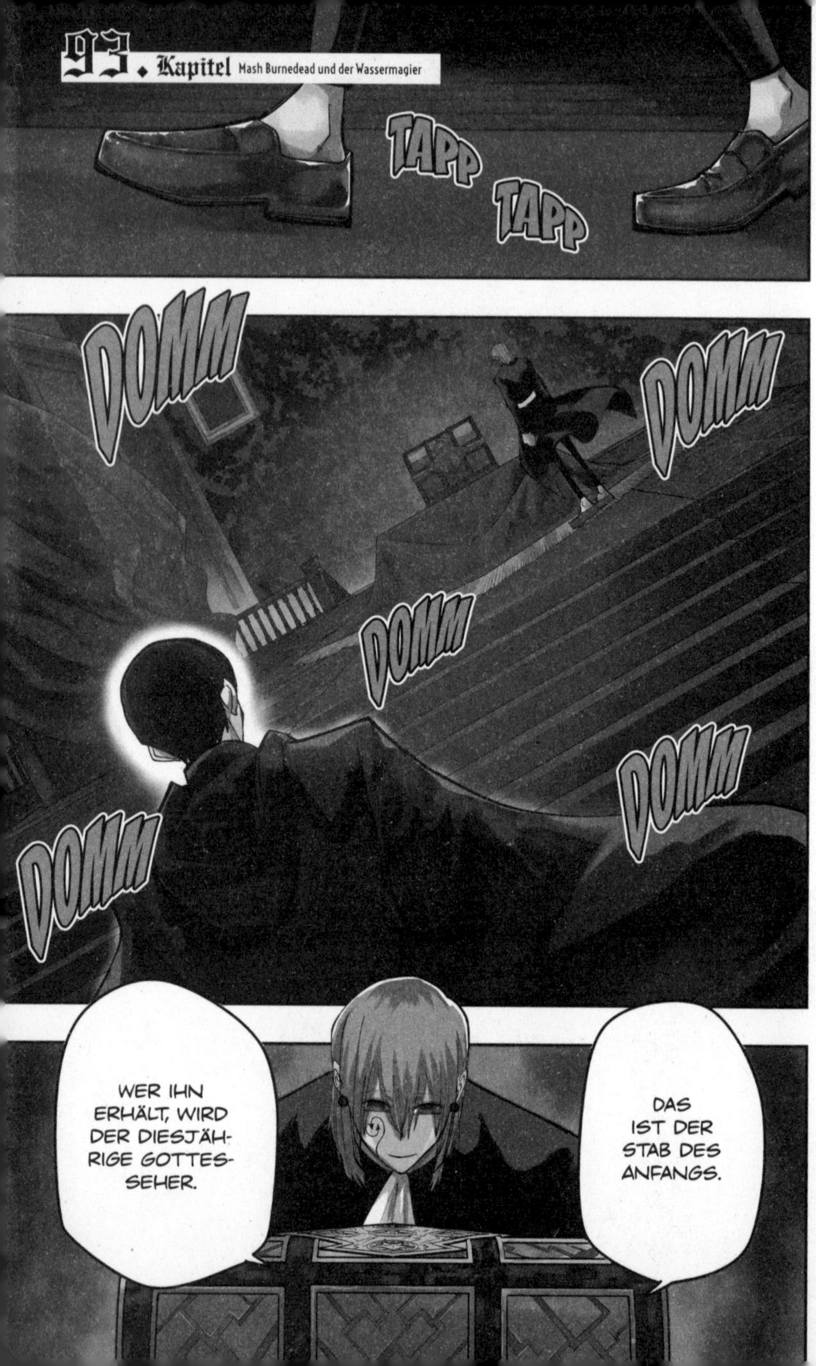

An alle, die diesen Band gekauft haben!

Vielen Dank!! Mit dem nächsten Buch geht es in die Endrunde!!
Es war ein langer Weg... Ein sehr langer Weg. Nein, wirklich.
Ich habe bestimmt 80.000-mal daran gedacht, das Handtuch zu werfen, aber dank eurer Unterstützung bin ich noch hier!!!
Ich wünsche allen meinen Lesern das größte Glück auf Erden!!
Aber was ist das? Leute, die du nicht leiden kannst, nerven dich? Und du sagst, dass jeder Tag ein Reinfall ist? Verstehe...
Ja, ja, das klingt problematisch. Mit solchen Leuten im Umfeld ist es schwer, glücklich zu sein. Okay, ich hab einen Vorschlag für dich...
Du rammst ihnen deinen Ellenbogen rein!! Aber nicht so hart, dass du sie verletzt oder tötest!! Sei verantwortungsbewusst mit deinen Haken! Und jetzt geh!

PS: Vielen Dank für die ganzen Fanbriefe! Die Schokolade hab ich auch bekommen!!! Haltet die Ohren steif!!!

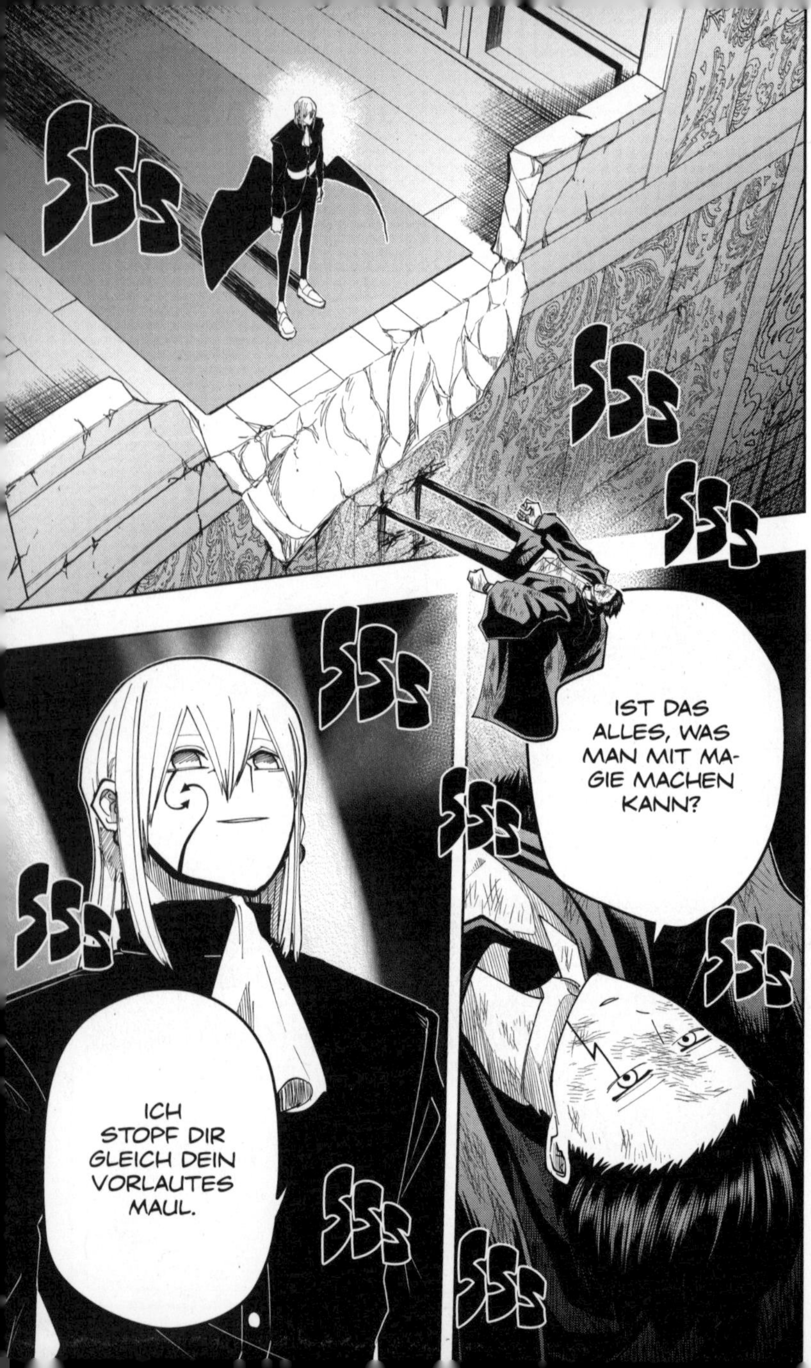
SSS
SSS
SSS
SSS
IST DAS ALLES, WAS MAN MIT MAGIE MACHEN KANN?
SSS
SSS
SSS
SSS
ICH STOPF DIR GLEICH DEIN VORLAUTES MAUL.
SSS
SSS

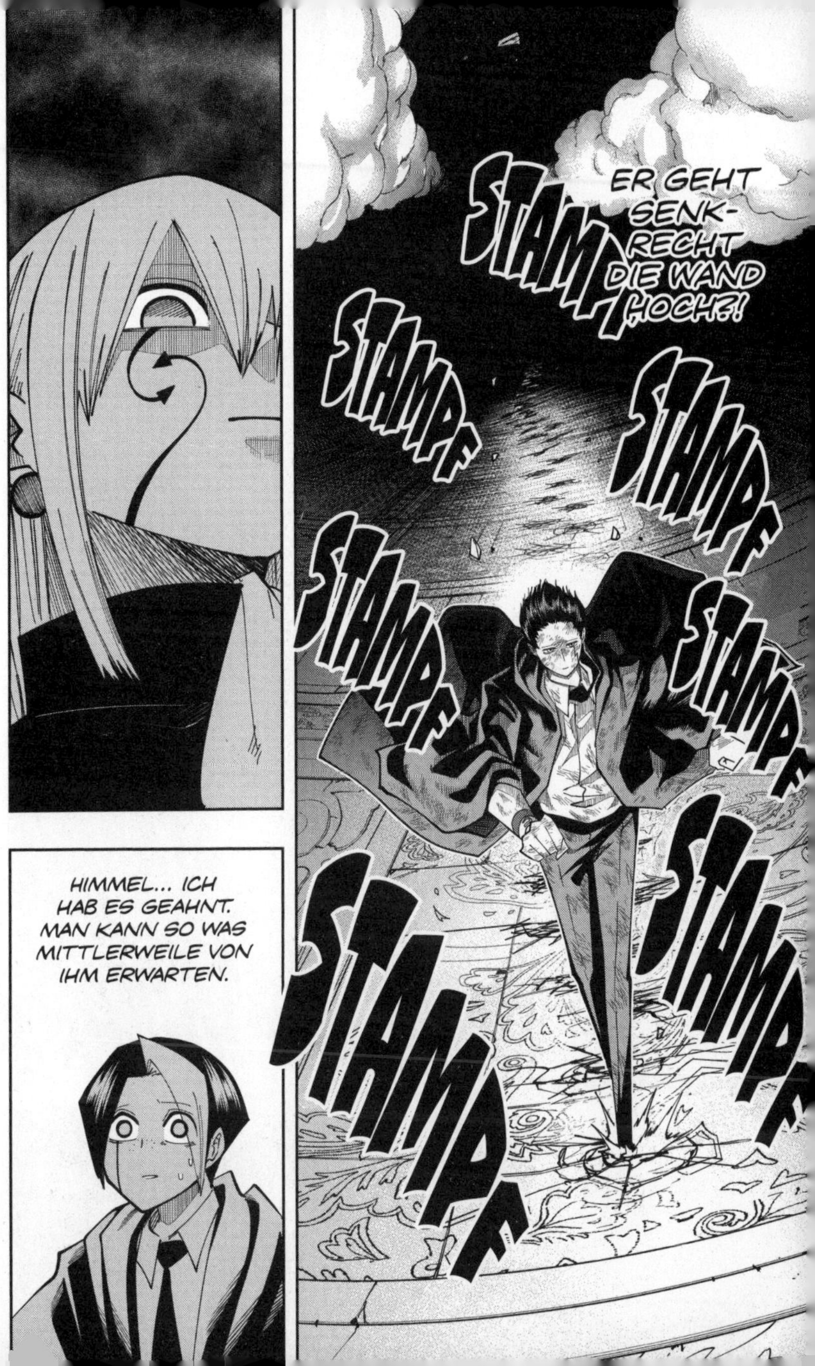
ER GEHT SENK-RECHT DIE WAND HOCH?!
STAMPF
STAMPF
STAMPF
STAMPF
STAMPF
STAMPF
STAMPF
STAMPF
STAMPF
HIMMEL... ICH HAB ES GEAHNT. MAN KANN SO WAS MITTLERWEILE VON IHM ERWARTEN.

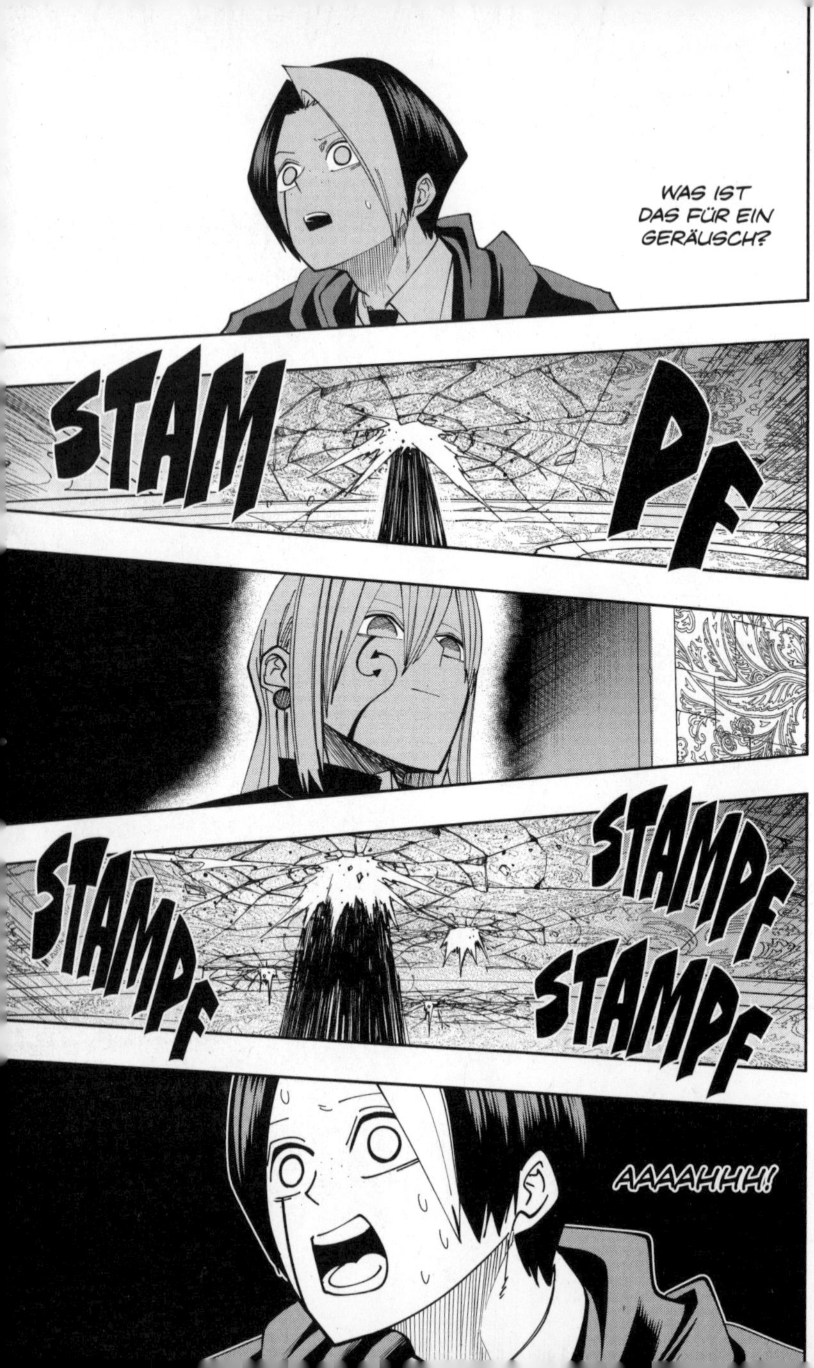
WAS IST
DAS FÜR EIN
GERÄUSCH?
STAMPF
STAMPF
STAMPF
STAMPF
AAAAHHH!

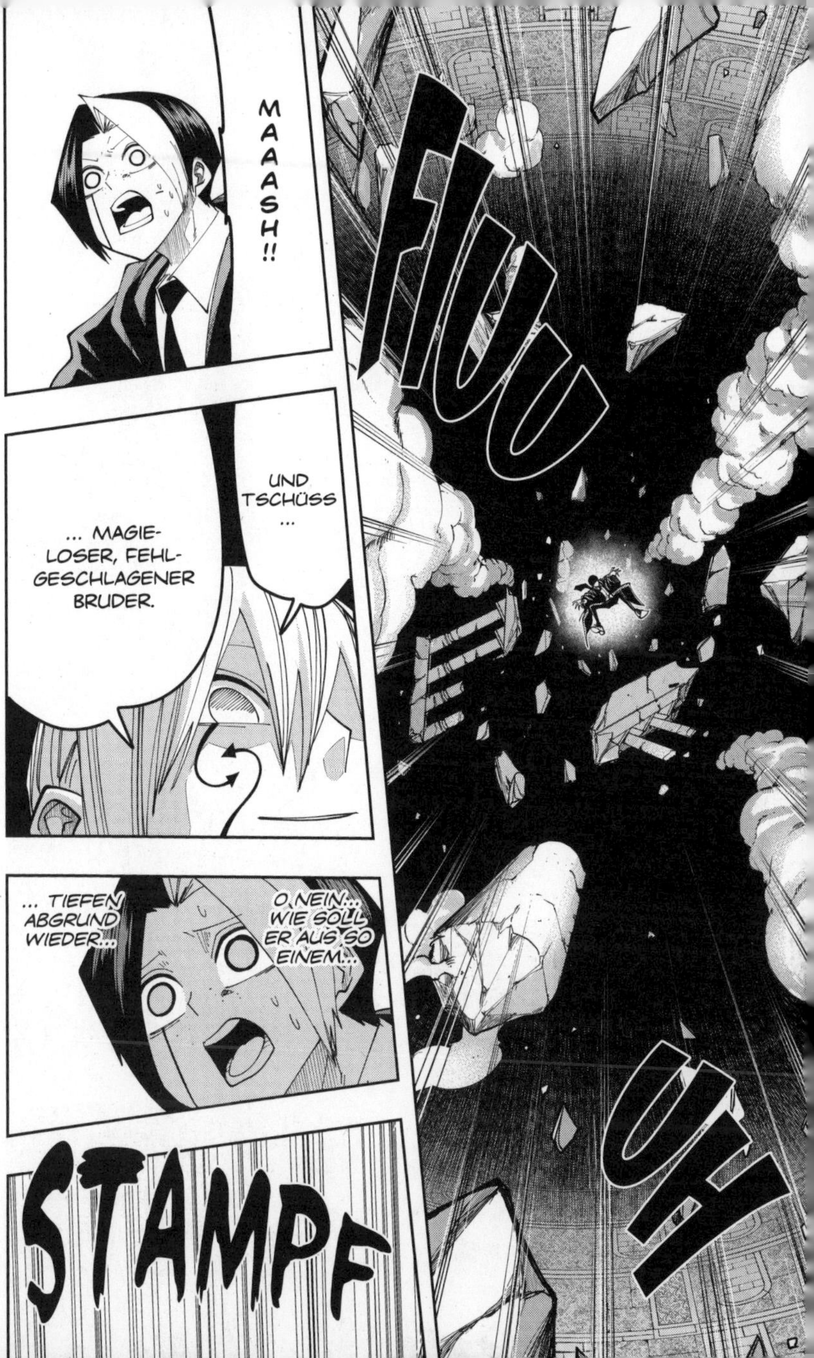

FLUUU
UUH
MAAAASH!!
UND TSCHÜSS ...
... MAGIE-LOSER, FEHL-GESCHLAGENER BRUDER.
O NEIN... WIE SOLL ER AUS SO EINEM...
... TIEFEN ABGRUND WIEDER...
STAMPF

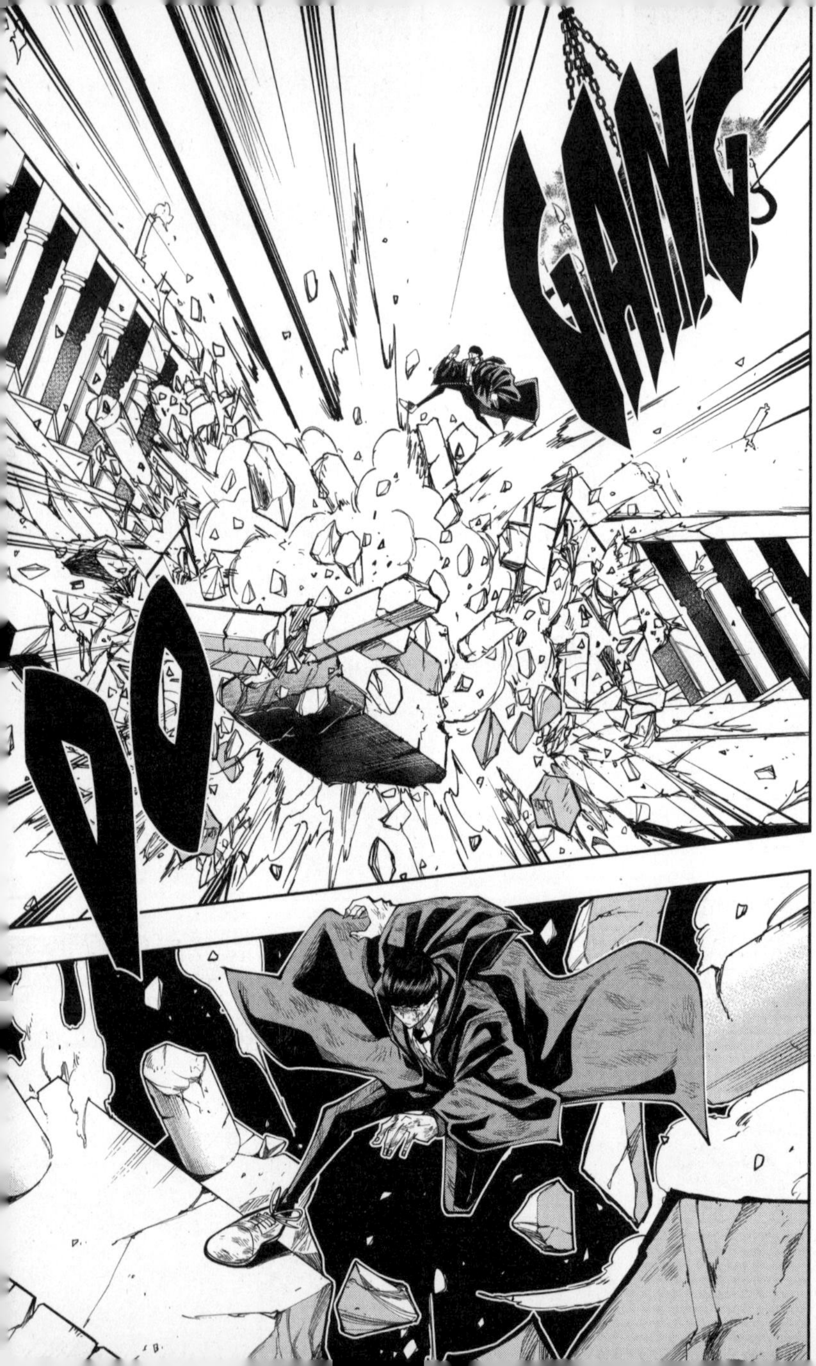
GANG

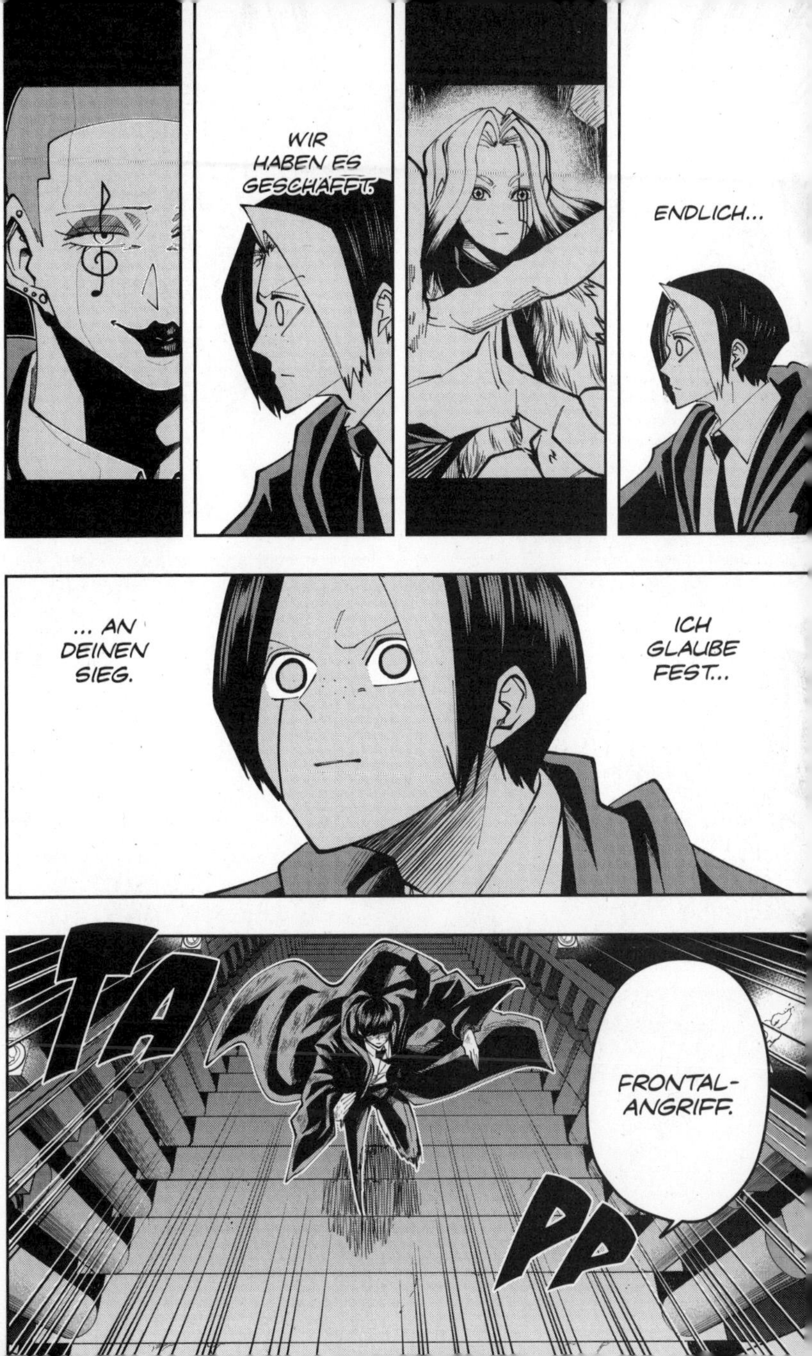

ENDLICH...
WIR HABEN ES GESCHAFFT.
ICH GLAUBE FEST...
... AN DEINEN SIEG.
TA
FRONTAL-ANGRIFF.
DD

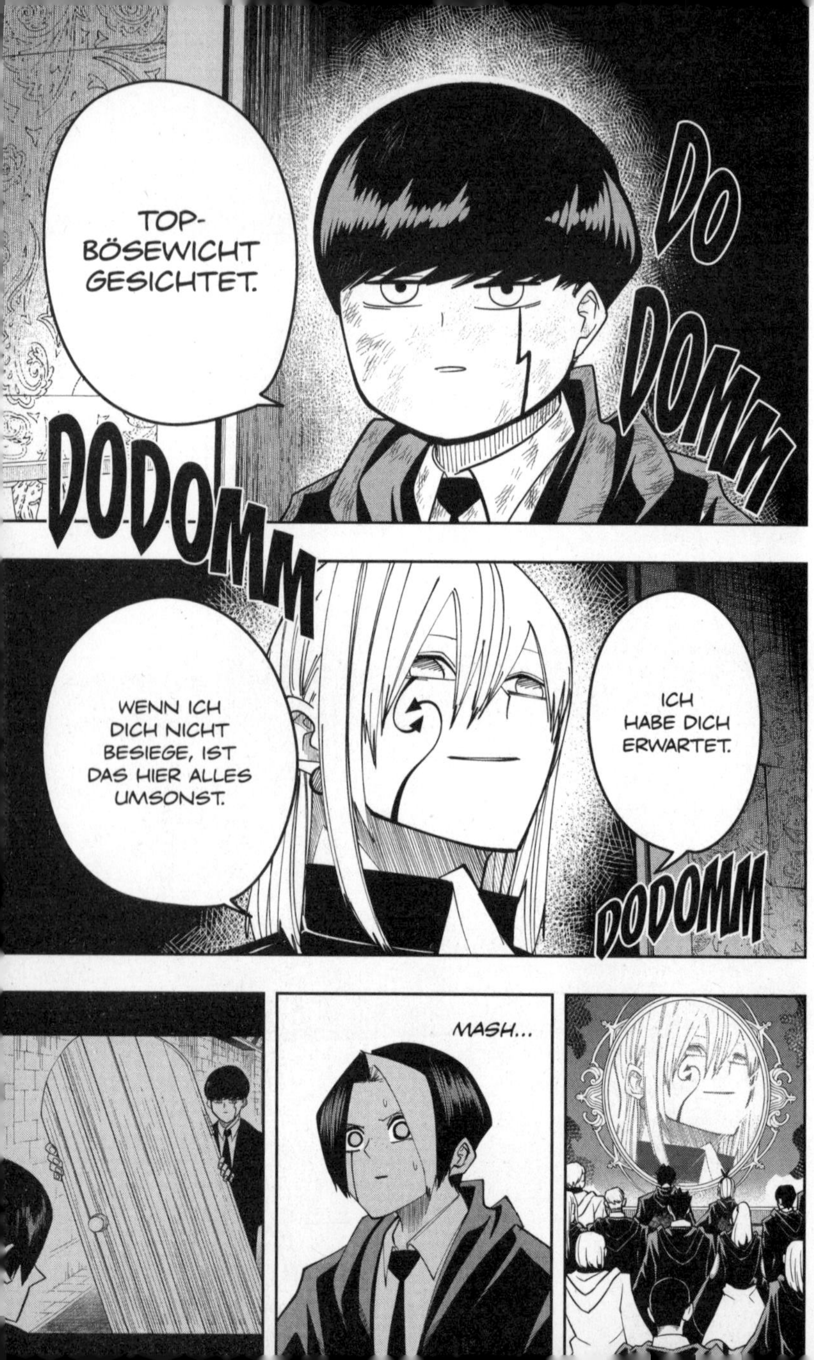
DO
DOMM
TOP-BÖSEWICHT GESICHTET.
DODOMM
ICH HABE DICH ERWARTET.
DODOMM
WENN ICH DICH NICHT BESIEGE, IST DAS HIER ALLES UMSONST.
MASH…

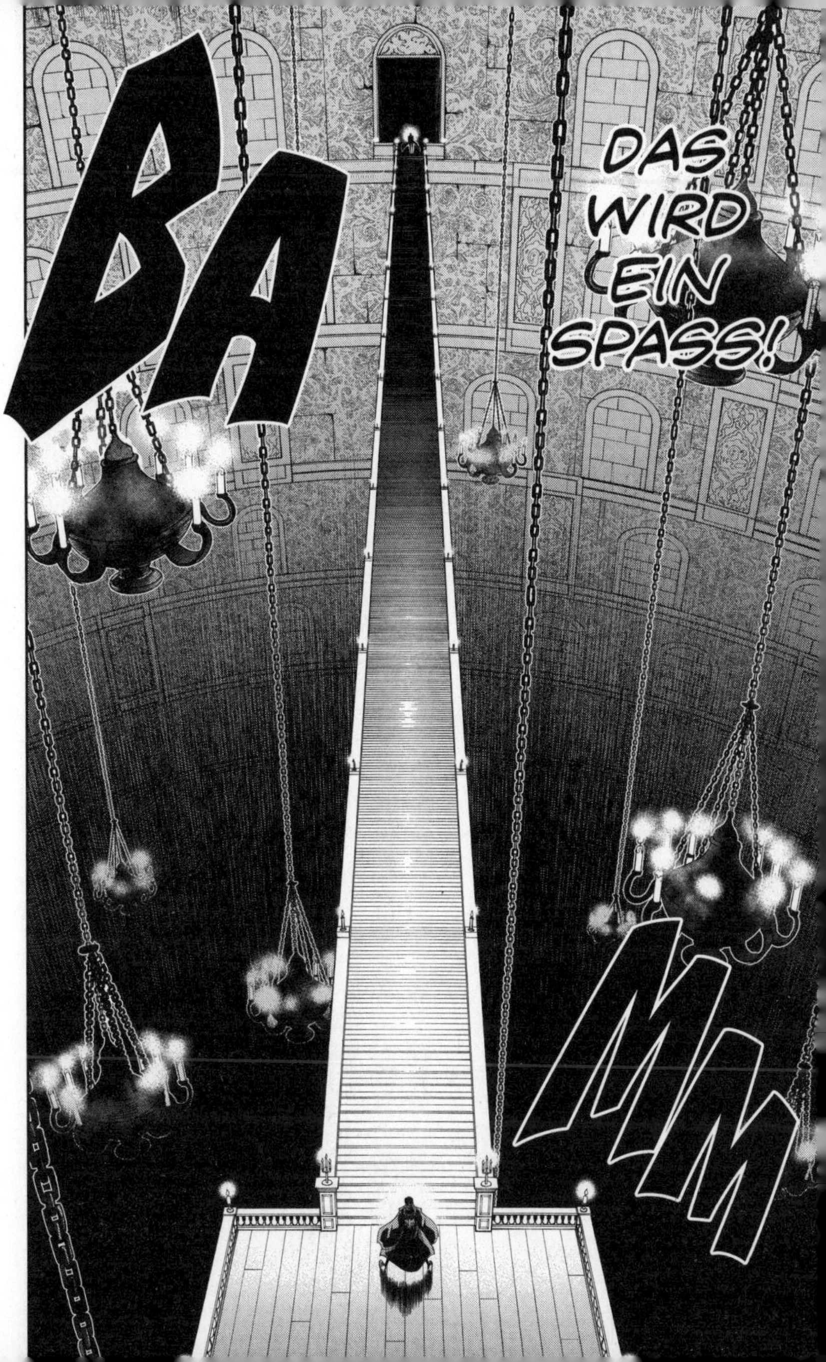
DAS WIRD EIN SPASS!
BAMM

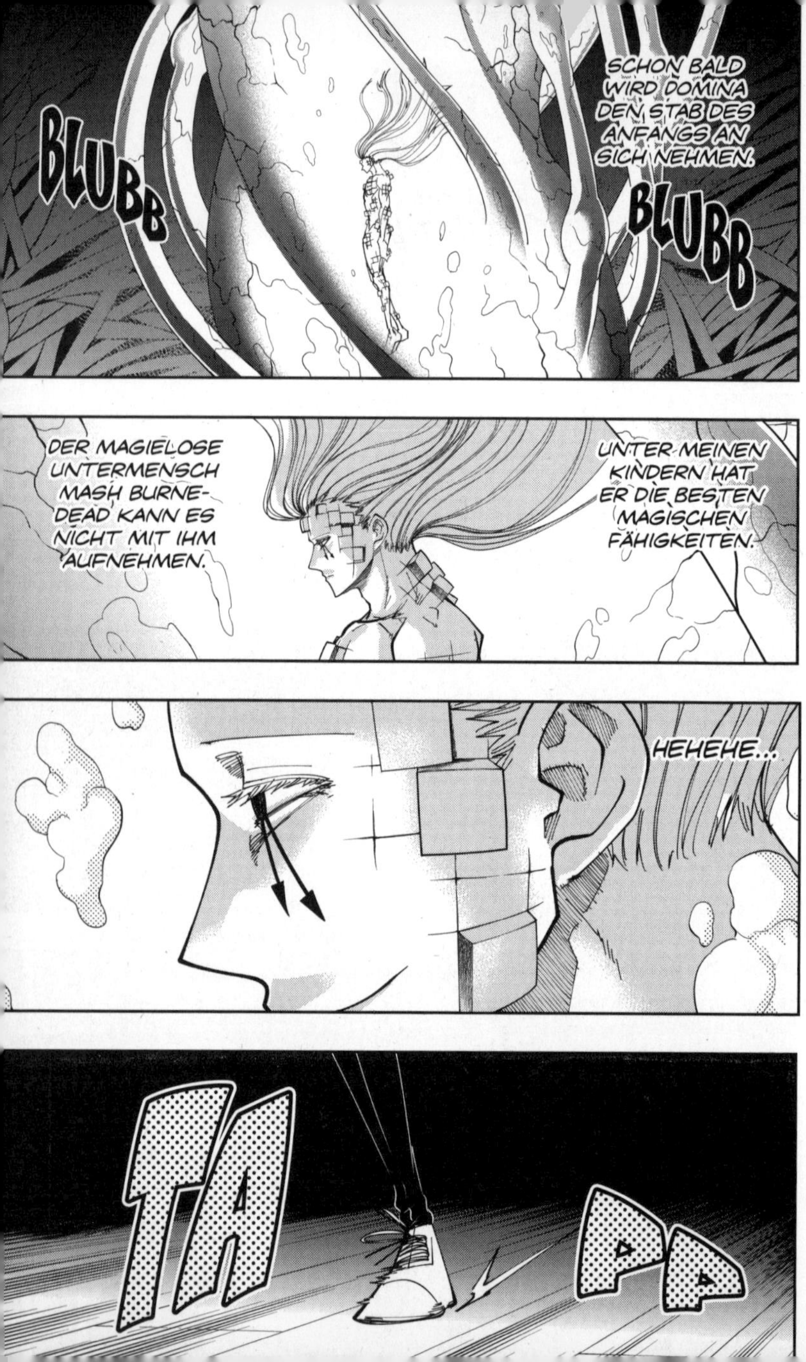
SCHON BALD WIRD DOMINA DEN STAB DES ANFANGS AN SICH NEHMEN.
BLUBB
BLUBB
UNTER MEINEN KINDERN HAT ER DIE BESTEN MAGISCHEN FÄHIGKEITEN.
DER MAGIELOSE UNTERMENSCH MASH BURNE-DEAD KANN ES NICHT MIT IHM AUFNEHMEN.
HEHEHE...
TA
PP

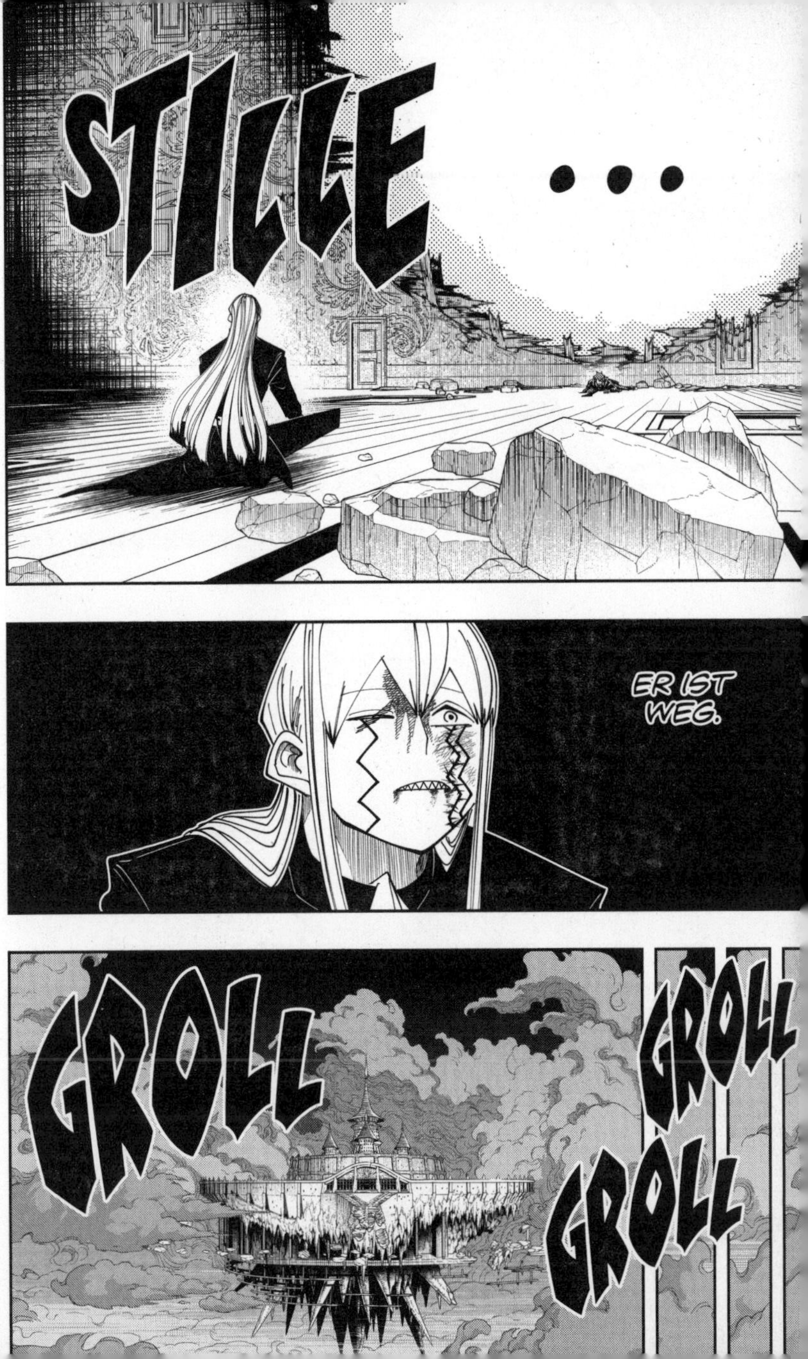
STILLE ...
ER IST WEG.
GROLL
GROLL
GROLL

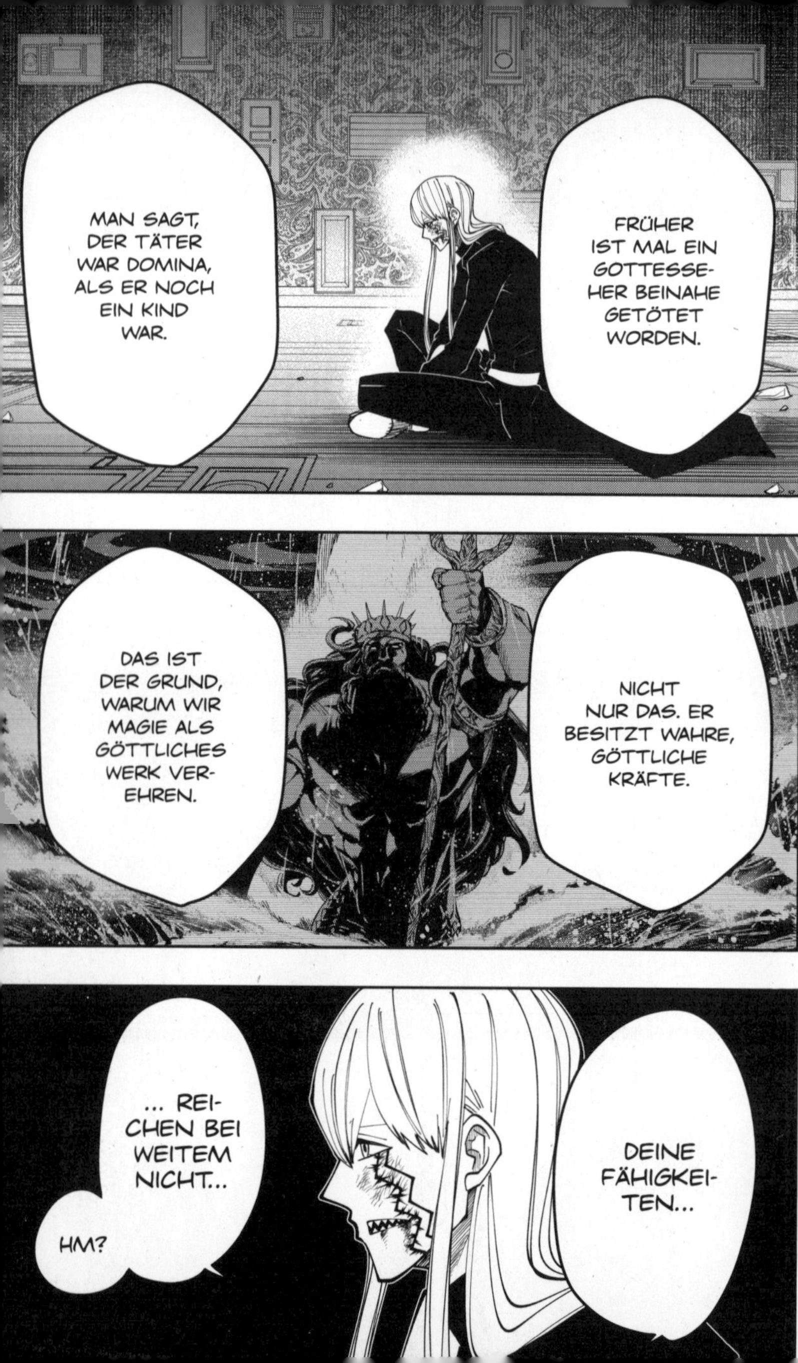
FRÜHER IST MAL EIN GOTTESSEHER BEINAHE GETÖTET WORDEN.
MAN SAGT, DER TÄTER WAR DOMINA, ALS ER NOCH EIN KIND WAR.
NICHT NUR DAS. ER BESITZT WAHRE, GÖTTLICHE KRÄFTE.
DAS IST DER GRUND, WARUM WIR MAGIE ALS GÖTTLICHES WERK VEREHREN.
DEINE FÄHIGKEITEN...
... REICHEN BEI WEITEM NICHT...
HM?

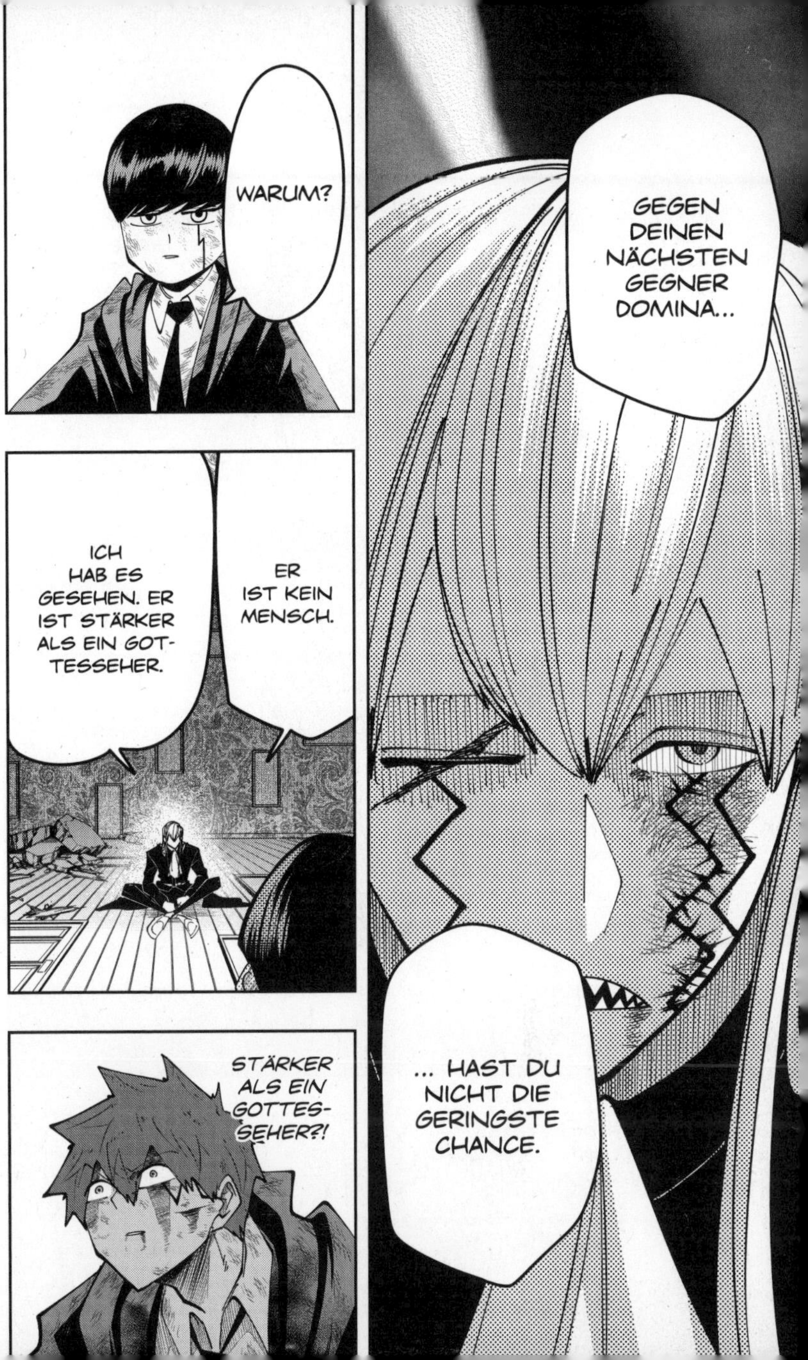
GEGEN DEINEN NÄCHSTEN GEGNER DOMINA...
... HAST DU NICHT DIE GERINGSTE CHANCE.
WARUM?
ER IST KEIN MENSCH.
ICH HAB ES GESEHEN. ER IST STÄRKER ALS EIN GOTTESSEHER.
STÄRKER ALS EIN GOTTESSEHER?!

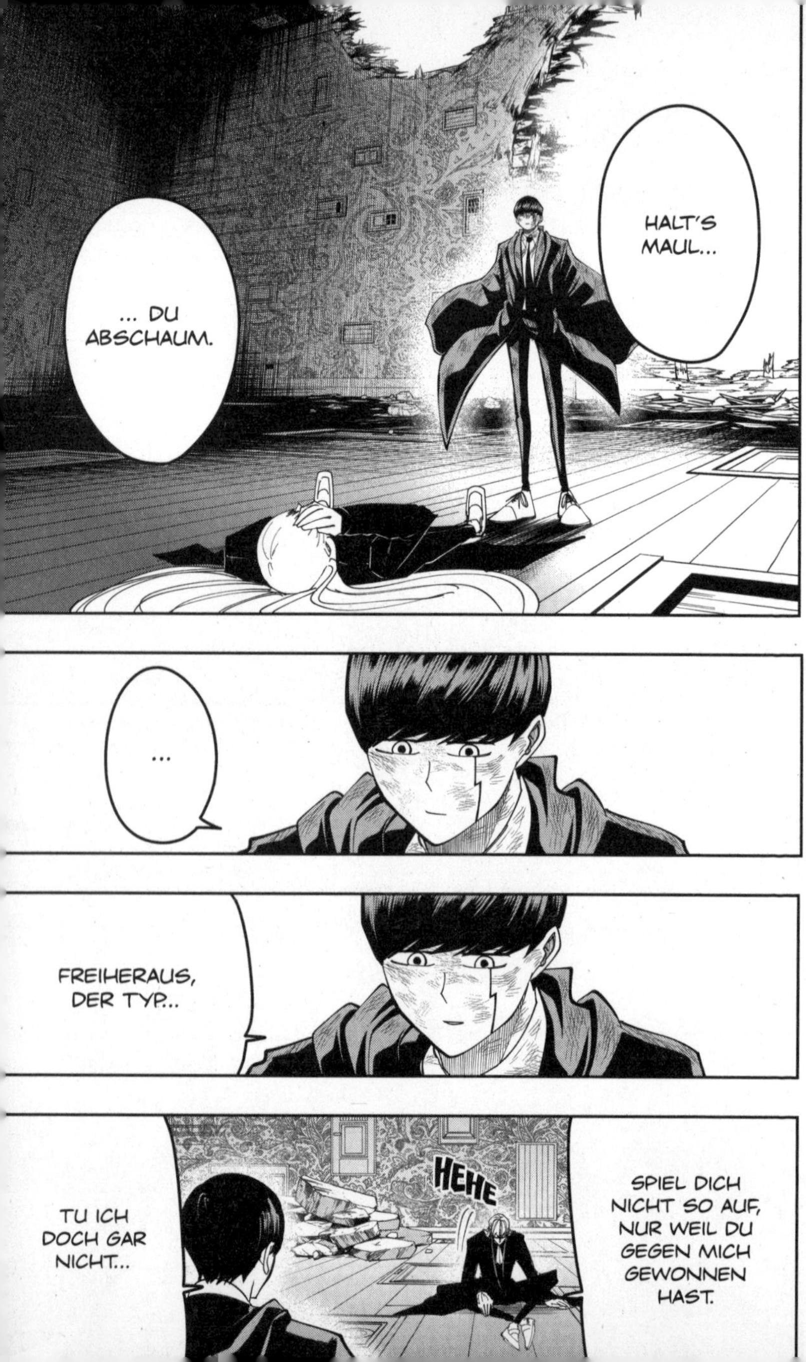
HALT'S MAUL...
... DU ABSCHAUM.
...
FREIHERAUS, DER TYP...
SPIEL DICH NICHT SO AUF, NUR WEIL DU GEGEN MICH GEWONNEN HAST.
HEHE
TU ICH DOCH GAR NICHT...

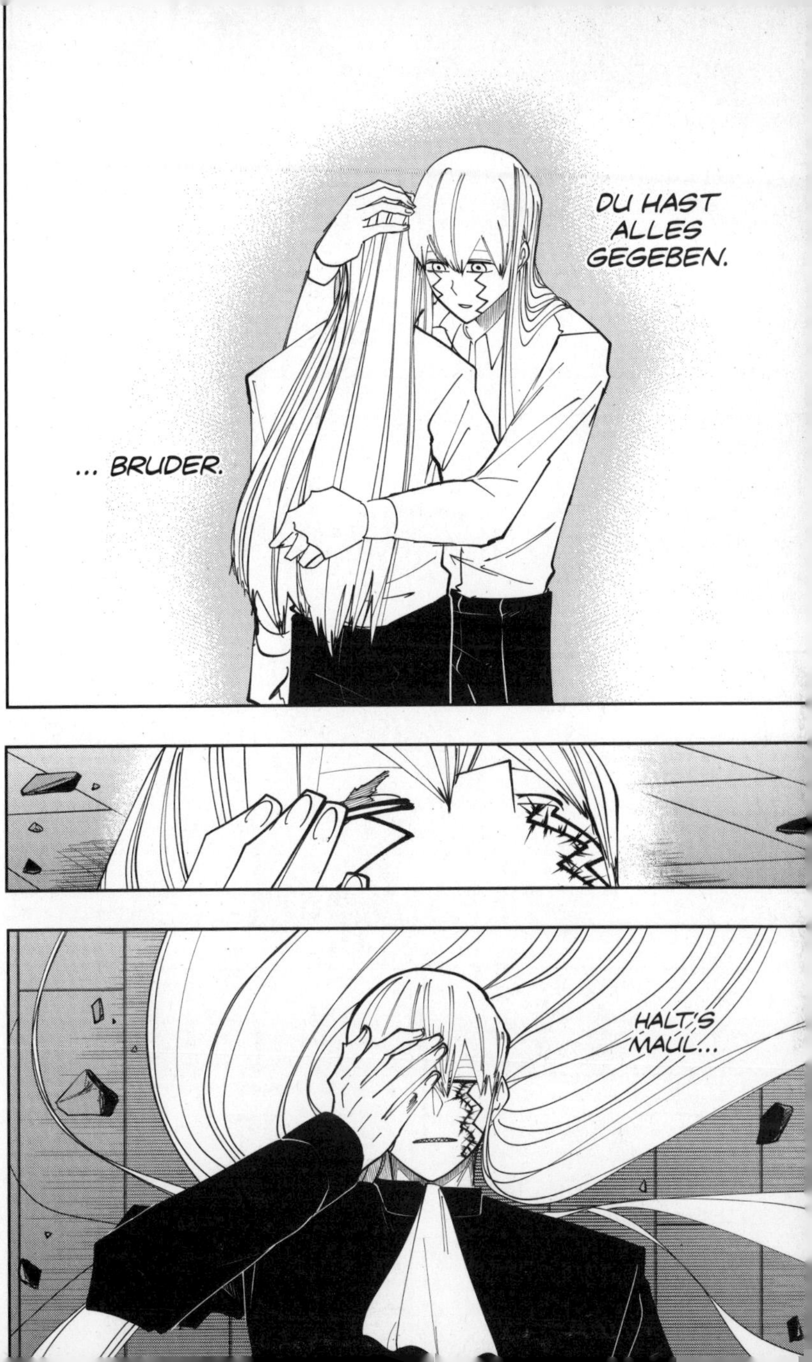
DU HAST ALLES GEGEBEN.
... BRUDER.
HALT'S MAUL...

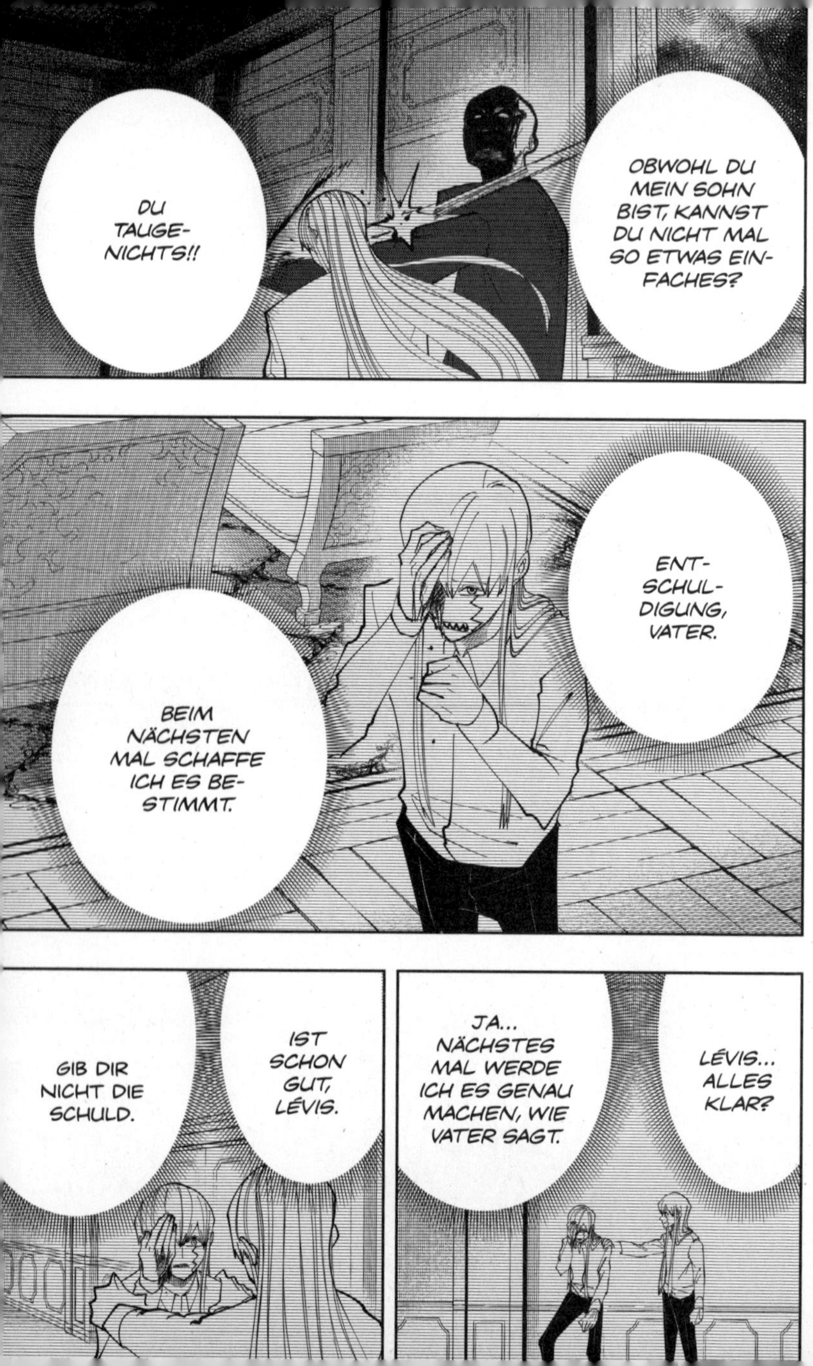
OBWOHL DU MEIN SOHN BIST, KANNST DU NICHT MAL SO ETWAS EIN-FACHES?
DU TAUGE-NICHTS!!
ENT-SCHUL-DIGUNG, VATER.
BEIM NÄCHSTEN MAL SCHAFFE ICH ES BE-STIMMT.
LÉVIS... ALLES KLAR?
JA... NÄCHSTES MAL WERDE ICH ES GENAU MACHEN, WIE VATER SAGT.
IST SCHON GUT, LÉVIS.
GIB DIR NICHT DIE SCHULD.

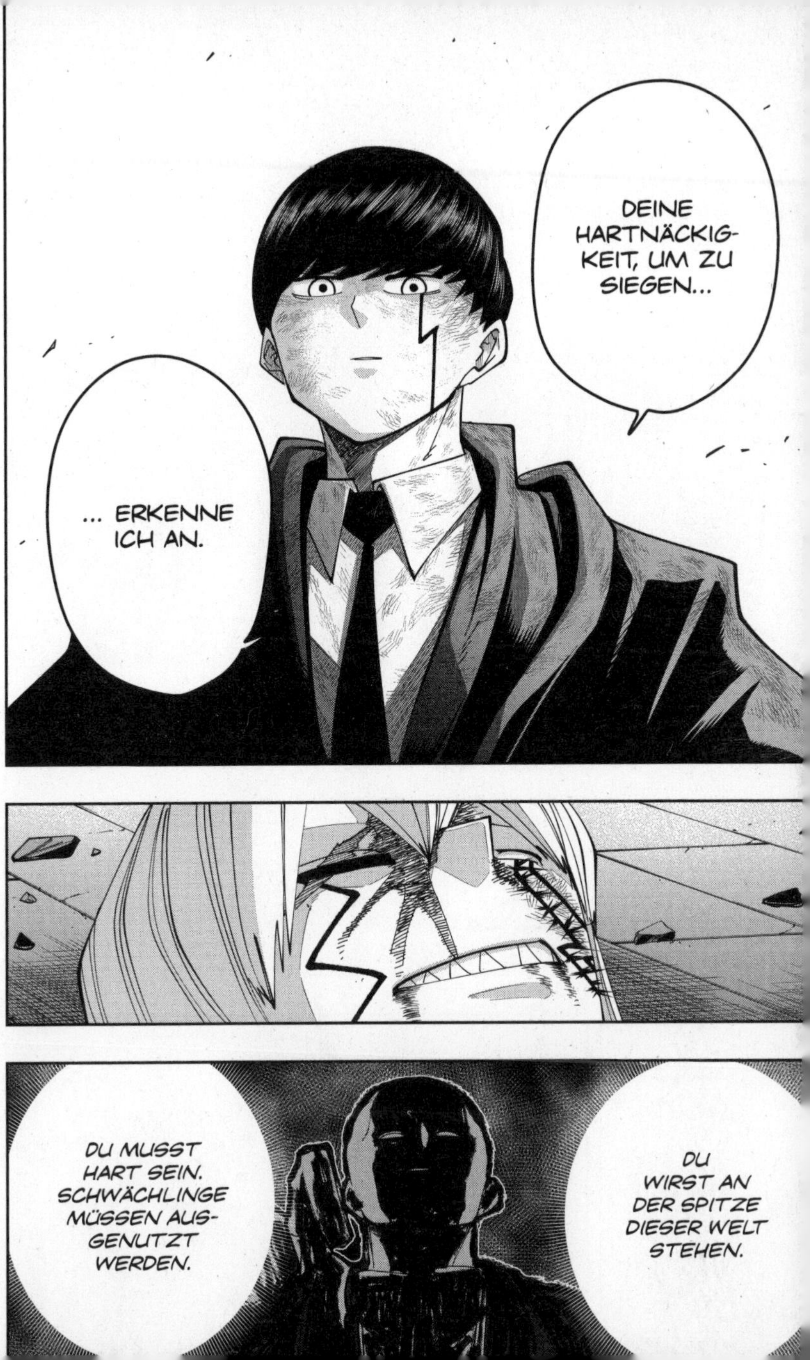
DEINE HARTNÄCKIGKEIT, UM ZU SIEGEN...
... ERKENNE ICH AN.
DU WIRST AN DER SPITZE DIESER WELT STEHEN.
DU MUSST HART SEIN. SCHWÄCHLINGE MÜSSEN AUSGENUTZT WERDEN.

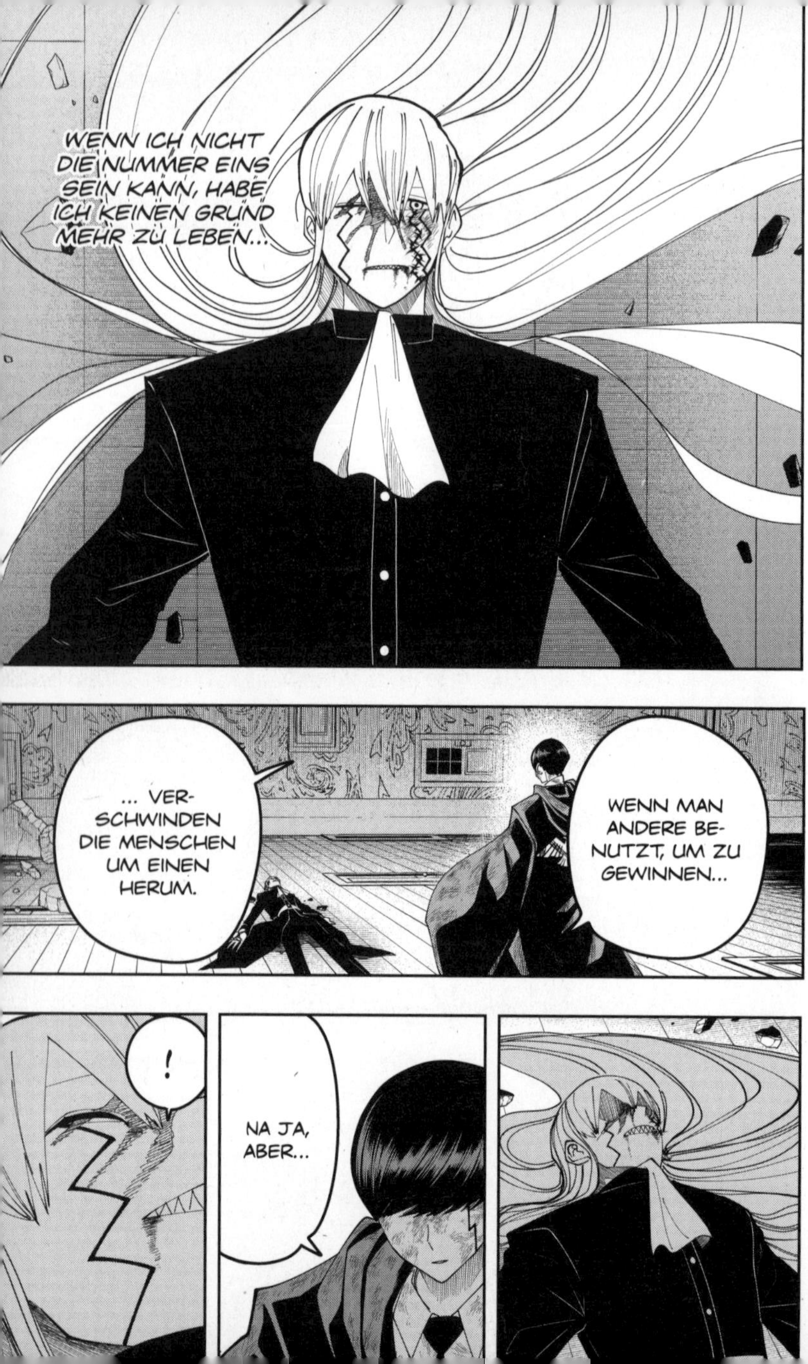
WENN ICH NICHT DIE NUMMER EINS SEIN KANN, HABE ICH KEINEN GRUND MEHR ZU LEBEN...
WENN MAN ANDERE BE-NUTZT, UM ZU GEWINNEN...
... VER-SCHWINDEN DIE MENSCHEN UM EINEN HERUM.
NA JA, ABER...
!

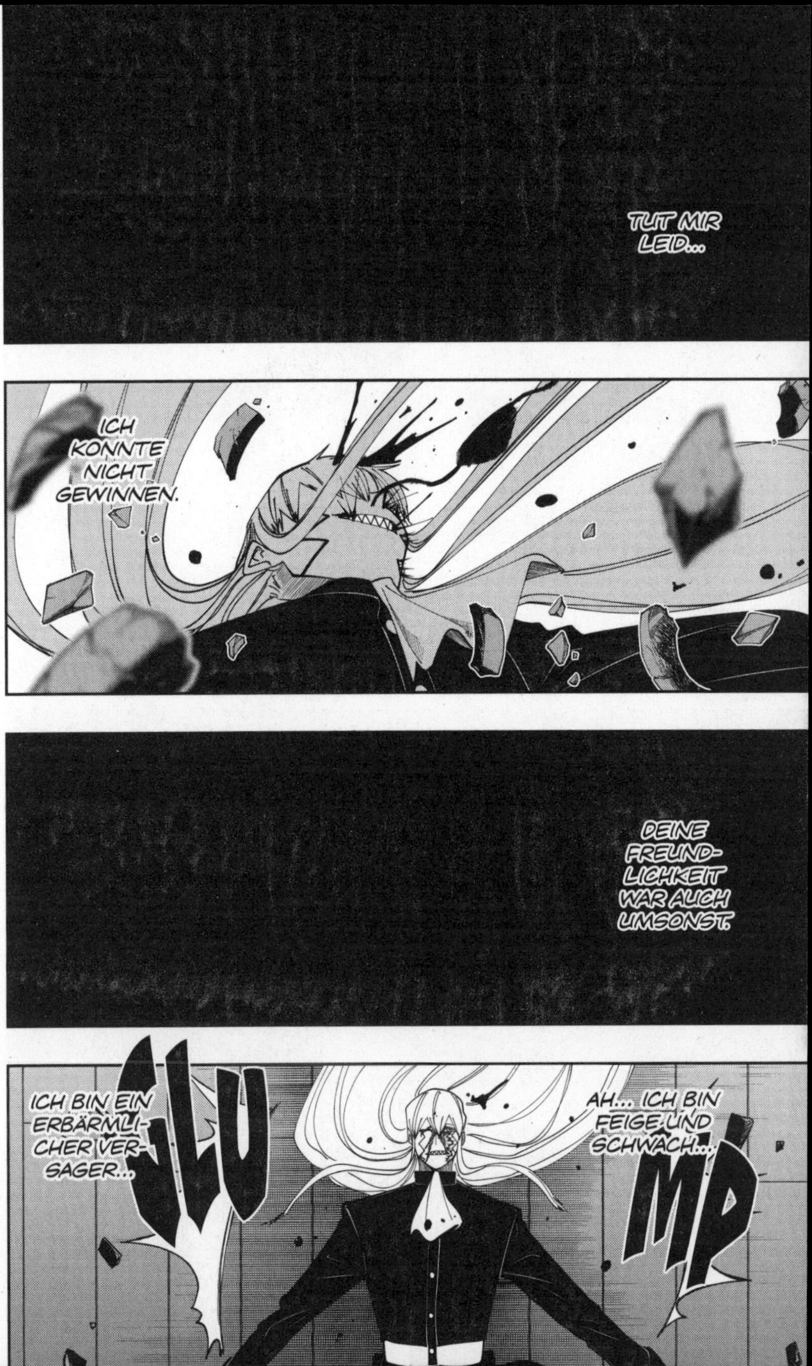
TUT MIR LEID...
ICH KONNTE NICHT GEWINNEN.
DEINE FREUNDLICHKEIT WAR AUCH UMSONST.
AH... ICH BIN FEIGE UND SCHWACH...
ICH BIN EIN ERBÄRMLICHER VERSAGER...
GLUMP

92. Kapitel Mash Burnedead und der bodenlose Abgrund

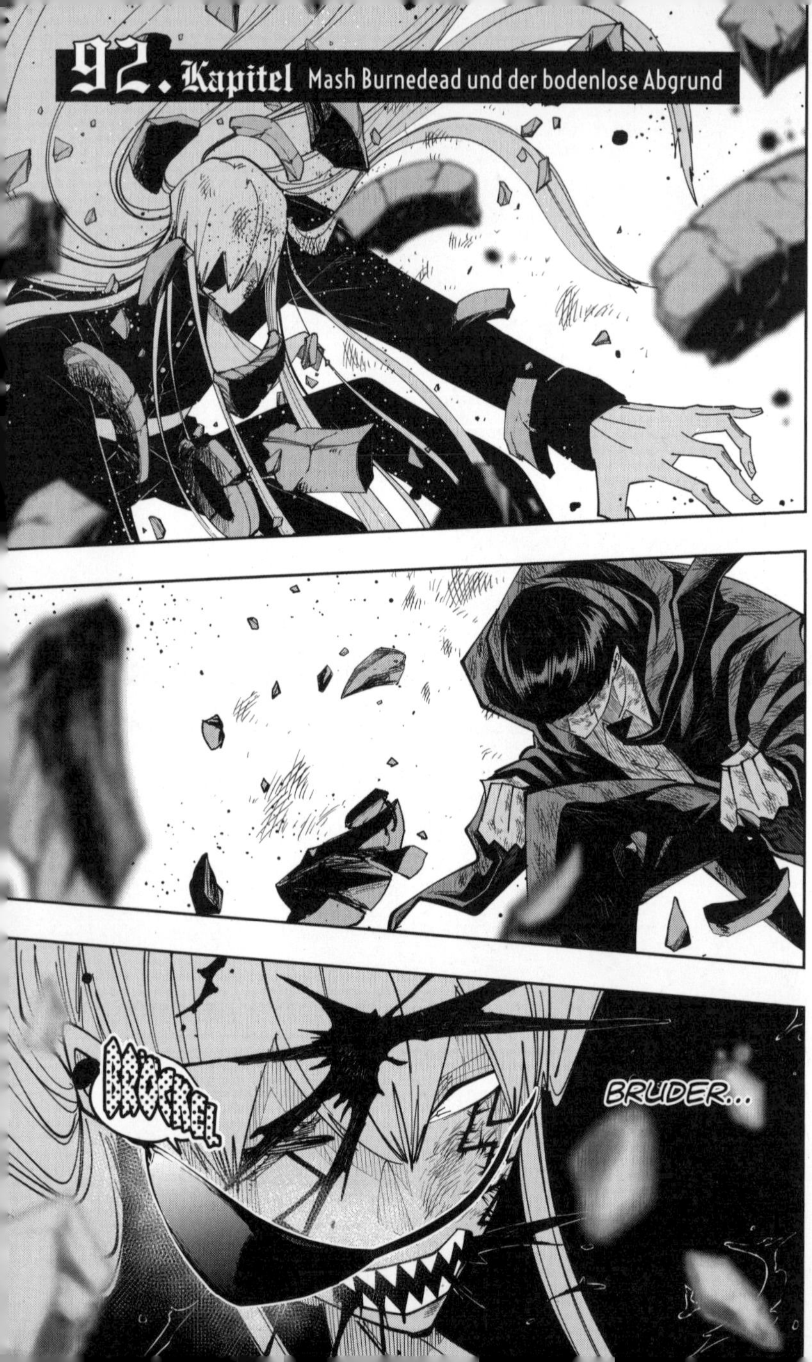

Inhalt

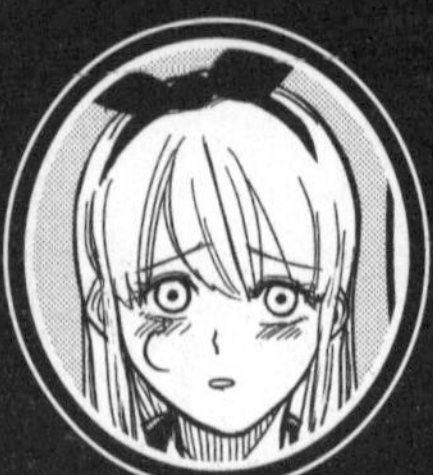

Lemon Irvine

Hat sich bei der Aufnahmeprüfung in Mash verliebt.

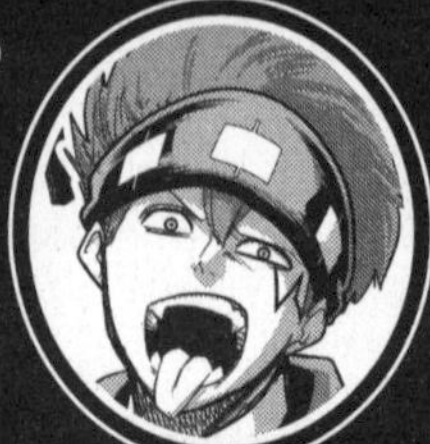

Dot Barrett

Ein direkter und aufbrausender Typ. Er kommt nicht gut bei Mädchen an und hasst attraktive Kerle.

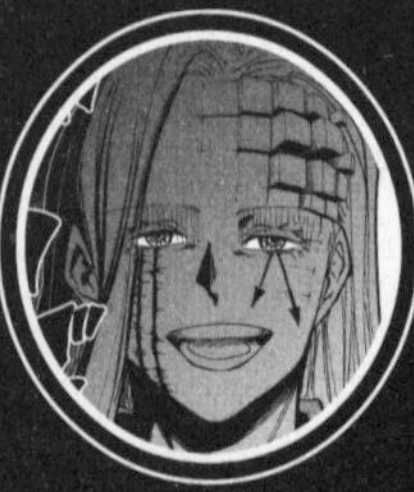

Innocent Zero

Der Boss einer Organisation, die im Dunklen operiert. Kann Zeitmagie anwenden.

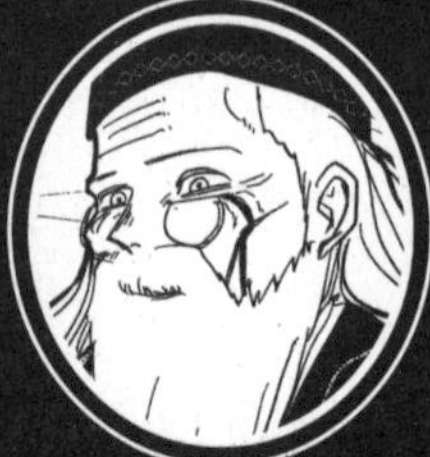

Direktor Wahlberg

Schulleiter der Easton-Magieschule. Er erwartet viel von Mash.

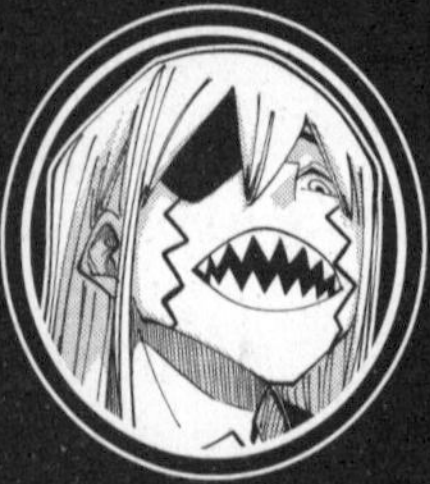

Lévis Rosequartz

Ex-Easton-Student und Sohn des Magieamt-Vorstehers

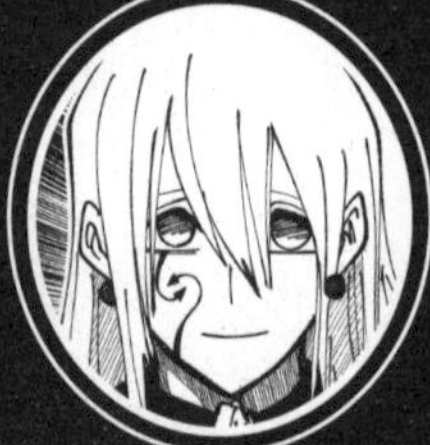

Domina Blowelive

Kind von Innocent Zero. Will Bestätigung vom Vater.

STORY

In dieser Welt bestimmt Magie über alles! Tief im Wald lebt ein Junge namens Mash. Hartes Training hat ihm einen stahlharten Körper beschert, aber er hat ein Geheimnis: Er kann keine Magie anwenden! In der magischen Welt ist das ein Grund zur Vernichtung. Um sein Geheimnis zu wahren, geht Mash auf die Magieschule mit dem Ziel, sich den Titel „Gottesseher" zu verdienen – jemand, der von den Göttern auserwählt wird. Seine Stärke verhilft ihm zur Abschlussprüfung, bei der über diesen Titel entschieden wird!!

Easton und Walkis treten um den Titel des Gottessehers an, wobei der Kampf in der verfluchten Trauerresidenz stattfindet! Wer zuerst den Stab des Anfangs in die Hände bekommt, wird zum Gottesseher ernannt. Lévis, der Sohn des Magieamt-Vorstehers, schließt Mash in ein endloses Nichts ein!! Dot und Lance versuchen alles, um ihn zu retten. Doch Lévis besitzt nicht nur zwei Stäbe, die ihm die Macht über Blitz- und Magnetmagie verleihen, sondern auch drei Male! Am Ende eines harten Kampfes kann Mash ihn mit einer Kopfnuss zur Strecke bringen. Doch dann...